La monnaie ...iuelle qui nous fait vivre

Jean-François SERVAL

Jean-Pascal TRANIÉ

Préface de Christine Lagarde

La monnaie virtuelle qui nous fait vivre

L'ÉCONOMIE À L'ÉPREUVE DE L'INNOVATION FINANCIÈRE

Éditions d'Organisation
Groupe Eyrolles
61, bd Saint-Germain
75240 Paris Cedex 05

www.editions-organisation.com
www.editions-eyrolles.com

Remerciements

Comme nombre d'entre vous, nous avons eu à l'automne 2008 le sentiment que le monde financier était au bord de l'implosion et menaçait l'ensemble de l'économie d'une récession profonde et brutale. Le contraste entre les excès médiatisés de certains acteurs et les conséquences industrielles et sociales de cette crise ne peut laisser indifférent quant à la teneur des grands principes que doivent respecter nos démocraties et aux remèdes économiques à mettre en œuvre. Ou, plus simplement : comment trouver un avenir satisfaisant pour les générations futures ?

L'un de nous deux, expert-comptable, exerce depuis plus de trente ans son activité non seulement en Europe mais aussi aux États-Unis. L'autre, investisseur dans le secteur de l'environnement, consacre depuis près de dix ans une grande partie de son temps à l'Inde et la Chine. Ensemble, l'un avec une vision de l'Ouest, l'autre avec une vision de l'Est, nous avons constaté l'émergence de nouvelles puissances qui remettent en cause le partage des richesses et l'ordre économique international. Des échanges entre nous, l'idée de rédiger un livre est née au printemps 2008.

Ni écrivains ni économistes, nous ne pouvions faire seuls par nous-mêmes, et nous exprimons notre gratitude à ceux qui nous ont aidés par des études, des statistiques et leurs points de vue : Zine-Eddine de Paris Europlace, Sylvie Rosso de la banque Degroof Philippe, Guy Bernheim, gérant de Renaissance, Daniel Gabrielli enseignant, et Claude Rubinowicz de l'AVPIE. D'autres nous ont également apporté leur soutien par des visions d'acteurs engagés parfois complémentaires, parfois critiques mais toujours constructives : la présidente du Fonds stratégique d'investissement Patricia Barbizet, Le Président d'AXA Henri de Castries, le sociologue Denis Bachelot, le mathématicien Gilles Godefroy, le haut fonctionnaire du ministère des Finances Jean-Christophe Donnellier, l'ancien vice président du NYSE et aujourd'hui président de Galiléo Georges Ugeux, l'entrepreneur Thomas Serval, le directeur général de Thales, Patrice Durand, l'avocat Loraine Donnedieu de Vabres, le professeur d'économie Christian Montet, le secrétaire d'Euro-Arbitrage Fabrice Fages , les lecteurs assidus Mathieu Goudot et Gérard Lavergne, Dominique Kantor, Jean-Fred Warlin pour ses apports historiques sur les XVIe et XVIIe siècles français, ainsi que tous les autres qui méritent notre reconnaissance.

Les Éditions Eyrolles et notamment leur directeur général Marie Allavena ont accepté notre contribution. Nous remercions toute l'équipe de sa contribution et sa gentillesse, et tout particulièrement Florian Migairou pour ses conseils.

Nous sommes très reconnaissants à Christine Lagarde, ministre de l'Économie, de l'Industrie et de l'Emploi, d'avoir préfacé notre ouvrage.

Enfin, cette liste serait incomplète sans nos familles, épouses et surtout nos enfants, à qui nous souhaitons que nos gouvernants sachent prendre les bonnes décisions économiques et politiques aux lendemains de la crise.

À tous merci d'avoir facilité cette aventure !

Jean-François Serval et Jean-Pascal Tranié

Sommaire

Les mots suivis d'une astérisque sont définis dans le glossaire.

Préface

En 81 avant J.-C., une controverse entre les disciples de Confucius et le pouvoir chinois a éclaté. Elle est passée à la postérité dans le *Yantie Lun*, connu en français sous le titre de *La Dispute du fer et du sel*. Il y a plus de 2000 ans, les sages chinois présageaient déjà que « la monnaie comme moyen universel d'échange ne procure plus aucun avantage quand les spéculateurs s'en accaparent ». Jacques Le Goff rapportait encore dans son ouvrage de référence sur le Moyen Âge que le Purgatoire a été créé, à la fin du XIIe siècle pour permettre à l'Église de racheter les péchés des usuriers. Selon l'historien, cette décision marque le passage au capitalisme moderne.

Ces deux événements, bien qu'éloignés dans l'histoire de la monnaie et de son « langage », la comptabilité, montrent à quel point celles-ci constituent le ciment économique des échanges dans toute société humaine. Il manquait pourtant un ouvrage simple et subtil capable d'embrasser d'un même regard les origines, la finalité, les dérives et les enjeux actuels de la monnaie à travers les âges et les économies. Ces enjeux sont nécessairement politiques, la frappe de la monnaie demeurant un des attributs de la puissance de l'État, même si, historiquement, les plus libéraux d'entre eux l'ont peu été sur le plan monétaire. On pense ainsi au rétablissement de la parité-or par Churchill en 1925 ou à la réforme du franc Poincaré en 1927. En ce sens, *La monnaie virtuelle qui nous fait vivre* ne manque pas d'à-propos.

Il ne faudrait pourtant pas s'arrêter là. Avec l'émergence de l'économie financière, la constitution d'un groupe plus vaste, échappant à la puissance des États et appelé *broad money*, a entraîné des abus, des excès, et les économies mondiales au bord du précipice à l'automne 2008, l'ouvrage de Jean-Pascal Tranié et Jean-François

Serval arrive ainsi à point nommé. En 2011, la France assumera la présidence du G8 et du G20. Le président de la République a fixé parmi ses trois priorités fondamentales une réflexion collective sur le système monétaire international, plaçant la question de la monnaie au cœur des efforts pour réduire les déséquilibres et éviter la montée des protectionnismes. Il nous reviendra, au cours de cette année d'échanges et de réflexion, de proposer de rénover durablement les institutions, les pratiques, et d'assurer un cadre plus équilibré au régime actuel.

Rares sont les ouvrages qui peuvent prétendre renouveler leur discipline. *La monnaie virtuelle qui nous fait vivre* fait partie de ceux-là. Il apporte un regard aussi didactique que profond à tous ceux qui veulent mesurer les enjeux microéconomiques, macroéconomiques et politiques de la monnaie. Il s'impose comme un manuel indispensable en rassemblant un spectre exhaustif d'analyses sur l'histoire de la monnaie, l'action de l'État, la mondialisation des échanges, les enjeux de la comptabilité, etc. Il se rapproche à ce titre d'un véritable traité d'économie politique pour un sujet qui hante les penseurs et les philosophes depuis Aristote, mais aussi les décideurs politiques, dans un monde agité où nous souhaitons plus de stabilité, moins de volatilité, et une meilleure coordination internationale.

Christine Lagarde

Ministre de l'Économie, des Finances et de l'Industrie

Paris, novembre 2010

Constitution des États-Unis
(17 septembre 1787)

ARTICLE 1 (EXTRAITS)[1]

Section 8

« Le Congrès a le pouvoir […] d'emprunter au nom des États-Unis ; […] d'émettre de la monnaie, d'en fixer la valeur et son change avec les monnaies étrangères ; d'assurer la répression de la contrefaçon des effets et de la monnaie des États-Unis. »

Section 9

« Aucune somme ne sera prélevée sur le Trésor, si ce n'est en vertu d'affectations de crédits stipulées par la loi ; la comptabilité de toutes les recettes et dépenses des deniers publics sera publiée régulièrement. »

L'extension monétaire et le rôle du dollar ont fait perdre au Congrès le contrôle de la création monétaire et du change. Rien n'oblige le Congrès à légiférer dans les domaines de sa compétence exclusive. Mais l'esprit qui a présidé à l'adoption de la

---

1. « *The Congress shall have Power […] to borrow Money on the credit of the United States ; […] to coin Money, regulate the Value thereof, and of foreign Coin, and fix the Standard of Weights and Measures ; to provide for the Punishment of counterfeiting the Securities and current Coin of the United States.* »
« *No Money shall be drawn from the Treasury, but in Consequence of Appropriations made by Law ; and a regular Statement and Account of the Receipts and Expenditures of all public Money shall be published from time to time.* »

Constitution et à lui confier le pouvoir monétaire est-il encore respecté ?

La question est posée à la première puissance mondiale mais aussi à toutes les nations disposant d'une constitution démocratique qu'elles entendent respecter.

Préambule

Symbole et instrument du pouvoir, la monnaie a revêtu pendant près de deux millénaires l'image du dieu ou du prince de la cité, imprimée sur l'une de ses faces. Sans elle, comment entretenir la défense, la justice et la sécurité, piliers de l'État de droit ? Des empereurs romains aux chefs d'États contemporains, le privilège de battre monnaie a conservé un caractère régalien et garanti tant le comblement des déficits budgétaires que le financement de l'économie[1].

Mais en contribuant au développement des échanges, la monnaie a permis à l'ordre marchand de s'enrichir et de constituer un contre-pouvoir face à l'arbitraire des princes. Porté par le succès du libéralisme économique et la mondialisation des économies, celui-ci s'est imposé dans la plupart des pays, en revêtant parfois des formes originales, comme celle du capitalisme chinois.

Innovation et adaptation sont deux caractéristiques de l'ordre marchand. Avec la révolution industrielle, de nouveaux instruments de financement déjà conçus dans les périodes fastes des civilisations (billet à ordre, escompte, chèques, virements, etc.) se sont définitivement substitués aux transactions monétaires physiques, permettant une démultiplication des moyens financiers. Les États, responsables de l'ordre économique et social, ont riposté par une réglementation de plus en plus complexe. Ils ont conçu des instruments de mesure, les agrégats monétaires, pour

---

1. Le « seigneuriage » désigne en français ce privilège de battre des pièces métalliques. Il permet le cas échéant à son titulaire de percevoir la différence entre le coût du métal majoré du prix de la frappe et la valeur libératoire nominale sur la pièce.

permettre l'application d'une réglementation monétaire et bancaire, et garder un contrôle sur le volume et la circulation de ces moyens financiers.

Ce dispositif réglementaire a définitivement perdu toute efficacité avec l'accélération de l'innovation financière et comptable dans les dernières décennies du XXe siècle. Si la monnaie est l'unité des échanges, son langage est la comptabilité. Tous deux ont connu des évolutions structurelles qui se sont accélérées depuis le milieu du XIXe siècle pour accompagner la mutation d'une société agraire vers la production industrielle et, depuis la Seconde Guerre mondiale, vers les services. La crise qui a commencé mi-2007 et dure encore a mis en lumière les carences de la régulation, inadaptée face au dynamisme de l'endettement des économies et des êtres humains qui la constituent. Au banc des accusés figurent principalement la réglementation comptable et l'imagination excessive des financiers.

En matière de comptabilité, les actifs étaient traditionnellement enregistrés dans les comptes à leur valeur historique, celle du contrat d'acquisition, et subissaient une dépréciation en cas d'événements négatifs affectant leur usage. Dans la période d'euphorie économique des années 1980-1990, et après un long cycle inflationniste, une évaluation de marché, dénommée « juste valeur », a été substituée à la valeur historique pour donner une image à jour d'actifs financiers de plus en plus nombreux. En phase de croissance, chacun y gagnait : la société dont le bilan s'améliorait, l'actionnaire dont la valeur des actions s'appréciait corrélativement, le banquier qui pouvait accorder de nouveaux emprunts sur cette structure plus solide. Avec le retournement de la conjoncture, ces actifs se sont dépréciés, bouleversant la structure bilancielle des entreprises dont les profits s'effondraient par ailleurs. Il était trop tard pour déplorer les effets procycliques de cette nouvelle norme comptable.

La réévaluation à la valeur de marché, dénommée improprement « juste valeur », de nature le plus souvent volatile ou théorique, constitue en cas de hausse une forme de création monétaire qui échappe totalement aux instituts d'émission et aux banques centrales ! Cette « fausse monnaie » atteint des montants colossaux, et chaque entreprise opérant des actifs financiers a pu devenir un contrefacteur, dans le respect de la loi et sans même le savoir.

Le principe de la valeur de marché[1], qu'elle soit portée par des particuliers ou des entreprises, peut s'appliquer à des catégories assez différentes d'actifs :

- la première est constituée des actifs corporels. Il s'agit d'une part des biens fixes, tels que l'immobilier et les équipements, d'autre part des biens circulants, comme les inventaires. Ceux-ci peuvent changer de valeur, comme en attestent les crises récentes de l'immobilier mais, au moins pour les biens fixes dont la valeur est figée par des transactions actées par contrat, un contrôle peut être aisément exercé en cas de besoin. Ce contrôle est d'autant plus pertinent, que ces actifs détenus par des entreprises contribuent le plus souvent à une production de biens ou de services ;

- la deuxième est composée des créances et des dettes liées aux exploitations, exprimées en valeur monétaire, mais aussi plus directement de la monnaie scripturale (la caisse) et des actifs quasimonétaire (les soldes en banque) dont la valeur est directement dépendante de la confiance portée à la banque centrale émettrice ;

- la dernière recouvre une large palette de produits financiarisés, le plus souvent incompréhensibles par le non-expert ; qui plus est, ces produits ont dans la plupart des cas échappé au contrôle et au suivi même de leur initiateur.

Cette troisième catégorie, partie de la sphère financière, a envahi l'ensemble de l'économie en transformant les modèles de variation de valeur des autres catégories d'actifs. Le risque intrinsèque du produit, qui se matérialise par la dégradation des actifs sous-jacents ou la défaillance d'une contrepartie, est dilué à travers des

---

1. La littérature comptable distingue « la juste valeur » qui est celle à laquelle devraient être valorisés les actifs financiers de « la valeur de marché » qui n'en est qu'un des référentiels certes le plus souhaitable à retenir.

mécanismes tellement complexes, qu'il semble avoir disparu. Ce risque caché existe par exemple dans la titrisation d'un portefeuille de créances (adossé ou non sur des prêts immobiliers), suivie d'une segmentation par catégorie de risques, de AAA + pour la meilleure tranche à BB – pour la moins attractive. Les tranches les plus exposées sont elles-mêmes assurées par des « rehausseurs de crédit », dont tout le monde avait oublié qu'ils pouvaient eux-mêmes faire faillite dans un contexte de crise généralisée…

Le mécanisme a été déployé à grande échelle par les banquiers, car la valeur cumulée des parties commercialisées « à la découpe » devenait supérieure à celle du portefeuille. Qui plus est, les tranches élevées (AAA +…), apparaissant comme très sûres, sont devenues des produits d'échanges très fluides, à circulation rapide. Les monétaristes classiques avaient déjà enseigné que la monnaie réelle est le produit de la masse monétaire par la vitesse de circulation. Les nouveaux produits financiers, créés massivement par titrisation en contrepartie du financement de la première catégorie d'actifs et des créances de la deuxième catégorie, ont toutes les caractéristiques de la monnaie, sans pour autant être enregistrés comme tels par les banques centrales (dans M3[1], sauf pour ceux qui figurent dans les SICAV de trésorerie). Le phénomène, dont l'ampleur a été bien plus grande aux États-Unis qu'en Europe, a été mal compris au filtre des critères classiques monétaristes, retardant ainsi les mesures nécessaires. Aujourd'hui encore, malgré la crise et les interventions des États avec le secours de la norme comptable, les banquiers peuvent créer une « fausse monnaie » en toute légalité.

Dans le même temps, l'appât du gain et la force de conviction des banquiers a conduit les ménages à réduire la part liquide de leurs actifs financiers de 45 à 20 % entre 1978 et 2007[2], au profit d'autres placements plus volatils. La monnaie fiduciaire, pièces, billets et comptes garantis par l'État, ne représentait plus que 10 % des moyens de paiement en France en 2004 contre 32 % en

---

1. Voir définition chapitre 3, p. 81-82.
2. *Bulletin de la Banque de France*, n° 175, 1er trimestre 2009.

1970, les pièces de monnaie ne constituant plus que 1 % du total. À la lumière de ces évolutions, quelle est la place de la monnaie, ou plutôt de la monnaie au sens classique, dans l'économie aujourd'hui ?

Force est de constater que les États en ont perdu le contrôle du fait de ces nouvelles formes. Le gouverneur de la Banque centrale européenne Jean-Claude Trichet[1] se réfère à la monnaie émise par cette institution, en distinguant cette monnaie de la liquidité fournie par les prêts aux banques commerciales. Il estime que la Banque centrale dispose des outils pour réguler le crédit et agir sur l'inflation. Il n'évoque pas en revanche le phénomène de création monétaire extraterritoriale dont le suivi n'est pas couvert par son dispositif de mesure mais seulement par les comptabilités nationales des États avec lesquels existent des accords de coopération.

Avec ces nouveaux instruments, les banques commerciales échappent largement au contrôle de la banque centrale qui s'exerçait sur leur ratio fonds propres/prêts. Ce qui est encore plus frappant, c'est la prolifération d'intermédiaires ou arrangeurs[2], largement non réglementés et parfois localisés dans des paradis fiscaux *offshore*, dont les émissions et commercialisations de titres sont très substantiels. L'explosion des volumes d'une seule catégorie de titres financiers, les CDS* (*Credit Default Swap*)[3] qui atteignaient 62 trillions de dollars à leur pic fin 2007 selon l'ISDA*, soit plus de quatre fois le PIB* (produit intérieur brut) des États-Unis, justifie une analyse détaillée de ce phénomène.

Par l'émission de titrisations et le jeu de garanties souvent « hors bilan », la notion de monnaie peut s'élargir en effet à toutes les

---

1. Voir le discours de M. Trichet : « *The ECB enhanced support* » (Munich, 13 juillet 2009), www.ecb.europa.eu/press:key/date%20/2009.
2. Un arrangeur est le chef de file d'une facilité d'émission financière.
3. Les CDS (*Credit Default Swap*), dérivés sur événement de crédit, sont décrits en détail au chapitre 8. Leur encours sur l'échantillon de l'ISDA réduit aux intervenants qui fournissent des statistiques a décru avec la crise et s'établirait à 25 millions de dollars en septembre 2010. Ce chiffre ne représente que 5,6 % de tous les dérivés inventoriés par l'ISDA.

classes d'actifs, et financiariser toutes catégories de biens et services. Cet élargissement remet intégralement en cause le concept traditionnel de monnaie fiduciaire et scripturale, et même la séparation entre ces dernières.

Avec 75 % de désintermédiation[1] du financement de leur économie, les États-Unis sont encore plus concernés par la question que l'Europe dont le taux atteint 25 %.

Les nouveaux billets en euros, qui ont remplacé en 1999[2] ceux revêtus de l'effigie de Pascal ou de Voltaire, ne portent plus la mention : « La loi punit les contrefacteurs ». C'est bien compréhensible, car les prisons seraient envahies de banquiers et financiers, habiles artisans créateurs de cette « *broad money*[3] ». La mutation de la monnaie, sa description, ses propriétés et son contrôle, constituent le thème du présent ouvrage.

---

1. Fraction du financement des entreprises non émise par des établissements de crédit ; il existe plusieurs définitions, mais dans tous les cas, les États-Unis affichent un taux beaucoup plus élevé que l'Europe.
2. Suite au traité de Maastricht de 1991 qui institue une devise commune pour l'Union européenne.
3. Nous verrons par ailleurs qu'il n'y a pas de définition universellement acceptée de la monnaie au sens large (*broad money*) qui semble encore correspondre aux agrégats suivis par la BCE, la monnaie fiduciaire – celles des banques centrales – M1, M2 et M3 auxquels s'ajoutent les instruments négociables.

Introduction

Avec le rétablissement de la situation financière des banques et la reprise partielle des marchés financiers, la phase aiguë de la crise financière semble s'être achevée à l'automne 2009. Mais fin 2010, l'incertitude reste grande sur la pérennité de la reprise et l'ampleur des turbulences sociales et économiques liées aux déficits non résolus. Les déséquilibres structurels, institutionnels et sociaux restent une préoccupation majeure des élus. En hommes politiques avertis, ceux-ci comprennent bien la crise de confiance de la population vis-à-vis des institutions financières qui ont une part de responsabilité dans la crise, même si elles ont été dans certains pays européens, notamment la France, bien plus prudentes que leurs homologues américaines. Cela n'est pas dû à une supériorité intrinsèque ou à de meilleures vertus, mais simplement à des habitudes et à des mécanismes de crédit différents (pas ou peu de crédit par carte, pas ou peu de pratique du crédit « rechargeable », un financement de durée plus courte sur l'immobilier en Europe continentale avec une forte densité de population…) et au fait que le désir de les copier en allongeant la durée des crédits au-delà de durée de vie professionnelle des souscripteurs n'a pas eu le temps de se concrétiser. Au-delà de la comparaison des bonus attribués aux banquiers avec son propre revenu, chaque salarié peut être concerné par les pertes de son fonds d'épargne d'entreprise ou de son portefeuille d'épargne en actions, de son contrat d'assurance-vie en unités de compte ou autre fonds de pension, par la perspective d'une hausse des impôts pour financer les interventions de l'État dans les banques, et une situation économique générale dégradée menaçant l'emploi. On lui rétorque que, sans ces bonus à l'origine d'une part importante des profits de certaines banques, les *traders* partiraient chez les concurrents. Cet argument est entendu par les pouvoirs publics qui se mobilisent pour obtenir un accord international, c'est-à-dire cohérent, au sommet du G20* de Pittsburg le 25 septembre 2009, lequel devient officiellement l'enceinte de discussion et de règlement des questions financières sur le plan international.

La crise de confiance n'a fort heureusement rien à voir avec celle de la Grande Dépression. Les dirigeants politiques ont tiré les leçons de la crise de 1929 en réagissant vite, avec des moyens financiers importants et surtout, ce qui était nouveau, avec un front unique créé pour faire face à la situation au travers d'un sommet rassemblant les 20 premières puissances mondiales et 85 % du PIB. Avec l'internationalisation de l'économie, le succès des réglementations de contrôle et des politiques de relance repose sur la solidité de cette coordination.

Mais cette intervention a remis en cause le dogme de l'orthodoxie budgétaire. Les États ont dû massivement intervenir comme prêteurs de dernier recours en injectant massivement des liquidités dans l'économie, en garantissant implicitement les dépôts bancaires et en soutenant l'activité par des plans de relance massifs. Le seuil de 3 % de déficit budgétaire, fixé par le traité de Maastricht instituant l'euro et exprimé en pourcentage du PIB, est franchi significativement par la plupart des États membres de l'Union européenne : pour 2010, les prévisions de la commission en novembre 2009, qui seront améliorées par des efforts budgétaires et une meilleure croissance qu'attendue, étaient de 8,2 % pour la France, 10,1 % pour l'Espagne, 12,5 % pour la Grande-Bretagne et 5 % pour l'Allemagne. Les États-Unis tablent sur un déficit de 10,4 % du PIB, contre 3 % seulement pour la Chine[1]. Celle-ci bénéficie en outre d'une balance commerciale structurellement excédentaire et d'une épargne élevée. Une crise monétaire couve ainsi, si nous n'y sommes pas déjà, avec des dégradations de notation sur certaines dettes souveraines par les agences et des

---

1. Dans un communiqué du 4 novembre 2010 (n° 10/414), le FMI indique que le déficit budgétaire au niveau mondial devrait passer de 6,75 % du PIB en 2009 à 6 % en 2010 et 5 % en 2011.

taux d'intérêts divergents parfois proches de zéro sur celles réputées les meilleures. N'aurait-on que le choix entre une crise économique et une crise monétaire, dont on sait qu'elles se rejoindront inexorablement ?

La situation relative des trois grandes économies, États-Unis, Union européenne et Chine[1], est ainsi très différente, les États-Unis ayant d'abord été impactés par un déclin prévisible dû au caractère dominant de leur monnaie. L'analyse économique, reprise notamment par Joseph Stiglitz[2], anticipe un endettement croissant des États à monnaie dominante, compte tenu de la facilité à financer leurs déficits par l'émission monétaire. La dette fédérale américaine s'élève à 13,7 trillions de dollars[3] soit plus de 100 % du PIB, et celle de l'Europe des 16 à 12 trillions d'euros soit 78 % du PIB. Ces chiffres ne sont pas comparables, contrairement à ce que l'on semble lire dans de nombreux journaux. En effet, la dette des États-Unis correspond notamment (mais pas seulement) à une dette fédérale qui n'existe pas en Europe, puisque l'Union n'est pas une fédération susceptible d'emprunter. De plus, l'accroissement du déficit public de l'Europe des 16 est bien inférieur, avec un rythme annuel de 1,9 % du PIB en 2008, et 6,8 % en 2009 (6,3 % pour l'eurozone*), une dette extérieure européenne faible en raison de l'excédent continu de sa balance commerciale[4] et d'une balance des paiements courants seulement très légèrement déficitaire (– 1 % en 2007 pour l'Europe des 27 et 0,1 % correspondant à l'eurozone), alors que la balance des paiements courants des États-Unis est déficitaire de 5 % en 2007. La dette extérieure nette, dite « dette souveraine » est ainsi inexistante pour l'Europe, à l'inverse de la situation américaine qui

---

1. Sur un PIB mondial nominal en 2009 de 57,9 trillions de dollars US selon le FMI, ces trois économies classées les trois premières représentaient 35 613 millions soit plus de 68 %.
2. *Making Globalization Work,* Norton, 2006.
3. Chiffre arrêté au 21 octobre 2010, possédé pour 9,1 trillions par les particuliers et 4,6 trillions par des agences gouvernementales (Source : Bureau of the public debt).
4. Directorate Communication, Press Information Division, Kaiser Strasse 29D, 60311 Frankfurt, www.ec@.europa.eu.

fait apparaître une dette extérieure nette de 13,5 trillions de dollars[1], montant proche de la dette fédérale dont, selon le Trésor américain en mai 2010, 4 trillions étaient détenus par l'étranger, essentiellement par la Chine et le Japon (1,7 trillion), suivis par la Grande-Bretagne et les centres bancaires des Caraïbes.

L'économie américaine est la plus exposée aux risques de complications. Selon Bloomberg, le gouvernement américain avait déjà dépensé pour y faire face 3,2 trillions de dollars en juin 2009 et tablait sur un total de 7,7 trillions sans que les autorités n'excluent la nécessité d'injections complémentaires comme celle déjà annoncée par Ben Bernanke en novembre 2010, de 600 milliards. Le montant cumulé actualisé de tous les grands « chantiers » antérieurs (plan Marshall, guerre du Vietnam, guerre d'Irak) ne représente que 3,7 trillions de dollars…

La Chine est quant à elle structurellement isolée au plan monétaire du fait de la non-convertibilité de sa devise, mais doit anticiper le règlement du déséquilibre commercial avec les États-Unis et la diversification de ses réserves de change menacées par la dépréciation du billet vert.

Le coût global de la crise a été estimé à 22 trillions de dollars sur la période fin 2007-mi-2009[2]. Ceci représente près de 30 000 dollars par habitant sur la zone États-Unis-Europe combinée. La seule perte des ménages américains sur leur portefeuille d'actions s'élevait à 5,8 trillions de dollars au plus fort de la crise et même si le rétablissement de la situation bancaire et la baisse des taux a contribué à rétablir les marchés d'actions dans la plupart des pays, le marché immobilier reste profondément affecté aux États-Unis. Ces chiffres sont à comparer au PIB mondial de 57 trillions[3].

---

1. La dette extérieure nette désigne l'ensemble des dettes dues par un pays (État, entreprises et particuliers) à des prêteurs étrangers, moins les créances que ce pays détient vis-à-vis de l'étranger ; il ne faut pas la confondre avec la dette des États.
2. *L'Agefi hebdo,* n° 19, octobre 2009.
3. Source FMI.

La crise financière puis économique qui a suivi a mis en évidence les carences de la régulation qui était destinée à assurer la sécurité des échanges et de l'épargne. Les progrès de la science n'ont pas été suffisants pour avertir clairement à temps les économistes, les prévisionnistes et les politiques. Le développement ininterrompu des régulations financières pèse sur le fonctionnement des entreprises occidentales, sans permettre d'anticiper les événements. Le système d'information n'a pas fonctionné. Les États découvrent l'ampleur des dérives du système financier, dont les bonus ne sont qu'un épiphénomène. L'ancien banquier Jean Peyrelevade[1] plaide qu'en l'absence de mesures internationales fortes de régulation, la prochaine crise est déjà en route et que les États n'auront plus cette fois les moyens d'y faire face. La question des bonus des traders, au centre des discussions du G20 à Pittsburg de septembre 2009, masque les véritables questions à traiter. « Il ne s'agit pas de savoir si les croupiers du casino sont trop payés mais pourquoi la banque de dépôt abrite un casino en son sein. » Le système financier doit être invulnérable et toute spéculation interdite sur les capitaux déposés ou souscrits par le public. La banque, gardienne de la monnaie qu'elle émet, n'exerce pas une activité marchande comme les autres mais un service public.

Déjà évoqué par Maurice Allais[2] en 2004 à propos de la crise financière de 1997, l'endettement excessif alimente l'inflation de la valeur des actifs indépendamment de l'évolution des PIB.

L'origine de la crise est financière (le surendettement), mais ses conséquences sont générales, industrielles (faillites), sociales (chômage), sociétales (coupes des budgets de l'État pour rembourser la dette publique), sans compter les bonus des traders qui, aux yeux des citoyens, constituent une provocation de nature à remettre en cause le modèle libéral. Le G20 de Pittsburg a-t-il mis en place le plan idoine de règlement de la crise ? S'il a paré au plus urgent, les vraies réformes de structure restent à mettre en œuvre.

---

1. Ancien président-directeur général du Crédit Lyonnais (article du *Figaro* du 14 novembre 2009).
2. Économiste, prix Nobel d'économie (voir bibliographie).

PREMIÈRE PARTIE

AU CŒUR DU PROBLÈME, LA MONNAIE ET SA DÉFINITION

Chapitre 1

L'émergence
d'une économie financière

LE DÉVELOPPEMENT DE L'ORDRE MARCHAND

L'ordre marchand, celui des échanges avec lequel nous vivons, connaît une crise de croissance. Quelques données chiffrées sont nécessaires pour comprendre l'ampleur de son développement.

Entre 1970 et 2009, le PIB des États-Unis a été multiplié par 14, celui de la France par 20 et celui de la Chine par 40. La Chine, avec sa population de 1,4 milliards d'habitants, ne réalise encore que le quart de la production intérieure brute des États-Unis (selon les mesures en dollars, cette performance est supérieure avec une mesure en parité de pouvoir d'achat), mais elle est devenue en quelques années la deuxième économie mondiale.

Cette croissance généralisée est un phénomène récent. Les historiens considèrent généralement que le niveau de vie sur le globe n'a guère évolué entre l'Antiquité et le XVIIIe siècle. Plus encore, jusqu'aux années 1970, le phénomène était largement limité aux pays occidentaux, à l'exception de cas isolés comme le Japon.

Parmi les déterminants de la croissance, l'analyse économique historique met en lumière l'extension des libertés économiques, particulièrement flagrante au XVIIIe siècle : liberté d'entreprendre, liberté de circulation des idées, des personnes, des biens. L'ordre marchand s'est progressivement imposé comme une tendance inéluctable et son modèle de marché, l'économie libérale, a eu raison des régimes autoritaires incapables de l'intégrer. Dans les cas où des populations

27

partageant des racines communes ont été partagées entre deux ensembles avec une économie planifiée et une économie de marché comme les deux Allemagnes ou les deux Corées, la zone d'économie libérale a affiché une croissance supérieure.

Figure 1.1 – Évolution du PIB par habitant

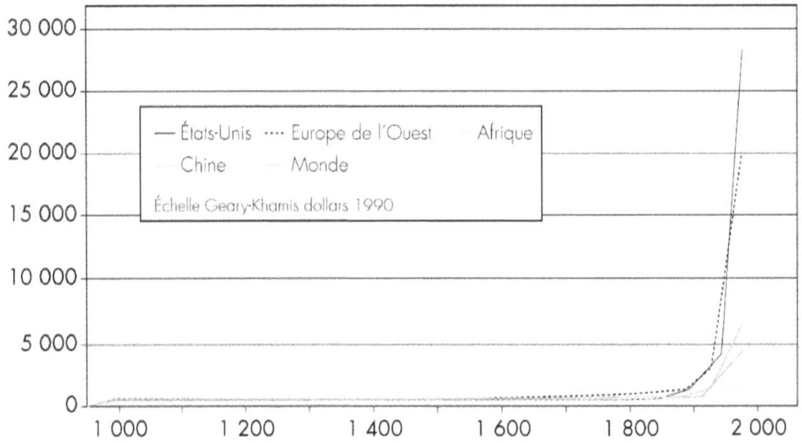

Source : Angus Maddison's, www.ggdc.net/maddison/Historical_Statistics/horizontal-file_03-2007.xls.

La progression du PIB va de pair avec l'évolution des autres paramètres : enrichissement des ménages, développement des échanges internationaux et interpénétration grandissante des marchés, financiarisation de l'économie.

L'enrichissement des ménages est tangible dans les pays occidentaux : en France, selon l'INSEE*, la valeur du patrimoine représentait 7,5 années de revenu brut disponible en 2007, contre 4,4 années en moyenne sur la période 1978-1997. Ce phénomène est récent mais d'une ampleur inégalée dans les grands pays émergents, Inde et Chine. La classe moyenne urbaine chinoise (revenu supérieur à 25 000 RMB par an, soit environ 3 700 euros) est passée de moins de 1 million en 2000 à 105 millions en 2005 et représente 19 % de la population urbaine contre 1 % cinq ans plus tôt, avec une croissance de 25 millions de personnes par an. En Inde, la classe moyenne (revenu supérieur à 4 500 dollars par an) était de 50 millions en 2007 et McKinsey estime que ce chiffre devrait atteindre 580 millions en 2025. Le patrimoine financier des ménages progresse dans la plupart des pays plus rapidement que le PIB et représente une partie substantielle de cet enrichissement.

Figure 1.2 – Évolution du patrimoine financier des ménages : comparaison internationale

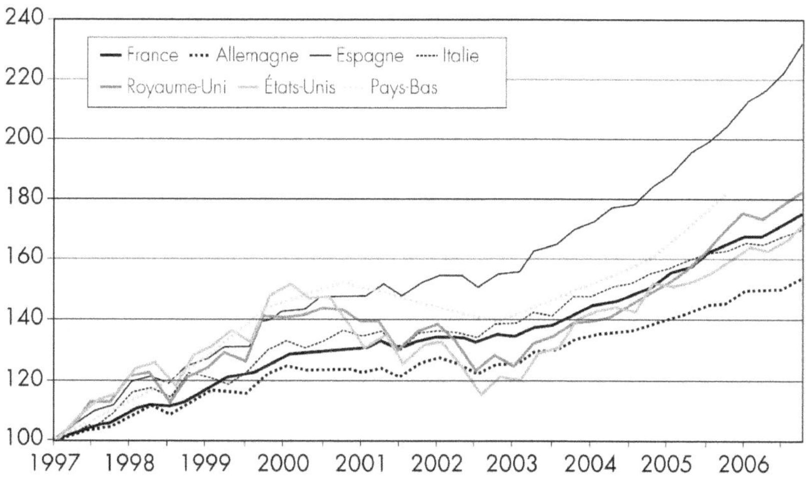

Source : AMF, avril 2008.

En France, le nombre des ménages détenant un portefeuille d'actions est passé de 1 million en 1978 à plus de 12 millions en 2007. Cet accroissement de richesse financière correspond au basculement d'une économie de croissance à celle d'une économie à la population vieillissante dans la plupart des pays développés et attendant des revenus complémentaires par la rente d'un capital qu'elle ne contribue plus à faire fonctionner et à se développer. Il induit une réorientation de l'épargne vers des instruments financiers « sécurisés » au détriment des investissements industriels plus risqués[1]. Il correspond aussi à une répartition différente des PIB au sein des pays, à plus de transferts monétaires et à un rôle accru de la monnaie. L'épargne complémentaire a largement incité les banques, des entreprises conçues pour développer leur activité, à accroître leur distribution de prêts et à imaginer de nouveaux produits pour les refinancer, en intégrant des composantes apparemment sans

---

1. Charles-Henri Filippi, *L'Argent sans maître*, Éditions Descartes, 2009.

risques, comme les *subprimes*, pour améliorer le rendement des placements face à la concurrence.

La place des banques s'est accrue dans la capitalisation globale des sociétés cotées et le secteur financier pèse d'un poids croissant dans la constitution du PIB. Plus généralement, la part du secteur tertiaire s'est accrue au détriment des activités industrielles et la part des actifs financiers a augmenté de façon continue jusqu'en 2000, une partie de ce gonflement ayant été alimenté par le développement des opérations financières entre résidents[1]…

Figure 1.3 – PNB nominal en millions de dollars courants (ajustement fait des parités de pouvoir d'achat), prévisions pour 2009

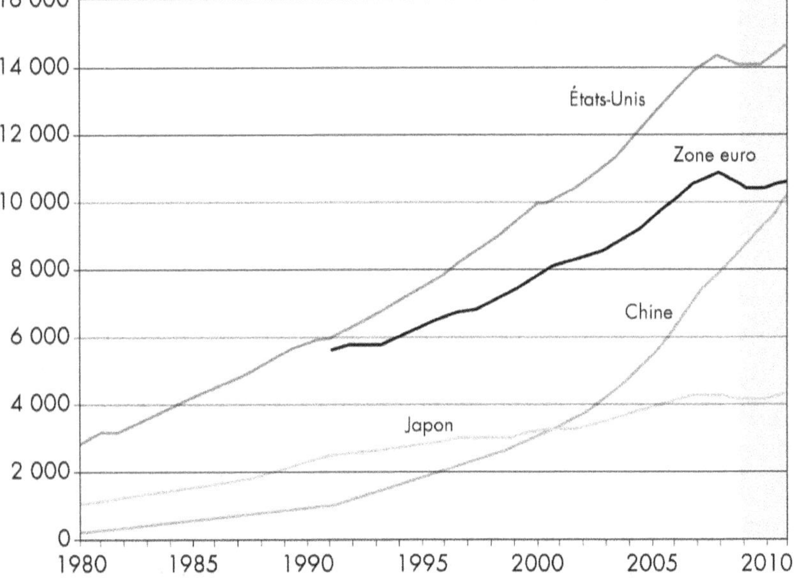

Source : FMI, World Economic Outlook database, avril 2009.

L'interpénétration des économies depuis le début des années 1980 a contribué à dynamiser la croissance mondiale, mais également à permettre l'émergence de nouveaux acteurs, dont le plus emblématique est la Chine.

---

1. *Bulletin de la Banque de France*, n° 175, 1er trimestre 2009.

Le développement des commerces extérieurs doit aussi être noté en ce qu'ils manifestent non seulement le développement de l'ordre marchand, mais aussi l'interdépendance des zones monétaires et des entreprises qui y opèrent. Le volume des échanges est aujourd'hui 14 fois supérieur à ce qu'il était en 1950, comme l'indique le tableau des exportations de marchandises par zone géographique.

Tableau 1.1 – Évolution des exportations de marchandises

	1948	1953	1963	1973	1983	1993	2003	2009
Monde (md US$)	59	84	157	579	1838	3676	7377	12178
Part de marché								
Monde (en %)	100,0	100,0	100,0	100,0	100,0	100,0	100,0	100,0
Amérique du Nord	28,1	24,8	19,9	17,3	16,8	18,0	15,8	13,2
États-Unis	21,7	18,8	14,9	12,3	11,2	12,6	9,8	8,7
Am. du Sud et centrale	11,3	9,7	6,4	4,3	4,4	3,0	3,0	3,8
Brésil	2,0	1,8	0,9	1,1	1,2	1,0	1,0	1,3
Europe	35,1	39,4	47,8	50,9	43,5	45,4	45,9	41,2
Allemagne	1,4	5,3	9,3	11,6	9,2	10,3	10,2	9,2
France	3,4	4,8	5,2	6,3	5,2	6,0	5,3	4,0
Royaume-Uni	1,8	1,8	3,2	3,8	5,0	4,9	4,1	2,9
Afrique	7,3	6,5	5,7	4,8	4,5	2,5	2,4	3,2
Moyen-Orient	2,0	2,7	3,2	4,1	6,8	3,5	4,1	5,7
Asie	14,0	13,4	12,5	14,9	19,1	26,1	26,2	29,4
Chine	0,9	1,2	1,3	1,0	1,2	2,5	5,9	9,9
Japon	0,4	1,5	3,5	6,4	8,0	9,9	6,4	4,8
Inde	2,2	1,3	1,0	0,5	0,5	0,6	0,8	1,3
Six États Asie Sud-Est	3,4	3,0	2,4	3,4	5,8	9,7	9,6	9,6
Australie/Nlle Zélande	3,7	3,2	2,4	2,1	1,4	1,4	1,2	1,5
EU [1]	-	-	27,5	38,6	31,3	37,4	42,4	37,7
Ex-URSS	2,2	3,5	4,6	3,7	5,0	-	-	-
GATT*/OMC* [2]	62,8	69,6	75,0	84,1	77,0	89,4	94,3	94,5

1) Les données recouvrent les États membres de la CEE (6) en 1963, la CE (9) en 1973, la CE (10) en 1983, l'Union européenne (12) en 1993, l'UE (25) en 2003 et l'UE (27) en 2008.
2) Pour les États adhérents aux dates indiquées.
Note : Entre 1973-1983 et 1993-2003, les parts à l'exportation ont été affectées par les prix du pétrole. Le solde entre la somme des parts de marché et 100 % est dû aux variations de périmètre des ensembles régionaux.

Source : OMC.

Ce tableau met en évidence la fantastique croissance des exportations et donc des échanges depuis la guerre, à un rythme supérieur à celui des PIB. Il reflète également la globalisation de l'économie et l'internationalisation des entreprises[1]. Il indique enfin le changement des rapports économiques internationaux avec l'émergence de l'Asie et le très rapide déclin des États-Unis, pendant que la situation de l'Europe apparemment assez stable cache en fait des échanges intensifs dans la zone économique unique créée après la guerre.

Il faut aussi souligner à ce stade la concentration du système de contrôle et de validation des comptes réalisés sur les agents économiques, puisque les plus grands cabinets d'audit, surnommés « *big four* » (Price Waterhouse Coopers, KPMG, Ernst & Young, Deloitte), chacun employant entre 135 000 et 165 000[2] collaborateurs, essentiellement des cadres supérieurs, certifient la conformité de près de 95 % des comptes des entreprises faisant appel public à l'épargne. Qui plus est, ces cabinets vérifient l'application de normes établies par des associations professionnelles dites « indépendantes » mais à l'élaboration desquelles d'ailleurs ils participent *de facto*, l'IASB* (International Accounting Standard Board) et le FASB* (Financial Accounting Standards Board) ce qui soulève immédiatement la question de la gouvernance de ces organismes et indirectement du suivi et de la maîtrise de l'information financière et de l'indépendance du contrôle externe désigné et payé par le contrôlé. La Commission européenne a publié le 13 octobre 2010 un livre vert sur ces sujets ouvrant ainsi la voie à un débat public[3].

---

1. Le rapport annuel 2009 de l'OMC contient aussi des développements sur la transformation du commerce international du fait de la constitution de groupes intégrés qui expliquerait en partie par les échanges intragroupe la croissance plus que proportionnelle au PIB. De même, pour la lecture du tableau, nous noterons que la crise financière a fortement affecté les échanges fin 2008 et que les échanges de la zone dite « Europe » comprennent les échanges intraeuropéens.
2. Source : rapport OXERA 2004, Commission européenne, sur la concentration du marché de l'audit.
3. Bruxelles, 13 octobre 2010, *green paper n°561 final – audit policy: lessons from the crisis.*

Tout porte à croire que les États ont été dépassés par la généralisation brutale de l'ordre marchand et la financiarisation de l'économie. Ceux qui étaient en retard dans cette évolution ont constaté un différentiel de croissance et n'ont eu de cesse que d'essayer de rattraper les premiers. La déréglementation destinée à attirer les capitaux s'est en grande partie faite sans réflexion sur les systèmes de contrôle et les règles de gouvernance. La loi américaine Sarbanes Oxley, adoptée hâtivement en 2001 à la suite des scandales Enron et Worldcom pour combler les lacunes du droit des valeurs mobilières émises par les sociétés faisant appel à l'épargne en matière de responsabilité des dirigeants et des auditeurs externes sur les états financiers, ne constitue pas la réponse structurelle qui aurait permis d'atténuer la crise de 2008.

LE CITOYEN PLONGÉ DANS LA FINANCIARISATION

Le citoyen est confronté à la financiarisation à travers les filières de formation, les métiers qui s'offrent à lui et la gestion de ses actifs. Pour autant, l'activité financière reste très localisée dans des centres économiques, alors que son impact sur les citoyens est universel.

Des enseignements auparavant inexistants ou réduits se sont développés non seulement dans les masters en *business*, mais aussi dans les écoles d'ingénieurs : économie, comptabilité, finance, mathématiques financières, instruments financiers, etc., tandis que les lycéens n'échappent désormais plus à la découverte du rôle des entreprises et des principes généraux de la comptabilité.

L'enjeu est fondamental car au-delà de la comptabilité qui concerne toute l'économie, les services financiers *stricto sensu* prennent une part croissante de l'économie. Selon l'INSEE, grâce à une croissance de 27 % entre 2001 et 2006, ils représentaient pour la France 180 milliards d'euros en 2007, soit 4,9 % du PIB. Avec les services immobiliers, on atteint 29,5 % du PIB en 2006, ce qui en fait la première activité économique[1].

---

1. Devant le tourisme et les transports (18 %), les autres services (22,2 %), l'industrie (25,7 %), la construction (3,8 %) et l'agriculture (0,9 %) – source : OCDE.

Malgré sa forte croissance, le secteur financier s'est concentré dans la période récente sous l'impact de la crise, avec la disparition de plusieurs acteurs majeurs : Lehman Brother par faillite, Merrill Lynch, JP Morgan et Bear Stearns par rachat. Cette concentration des pouvoirs constitue un risque important pour l'économie et la concurrence. Les citoyens dépendront pour leurs transactions quotidiennes d'un petit nombre d'établissements dont l'histoire récente vient de prouver qu'ils étaient insuffisamment régulés et surtout n'étaient pas à l'abri de la faillite. Sur le plan géographique, le déploiement de la sphère financière demeure pour l'essentiel limité à quelques pays ou espaces économiques : la Chine, le Royaume-Uni, les États-Unis et l'Europe, et même à quelques centres, qualifiés de « cœurs » par Fernand Braudel[1] et Jacques Attali[2] : New York, Londres, Frankfort, Paris et Shanghai.

Le poids des activités financières dans l'emploi est très important dans les grandes capitales. Selon l'INSEE, avec 291 000 emplois salariés dans le secteur financier, l'Île-de-France concentrait 41 % des emplois de ce secteur en 2006[3], contre 305 000 emplois à Londres et 580 000 à New York. Qui plus est, ces chiffres ne comprennent pas les activités indirectes, audit, droit et services connexes tels que télécommunications, immobilier, restauration, etc.

---

1. « La splendeur, la richesse, le bonheur de vivre se rassemblent au centre de l'économie monde, en son cœur. C'est là que le soleil de l'histoire fait briller les plus vives couleurs, là que se manifestent les hauts prix, les hauts salaires, la banque, les marchandises royales, les industries profitables, les agricultures capitalistes ; là où se situent le point de départ et le point d'arrivée des longs trafics, l'afflux des métaux précieux, des monnaies fortes et des titres de crédit. Toute une modernité économique en avance s'y loge ; le voyageur le remarque qui voit Venise au XVe siècle, ou Amsterdam au XVIIe, ou Londres au XVIIe ou New York aujourd'hui. » Extrait de *La Dynamique du capitalisme*, conférences de 1976, Éditions Flammarion, collection « Champs », 1988.
2. Jacques Attali, ancien président de la BERD et auteur de *Une Brève Histoire du temps*, Fayard, 2006.
3. Danielle Jabot, revue *Insee Île-de-France*, n°193, décembre 2008. Source : CEBR pour Londres et Euronext pour New York.

La masse des produits financiers a explosé au cours des dix dernières années avec l'évolution des techniques financières. Certains experts[1] estiment le montant des produits dérivés à 600 trillions de dollars (dont 10 % pour les seuls CDS), soit 15 fois le PIB mondial.

Phénomène complexe qui s'est accéléré avec le développement des moyens de traitement et de diffusion de l'information (informatique, Internet, etc.), concentrée dans quelques « cœurs » mais utilisée quotidiennement au travers des transactions de cartes de paiement, la financiarisation de notre économie est-elle une bonne chose ? Profite-t-elle à certains privilégiés ou apporte-t-elle réellement un service à chaque citoyen ? Lord Adair Tuner, le président de la FSA* (Financial Services Authority), pose la question évidente, non pas de la nécessité ni de la légitimité, mais de « l'hypertrophie » du secteur financier : « Toutes les activités de *trading* ont-elles une justification économique ou comportent-elles une part de rente prélevée sur l'économie réelle[2] ? »

LES RÉFÉRENCES À L'ANTIQUITÉ

De nombreux livres d'économie ont expliqué et justifié le passage d'une économie de subsistance avec le troc limitatif des échanges – puisqu'il implique l'acceptation concomitante de la transaction par les deux parties avec une livraison physique – à une économie d'échanges financiers grâce à la création de la monnaie qui favorise la spécialisation du travail et le développement de l'économie.

L'analyse historique de l'interaction entre la monnaie et le pouvoir politique fournit de nombreuses pistes de réflexion. La séparation de la gestion du patrimoine du souverain de celui de la collectivité et l'émission monétaire dans l'Empire romain ont inspiré de

---

1. Christophe Donay, responsable recherche Landsbanki Kepler, septembre 2008 ; slate.fr, décembre 2009 ; chiffre repris par le directeur général de l'ISDA Conrad Voldstad lors d'une conférence à New York le 16 septembre 2010.
2. *Les Échos,* 2 décembre 2009.

nombreux auteurs notamment depuis le XVIIIe siècle[1]. Ceux-ci mettent souvent l'accent sur l'organisation du pouvoir politique ou monétaire permettant à son détenteur de battre monnaie. La capacité d'émettre du papier libératoire (billets à ordre puis billets de banque) offre à celui qui est réputé disposer de la contrepartie la capacité d'échanger des marchandises dont d'autres ne pourront bénéficier. Ce pouvoir financier est la caractéristique des cœurs de l'ordre marchand au travers des siècles, des commerçants lombards du XVe siècle aux industriels anglais du XIXe.

Le phénomène d'explosion des crédits et des liquidités, annonciateur de crises, a été constaté par de nombreux auteurs, y compris sur des périodes très anciennes. Se référant au IVe siècle avant J.-C. Rostovtseff écrit : « La réglementation et la systématisation du commerce profitèrent beaucoup du développement de la banque, qui prit un caractère professionnel. Les banques se livrèrent désormais de manière habituelle à des transactions monétaires, qui comprenaient toutes sortes d'opérations de crédit ; c'est ainsi qu'elles accordaient des prêts sur gage ou sur hypothèque et allèrent jusqu'à mettre sur pied un système de transfert de crédits… Pourquoi vit-on au contraire une crise économique s'abattre sur la Grèce, une crise provoquée en partie par l'évolution politique du pays […][2]. »

Cette crise décrite par Rostovtseff présente des similitudes étonnantes avec la crise financière contemporaine. La Grèce étendait son empire culturel en Asie Mineure sous domination politique des Perses jusqu'à la bataille de Salamine en 480 avant J.-C. Il ne s'agissait alors pas d'un ensemble politique, mais plutôt de la réunion de cités marchandes rassemblées par une culture commune et parmi lesquelles Athènes avait le rôle prééminent. La monnaie athénienne

---

1. Montesquieu, *Dissertation sur la politique des Romains*, 1716, et *Considérations sur la grandeur et la décadence des Romains*, 1734.
2. Michel Ivanovic Rostovtseff, *Histoire économique et sociale de l'Empire romain* et *Histoire économique et sociale du monde hellénistique*, Robert Laffont, Paris, 1989 pour l'édition française. Rostovtseff voit dans l'extension de l'Empire macédonien par Alexandre, un rêve de fusion entre Orient et Occident ainsi qu'une segmentation de l'économie entre économie domestique, nationale et mondiale.

s'est affaiblie sous l'impact conjugué d'un endettement croissant, d'une perte de compétitivité de la production nationale et d'un affaiblissement de la domination militaire. Épuisée par les guerres « intérieures » entre cités et extérieures avec les Mèdes et les Phéniciens, la domination grecque s'exerçait sur le plan commercial et monétaire. La suprématie militaire et politique romaine qui lui a succédé, après la destruction de Carthage, a été mieux en mesure de maîtriser les crises monétaires. L'espace géographique naturel étendu par la *pax romana* à de larges territoires permettant le développement des échanges et donc des gains de productivité par la spécialisation des territoires, a tout à la fois déclenché et retardé l'affaissement de Rome en la rendant bénéficiaire mais aussi dépendante d'importations de blé sicilien, nord-africain et égyptien.

La crise actuelle s'inscrit selon nous dans le schéma grec plutôt que dans le schéma romain dans la mesure où le monde des échanges, comme celui de la Grèce antique, n'est plus borné par des frontières politiques analogues à celles du Haut Empire romain. Cette question du décalage entre la souveraineté et la réalité, tant culturelle qu'économique, constitue la principale difficulté de la régulation du monde financier dans un ensemble politique hétérogène. Rappelons pour l'anecdote que l'unification romaine de l'Italie en 211 avant J.-C. a eu pour autre conséquence de mettre fin à la vie d'Archimède[1].

UN BREF HISTORIQUE DE LA PENSÉE MONÉTAIRE

Les réflexions sur le rôle et les effets de la monnaie sont anciennes et fort nombreuses dans le monde occidental.

Aristote (384-322 avant J.-C.) propose dans l'*Éthique à Nicomaque* une méthode de référence en matière d'éducation mais également une théorie de la valeur où il condamne l'art de s'enrichir (chrématistique), détournement selon lui de l'usage de

---

1. Archimède, inventeur dans tous les domaines, était aussi architecte et ingénieur militaire. Il est le concepteur des fortifications de Syracuse destinées à défendre la ville contre les assauts phéniciens.

l'argent comme intermédiaire des échanges. Jean Bodin (1529-1596), un des premiers monétaristes, explique l'inflation espagnole par l'afflux d'or en provenance du Nouveau Monde[1]. Milton Friedman (1912-2006), prix Nobel d'économie et *leader* de l'école libérale d'économie de Chicago, s'inscrit dans la pensée monétariste de Bodin en corrélant l'inflation à la masse monétaire. Adam Smith (1723-1790) développe dans *La Richesse des nations* (1776) une théorie générale des facteurs de production (travail, terres, capital et monnaie) et met en évidence l'avantage comparatif de la division du travail et de la spécialisation. Cent cinquante ans plus tard, John Maynard Keynes (1883-1946), un banquier central, révolutionne la science économique dans la *Théorie générale de l'emploi de l'intérêt et de la monnaie* (1936) avec une équation globale d'interaction des facteurs de production. Il démontre la nécessité des déséquilibres et préconise une action étatique pour les corriger comme le chimiste Lavoisier, un siècle et demi auparavant, avait établi un concept moderne d'équilibre global.

Fisher et Keynes : le rôle de la monnaie, la question de sa neutralité

Dans la théorie classique ou quantitative de la monnaie, explicitée par Jean Bodin, Stuart Mill[2] puis Irving Fisher, le niveau des prix dépend directement et exclusivement de la quantité de monnaie. Selon l'équation de Fisher : $M \times V = P \times T$. M est la quantité de monnaie en circulation, V la vitesse de circulation (le nombre de fois où une unité est utilisée pendant une période donnée), P le prix moyen et T le montant total des transactions annuelles (approximativement la production déduction faite des stocks). V et T sont considérés comme constants à court terme (ce qui s'avère faux dans un monde en mutation), toute augmentation de la monnaie étant compensée par une augmentation des prix mais n'influant pas sur le niveau réel de la production.

---

1. Jean Bodin, *Paradoxes de M. de Malestroit touchant le fait des monnaies et l'enrichissement de toutes choses* (1563), Édition et traduction H. Hauser, Armand Colin, Paris, 1932.

2. René Baehrel, auquel se réfèrent Fisher, Braudel et Le Roy Ladurie (1965, n° 13-14, *Étude rurale*), explicite dans *Une Croissance, La Basse Provence rurale en 1789* une méthodologie et des séries statistiques mettant en évidence le rôle de la monnaie et son interaction avec les prix et les facteurs influant la production de substances agricoles. Déjà, bien avant Keynes il démontre la relativité des prix.

Keynes s'oppose à cette conception de neutralité de la monnaie et affirme qu'elle est aussi utilisée pour des investissements ou une thésaurisation elle-même fondée sur des motifs de spéculation, de précaution, ou d'adaptation au flux anticipé des dépenses. Il critique l'absence de prise en compte de la thésaurisation (qui réduit artificiellement la demande) et l'impact d'une augmentation de monnaie sur la croissance économique (en raison de l'élasticité de la production par rapport à la demande).

Les monétaristes, dans la lignée de Milton Friedman, reconnaissent que la raréfaction monétaire du début des années 1930 a été un facteur aggravant de la crise. En revanche, une augmentation de monnaie supérieure à celle de la production conduit selon eux à l'inflation des prix, source de déséquilibres altérant l'anticipation des agents économiques.

Malgré l'évolution de l'analyse économique, le découplage croissant entre la masse monétaire (qui augmente ou se contracte) et l'inflation (relativement constante)[1] pose la question de la validité de l'équation de Fisher, qui reste l'outil théorique de référence pour le suivi de la masse monétaire par les instituts d'émission. Ce paradoxe fondamental, au mieux présenté comme un élément secondaire par la plupart des auteurs, résulte de la dilution de la notion de monnaie qui constitue le cœur de notre analyse. Les agents économiques chargés du contrôle ou de l'impulsion de la politique monétaire sont aujourd'hui dépassés par les nouvelles formes de création de monnaie. Ils n'ont pas d'autre solution que prendre des positions empiriques, qui se sont fort heureusement souvent avérées judicieuses dans la crise de 2008, grâce à l'expérience d'acteurs comme Ben Bernanke à la FED* (Federal Reserve System) ou Jean-Claude Trichet à la BCE* (Banque centrale européenne).

La surliquidité dont nous soulignons les sources, déficit commercial américain, endettement, nous semble très supérieure dans ses montants, aux chiffres officiels.

Sur le plan théorique, l'explication est pourtant assez simple. Dans son analyse de la monnaie, Keynes avait déjà mis en évidence la demande de spéculation (liée négativement au taux d'intérêt) en

---

1. Sylvain Broyer évalue la croissance de cet excès de liquidité à 20,6 % sur la période 2002-2008 (*Natixis flash économie*, n°216, mai 2009).

complément de celles de transaction et de précaution (liée positivement au revenu nominal). Friedman a reformulé l'analyse en 1969, en inscrivant la demande de monnaie en fonction des rendements effectifs ou anticipés des actifs concurrents, mais aussi de la richesse. Cette notion est fondamentale car l'équation quantitative classique ne prend en compte que la somme des valeurs ajoutées de l'économie (le PIB) et la monnaie traditionnelle, alors que l'analyse de Friedman inclut le patrimoine et la variation des richesses. Cet aspect n'est pas couvert par les agrégats monétaires, et encore moins par la plupart des modèles de calcul pour les bouclages macroéconomiques (INSEE, etc.). Or, la croissance du patrimoine, mesuré en pourcentage du revenu net disponible, augmente d'année en année dans les pays riches, traduisant le souci des populations de couvrir leurs besoins futurs, notamment de retraites, avec l'allongement des durées de vie. Le basculement d'économies d'entrepreneurs pour lesquels la monnaie doit servir à créer des richesses productives immédiates, vers des économies ou la rente financière prend un rôle croissant, éclaire la mutation profonde du concept de monnaie et du rôle des actifs dont les échanges ont été fluidifiés par les mécanismes de titrisation.

À QUOI SERT LA FINANCE ?

Le système financier remplit selon Levine[1] cinq fonctions principales : la facilitation des échanges de biens et services (émission et gestion des moyens de paiement), la mobilisation de l'épargne (vers l'investissement productif ou public), la production d'informations (pour une allocation optimale des choix d'investissement), la gestion des actifs (indispensable dans nos sociétés modernes pour le financement des retraites) et le contrôle des risques (assurances, couvertures, etc.).

L'échange est endogène à la monnaie et donc à la finance.

---

1. R. Levine, Carlson school of management, *Finance and Growth: Theory and Evidence*, Elsevier, 2005.

Sur le plan juridique et fiscal, l'échange entre deux parties peut être décomposé en deux ventes parallèles. Dans le cas du troc, aucun échange monétaire n'est nécessaire lorsque les biens échangés ont la même valeur pour chacune des parties. Mais du fait de la diversification des produits et de la parcellisation des tâches, les agents économiques ne sont plus en mesure de s'accorder sur des transactions constituées de deux ventes parallèles de produits de même valeur (par exemple, une voiture comprend en moyenne 10 000 pièces détachées spécifiques que le constructeur a été obligé de concevoir, de faire fabriquer puis d'acheter, très peu de ces pièces étant substituables). La monnaie devient indispensable au bon fonctionnement de l'économie dans sa fonction d'intermédiaire des échanges.

Le mouvement de monétarisation de l'économie a aujourd'hui pris de nouvelles formes sur lesquelles nous reviendrons en détail (chapitre 2). C'est ainsi le cas des places de marché, lieux de rencontres électroniques de biens homogènes, qui substituent une écriture comptable au versement monétaire du solde d'une transaction. À travers ces opérations, les places de marché deviennent émettrices d'une monnaie aussi longtemps qu'elles ne soldent pas les écarts en compte entre acheteurs et vendeurs ou qu'elles accordent du « crédit » à ceux-ci à hauteur des prix fixés par leur rencontre.

La monnaie dite électronique est née. Ses formes peuvent être infinies.

Les services financiers sont nécessaires aux pays riches mais aussi aux pays en développement. Un ouvrage récent[1] analyse en détail le comportement de ménages vivant avec moins de 2 dollars par jour au Bangladesh, en Inde et en Afrique du Sud. Ces ménages font d'importants efforts d'épargne à leur échelle et la microfinance, de conception récente, n'apporte encore que des solutions limitées à leurs besoins. Au niveau de l'activité économique, les pays en développement manquent également d'instruments financiers pour assurer le financement des entreprises. C'est

---

1. D. Collins, J. Morduch, S. Rutherford, O. Ruthven, *Portfolios of the Poor,* Princeton University Press, 2009.

pourquoi la Banque mondiale*, au travers de l'IFC (International Financial Corporation), place l'émergence des activités financières au cœur de sa politique d'investissement.

Quelles sont les interactions entre le mouvement de financiarisation et les modèles politiques ?

L'histoire contemporaine a pour caractéristique fondamentale l'accélération et l'internationalisation des mutations politiques, économiques et sociologiques, et pour tendance la généralisation du libéralisme. Ce modèle s'est imposé, malgré la crise de 1929 et ses soubresauts, face à toutes les alternatives, nazisme et soviétisme en particulier.

La fin du XXe siècle est riche de bouleversements politiques et économiques, avec la généralisation du libéralisme : création de l'Europe des 6[1] devenue l'Union européenne des 25 puis des 27 (depuis l'entrée de la Roumanie et de la Bulgarie en janvier 2007), chute du bloc soviétique, ascension de la Chine, etc. Depuis la fin de la guerre de Corée, les économies se transforment. La centralisation économique liée aux exigences d'un état de guerre disparaît ; le poids des États baisse par la privatisation des activités non régaliennes ; les oligopoles et les ententes sur les prix sont combattues (école dite de la nouvelle économie de Chicago et de Lausanne, avec pour paradoxe toutefois que certains de ses membres s'insurgent en même temps contre le trop d'intrusion des États dans la vie économique). La Loi de finances, le « Recovery act » de 1984[2] du président Reagan (au pouvoir de 1981 à 1989) marquera une rupture libérale pour tout l'Occident. Elle réduira les impôts fédéraux, notamment l'impôt personnel (à un taux marginal de 28 %) pour favoriser la relance de l'initiative privée à terme génératrice de recettes fiscales. Cette politique sera suivie rapidement par tous les États occidentaux et les taux marginaux d'impôt sur les revenus baissent partout.

---

1. Pays signataires du Traité de Rome en 1957 : Allemagne, Belgique, Italie, France, Luxembourg, Pays-Bas.
2. La motivation et les objectifs de la loi sont en préambule du texte.

Tableau 1.2 – Évolution des taux marginaux supérieurs d'impôts sur le revenu

	États-Unis[a]		France[b]		Chine		Allemagne	
	Société	Indiv.	Société	Indiv.	Société	Indiv.	Société	Indiv.
1960	47 %	90 %	50 %	60 %	NA	NA	15/51 %	53 %
2007	15/39 %	35 %	33 %	50 %	25 %	45 %	29,8 %	45 %

a. À la suite de la Grande Dépression et pour entretenir les efforts de guerre, le taux marginal supérieur de l'IR américain atteignait 94 % en 1944, puis se stabilisa autour de 90 % jusqu'à la fin de la présidence Kennedy. Comme tous les autres pays, sauf la France, ce taux ne comprend pas les impôts prélevés par les collectivités territoriales.

b. Le taux marginal d'imposition des particuliers a été ramené à 40 %, auxquels il faut ajouter les contributions sociales de l'ordre de 13 %, dont une partie déductible, l'ensemble des impositions étant plafonné depuis 2008 à 50 %.

Source : lois de finances.

Pour autant, certaines questions n'ont pas été résolues : sur le plan intérieur, celle du contrôle du partage des richesses créées ; sur le plan extérieur, celle de la monnaie internationale, aujourd'hui encore le dollar, après l'abandon de l'étalon or à Bretton Woods* et de la convertibilité du dollar en or par les États-Unis le 15 août 1971 du fait de l'accumulation des déficits budgétaires depuis la fin de la Seconde Guerre mondiale.

En l'absence d'un étalon or indépendant souhaité par le général de Gaulle[1], la neutralité plaiderait pour une solution transnationale sur le modèle des DTS* (droits de tirage spéciaux) émis par le FMI* (Fonds monétaire international) et définis par un panier de monnaies. Mais le montant actuel des DTS, récemment augmenté avec la crise, s'élève à 1 000 milliards, soit 1 trillion, et est sans rapport avec les besoins (le PIB des États-Unis seuls est de 14 trillions). Si la nature des DTS devait être redéfinie et reconfirmée, resterait la question de savoir à qui reviendrait le pouvoir de les émettre et de les attribuer pour des montants plus importants.

Une nouvelle négociation internationale semble nécessaire pour assurer une meilleure égalité entre les citoyens du monde, conformément à l'esprit même du libéralisme. Plusieurs *leaders* se sont

---

1. Conférence de presse de février 1965, archives INA.

exprimés en ce sens : appel du président Sarkozy à un nouvel ordre financier international, déclarations de Félix Rohatyn[1]… Mais de la légitimité nationale à celle qui est nécessaire pour engager une réforme internationale concertée, le chemin à parcourir reste important.

Aucune instance politique ne peut aujourd'hui déléguer simplement ses pouvoirs souverains d'émission monétaire. Aucune instance, même le FMI, n'a le pouvoir de les recevoir dans le cadre nécessaire. Le G20, simple réunion et non traité ratifié par les parlements de ses membres, n'est pas encore cette instance.

Une courte histoire de l'évolution des organisations économiques

Le schéma p. 46 montre un monde économique dont le temps historique est divisé en cinq phases.

Pendant une première phase, entre – 5 000 et le XVIe siècle, l'activité économique est le fait d'individus (l'affranchi doté d'un pécule par son ex-maître menait les affaires pour le compte de ce dernier ou le sien propre), du prince (souvent des arsenaux, des exploitations agricoles ou minières…), ou de rassemblements d'individus sans personnalité juridique. La période préhellénistique puis hellénistique, entre le VIIIe siècle avant J.-C. et 210 avant J.-C., date de l'occupation complète par les Romains de la Sicile et de la fin de la présence phénicienne, connaît des structures économiques collectives analogues à celles des pays du Moyen-Orient. Mais on ne peut parler de sociétés commerciales. Au contraire, la fin de la concurrence commerciale entre Grecs et Phéniciens par la disparition de ces derniers et la domination romaine qui suivra sur toute la Méditerranée réduira la forme sociétale aux sociétés de Publicains chargés de collecter l'impôt. L'activité industrielle et commerciale est le plus souvent simplement située dans la « Villa ».

---

1. Ancien associé de la banque Lazard et reconnu comme le conseil de la Ville de New York qui a sauvé la ville des graves difficultés financières qu'elle connaissait au début des années 1970. Félix Rohatyn a été aussi ambassadeur des États-Unis en France.

La liberté d'association pour entreprendre, susceptible de concurrencer l'autorité du prince, est combattue par ce dernier comme elle le sera par dogme politique par les monarques d'Europe de l'Ouest jusqu'au XVIe siècle et pour les mêmes motifs.

Avant la chute de l'Empire romain d'Occident au Ve siècle s'engage – au-delà du processus d'affranchissement – un mouvement de disparition de l'esclavage qui constitue une phase intermédiaire. Essentiellement réalisé dès le XVIe siècle en Europe de l'Ouest, sa fin ultime n'interviendra malheureusement que dans la seconde partie du XIXe siècle dans les colonies des pays européens et aux États-Unis.

La troisième phase, à compter du XVIe siècle, correspond à la création avec l'assentiment du prince de sociétés ayant la personnalité juridique (l'incorporation consistant à donner à une association les mêmes capacités juridiques que celles accordées aux individus, c'est-à-dire notamment de s'engager contractuellement et d'ester en justice). C'est l'histoire des sociétés maritimes et coloniales. La création par « incorporation » de sociétés à associés multiples aura bien sûr pour effet l'obligation de tenir des comptabilités pour l'établissement périodique d'états financiers faisant apparaître les droits de chacun, notamment la répartition des profits ou des bonus de liquidation. Les capitaux peuvent ainsi s'accumuler en dehors du monarque et donner naissance à une bourgeoisie qui acquiert les moyens de son indépendance financière et constitue au fil des siècles un contrepoids politique à l'absolutisme royal (de Jacques Cœur à Necker…).

La quatrième phase, au XIXe siècle, préside à l'apparition du crédit sur les sociétés et à la naissance d'un droit des dettes avec des créanciers et des papiers de commerce et de marchés pour les traiter.

Avec la cinquième phase, en balbutiements à la fin du XVIIIe siècle et se développant surtout au XXe siècle, émergent des catégories structurées de citoyens, les salariés et les consommateurs, comme partenaires de l'entreprise. En ce qui concerne le financement des entreprises, c'est aussi l'apparition toute nouvelle des marchés financiers (bourses d'échange et mécanismes de compensation pour en régler les soldes ne faisant qu'un) et des catégories de plus en plus nombreuses d'agents économiques spécialisés (arrangeurs, analystes, agence de notations, régulateurs, superviseurs…). Ces derniers s'inscrivent dans une chaîne financière complexe autour de droits de propriété fiduciaires diversifiés (actions, obligations, dérivés, contrats de garantie…) et de multiples places de marché pour les échanger.

Figure 1.4 – Évolution historique des structures économiques

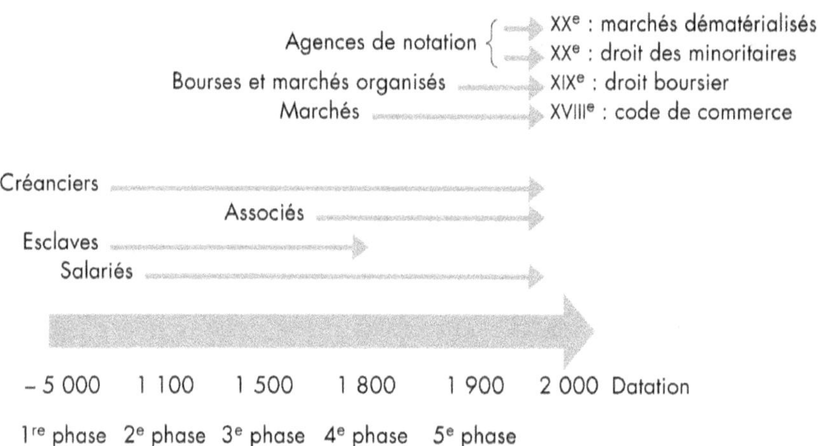

L'évolution économique s'accompagne d'une transformation de la relation contractuelle et du cadre juridique des échanges. Chronologiquement, le souverain s'appuie sur le pouvoir régalien, le citoyen sur la loi, les autorités de marché sur la réglementation, les professionnels sur les normes et standards établis. Contrepartie de la démocratisation et du développement, le droit descend ainsi de plus en plus profondément dans les relations économiques, ce qui explique d'ailleurs le développement des métiers juridiques et de contrôle dans les sociétés occidentales. C'est comme si l'absence de réflexion et de loi générales avaient eu un effet « d'autodéfense ». Comme des anticorps dans une infection microbienne ou virale, les strates inférieures du droit – réglementation par instructions et codes de bonne conduite – se développent pour compenser l'affaiblissement du dispositif et l'absence de concepts généraux et inciter les citoyens à atteindre l'objectif d'un comportement conforme à leurs références morales. Ce dernier stade, que nous avons souligné

46

comme étant un démembrement de la souveraineté des États à légiférer, est une cause importante de la crise actuelle en raison de l'absence chez certains de comportements « sociaux » autolimitant leur liberté individuelle pour le bien collectif, ou pour prendre en compte les limites de tolérance aux discriminations sociales, notamment en matière de rémunération.

Figure 1.5 - Sources légales de l'organisation économique

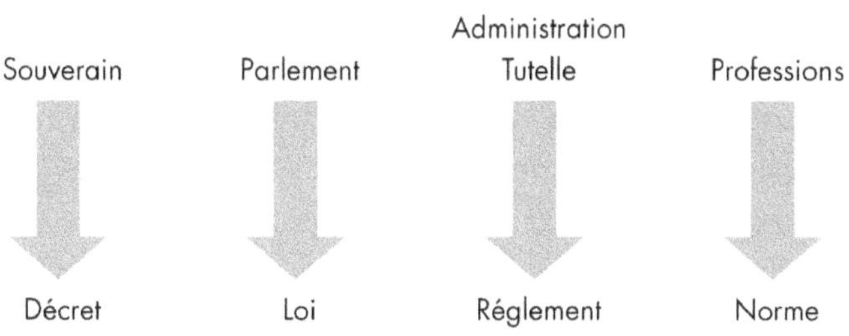

Enfin, la révolution technologique a facilité le traitement des données, et permis la relation personnalisée en temps réel entre acteurs distants au travers de la Toile.

Au terme de l'évolution constatée, nos sociétés sont passées d'un système de rapports bilatéraux entre économies nationales sous la tutelle des souverains à un système multipolaire lié à la fois à la globalisation des marchés et à la constitution d'entreprises de très grande taille, dépassant celle des États. La spécialisation des pays en fonction de leurs avantages compétitifs, et des agents économiques au sein de la chaîne financière en sont les conséquences.

Cette analyse met en lumière le dynamisme du modèle libéral et sa propension à remettre en cause ou à contourner les réglementations qui freinent le développement de l'activité économique, porté par la monnaie. Ainsi la période récente est-elle marquée par la multiplication de places de marché financières largement autonomes malgré les enjeux financiers et le démembrement de la souveraineté des États en matière économique et financière. La monnaie suit cette pente d'affranchissement des contraintes réglementaires, conséquence naturelle du succès de l'ordre marchand. Pour autant, les États n'abandonnent pas le terrain à un libéralisme dogmatique, ne serait-ce que pour protéger l'égalité des citoyens et éviter l'effondrement du lien social. Leur action se fait notamment au travers des évolutions du droit et des politiques économiques.

LE RÔLE CLÉ DU DROIT ET SON RETARD D'ÉVOLUTION

Les droits des États n'ont pas suivi le rythme de cette évolution continue, en dépit des apports réels de l'Indépendance américaine et de la Révolution française. 1789 a mis fin aux privilèges du clergé et de la noblesse que la déclaration d'indépendance américaine avait déjà condamnés. En parallèle, le courant de pensée des physiocrates, animé par Quesnay[1], n'a pu faire progresser qu'avec retard la notion d'égalité du commerce et de l'industrie par rapport à l'agriculture, apparue plus tôt chez nos voisins britanniques et allemands dopés par l'émigration huguenote[2], y compris dans le domaine du droit. Les querelles doctrinales sur l'égalité du citoyen dans un monde économique marqué par la concentration des capitaux se sont traduites par la multiplication de mesures particulières (Code de commerce de 1808 en France), sans réflexion globale sur les besoins de l'industrie.

Il a fallu attendre le milieu du XIXe siècle pour que les lois de l'Empire prussien[3] permettent la concentration des capitaux au sein des entreprises et le financement du développement industriel. Le droit français n'a été adapté aux besoins du développement industriel que sous le Second Empire (loi de 1867 sur les sociétés commerciales). Les lois commerciales ont été très bénéfiques pour l'Allemagne de Bismarck[4] mais aussi pour la France de Napoléon III. Elles ont accompagné le

---

1. François Quesnay (1694-1774), médecin et économiste français partisan du « laisser faire », ancêtre du libéralisme mais ayant aussi pour doctrine que la richesse ne peut venir que de l'agriculture, donc des terres.
2. La révocation définitive de l'Édit de Nantes interdisant la pratique en France de la religion protestante intervient en 1685. Louis XVI rétablira la liberté, favorisant le retour de certains émigrés après une déperdition intellectuelle considérable.
3. Joseph Adolphe Rovan, *Histoire de l'Allemagne*, Seuil, 1994.
4. Emil Ludwig, *Bismarck*, Édition française 1929, réédité par Payot, 1984.

développement industriel et permis à ces pays de regagner du terrain sur les grandes cités d'échanges et de foires (Venise, Amsterdam, Bruges…). Dans un environnement juridique adapté, de nombreux banquiers trouvent avec l'industrie un nouveau tremplin de croissance. C'est la création du Crédit industriel et commercial (1859), du Crédit lyonnais (1863) devenu au début du XIXe siècle la première banque mondiale, de la Banque de Paris et des Pays-Bas (1872).

Au XXe siècle, les développements législatifs et judiciaires, largement d'inspiration anglo-saxonne, visent à rétablir un équilibre entre le citoyen en position de faiblesse par son isolement face aux grands groupes, plutôt qu'à maintenir un contrôle tutélaire sur l'économie. Les lois sur les titres représentant des parts de capital, comme la Securities Law de 1934 aux États-Unis, qui a créé la SEC* (Securities & Exchange Commission), ont permis la protection de l'épargnant américain : l'instauration de la *class action*[1] (action collective) est la manifestation du constat d'inégalité entre les agents économiques. Elle vise à rétablir l'équilibre entre consommateurs, salariés et petits actionnaires isolés d'une part, qui peuvent se regrouper à l'initiative de quelques-uns d'entre eux seulement, et d'autre part les puissantes entreprises constituées grâce au développement économique.

En parallèle se développe le droit de la concurrence et des concentrations (antitrust), conçu pour maintenir un aiguillon concurrentiel permanent et garantir une pression à la baisse des prix pour le consommateur. Le cas d'école est celui de l'éclatement au milieu des années 1980 de l'opérateur historique de télécommunication américain ATT entre une société de communications longue distance et sept sociétés régionales. Dans la plupart des pays européens et au

---

1. L'action collective ou *class action* autorise la victime d'un dommage économique à agir seule en justice contre une entreprise, en faisant bénéficier tous les membres de sa catégorie, de la réparation des dommages que le juge accorderait. Elle est la conséquence de la disparition dans la sphère économique des rapports strictement bilatéraux. En cas d'incertitude juridique ou de prix contestable, elle ouvre droit à des réclamations qui peuvent parfois ressembler à des formes de chantage, ce qui constitue son principal point faible.

niveau communautaire, le droit de la concurrence s'est renforcé et constitue aujourd'hui un contrepoids important face aux acteurs économiques en situation dominante, avec des sanctions économiques particulièrement pénalisantes.

Enfin, plus récemment, le dispositif juridique s'est renforcé sur le plan de l'information dans le monde anglo-saxon, notamment avec la loi Sarbanes-Oxley (SOX) adoptée en 2001. Celle-ci fait écho à l'affaire « Enron » ayant entraîné la disparition de la septième capitalisation américaine avec 22 000 employés et 139 milliards de chiffre d'affaires ainsi que de son réviseur des comptes, le cabinet d'audit international Arthur Andersen. Les pratiques hasardeuses sinon condamnables des dirigeants d'Enron étaient adossées à des mécanismes financiers et comptables de « déconsolidation des bilans » (*defeasance*) conçus pour masquer les importants engagements de la société dans ses comptes, en les déplaçant dans d'autres entités dites SPC (*special purpose company*) qui n'apparaissaient pas dans les états financiers.

Cette pratique de l'effet de levier n'étant pas spécifique à Enron aux États-Unis, mais liée à des normes comptables internationales, tous les partenaires des États-Unis ont adopté des textes de lois semblables (en France la loi de Sécurité financière) retirant aux auditeurs externes leurs pouvoirs de régulation en matière d'audit. Ces lois (analysées au chapitre 6) n'ont en revanche restreint ni les pouvoirs confiés au normalisateur en situation de confusion avec l'auditeur, ni réorganisé les systèmes de responsabilité. La loi SOX, reprise à des degrés divers par la plupart des autres pays développés, marque le premier constat sérieux des dérives plus marquées aux États-Unis qu'en Europe de la financiarisation et de la désintermédiation des ressources financières.

Les nouveaux textes visent certes à mieux protéger le consommateur, l'épargnant ou le salarié, prennent en considération la globalisation des marchés financiers et la création d'une épargne publique mais en aucun cas ils ne relèvent d'une réflexion d'ensemble sur la vocation de nos sociétés et sur la place du citoyen. Le droit des consommateurs, le droit de la concurrence, le droit de la protection de l'épargne existent, mais il n'existe aucune vision globale de ces droits, y compris des Droits de l'homme correspondant à la liberté de circulation des hommes, des marchandises, des productions intellectuelles et des capitaux.

Pourquoi sommes-nous dans cette situation ? L'explication se trouve peut-être dans l'occultation du débat de fond par les deux guerres mondiales qui ont transformé les économies pour les adapter aux conflits. Par la suite, la disparition du marxisme dans les années 1980 a donné à ses vainqueurs une légitimation sur l'échec du modèle d'organisation sociale et économique. La centralisation excessive des décisions déresponsabilise l'agent économique et nuit à son efficacité, donc à sa prospérité personnelle comme à celle de la société à laquelle il appartient. Pourtant, l'autonomie des agents économiques nécessitait dans ses principes, comme dans un ballet, une discipline commune acceptée par tous sans contrainte et dont la visibilité par chacun était la condition.

Avec la généralisation des places de marchés, le droit des créances a été complété par un droit des valeurs mobilières[1] et un droit des instruments financiers (encore en gestation). Le sujet reste ouvert malgré les négociations en cours[2] pour prendre en compte les conséquences de la globalisation. Au sein de l'Union européenne, le statut des dépositaires de valeurs mobilières et d'instruments financiers, ainsi que celui des droits applicables aux instruments financiers privés tels que les CDS reste imprécis malgré plusieurs directives et une volonté politique affichée d'apporter les corrections nécessaires au régime de liberté des échanges.

Dans ce mouvement, deux obstacles n'ont pas été traités : celui de l'espace de souveraineté du législateur et du dirigeant chargé de mettre en œuvre les lois, celui du juge en charge d'en sanctionner la violation. Ces espaces ne correspondent plus aux échanges. Lorsqu'un accident survient, les autorités et les opérateurs s'opposent pour défendre leurs intérêts au détriment du sentiment de

---

1. Securities laws en 1934 aux États-Unis.
2. Des conventions sont en cours de négociation pour homogénéiser le droit financier européen. Une association de juristes privés, Unidroit, en a pris la charge.

sécurité commune qui devrait prévaloir. Ainsi, dans l'affaire Madoff, des contentieux judiciaires ne sont-ils pas résolus concernant les responsabilités des dépositaires internationaux et la propriété des actifs gageant les instruments de titrisation, les ABS* (*assets backed securities*).

L'information financière n'a pas été réfléchie pour correspondre à l'évolution et à la diversité des usagers, mais seulement pour satisfaire celles des marchés financiers (déclaration du 1er août 2009 du FASB, voir chapitre 4).

Enfin, la supervision d'entreprises internationales comme AIG, dont le sinistre trouve sa source dans une filiale britannique, pose un problème de souveraineté des organismes de supervision. Malheureusement, les organisations politiques chargées d'initier la réglementation restent limitées à des instances de concertation. Comment placer les évolutions législatives ou jurisprudentielles rendues nécessaires par les événements dans un ensemble conceptuel cohérent compréhensible par tous, pour éviter le retour à un centralisme économique, voilà notre question.

L'action de six grands groupes industriels français devant la Cour suprême des États-Unis pour combattre l'emprise du juge américain sur les affaires d'actions collectives lorsqu'il s'agit d'émetteurs non américains démontre la désorganisation juridictionnelle[1].

---

1. Dans une affaire de *class action* menée par des minoritaires, jugée le 24 juin 2010 (Morrison/National Australia Bank), la Cour a considéré que des actionnaires non résidents ayant acquis en dehors des États-Unis des actions d'une société cotée en dehors des États-Unis ne pouvaient pas valablement saisir les tribunaux américains (« Foreign Cube action »). Un certain nombre d'entreprises françaises pourraient souhaiter s'appuyer sur cette décision pour s'opposer à la compétence des juridictions américaines là où les recours devant les juridictions du pays de l'émetteur, en l'occurrence la France, n'ouvraient pas cette voie de droit. Cependant, l'existence même de ces recours démontre une recherche de protection par l'investisseur dans une entreprise globale. Il sera important de suivre la pratique de la nouvelle agence fédérale de protection des épargnants créée par la loi *Restoring American Financial Stability Act* (RASA) du 23 juillet 2010.

En matière de politique économique, la régulation de la monnaie joue un rôle central pour contrôler la surchauffe de l'économie au travers du crédit et financer les déséquilibres budgétaires. Ces interventions sont soumises à la double contrainte de leur marge de manœuvre et de leur efficacité.

En effet, elles doivent tout d'abord respecter des règles écrites (à l'instar du traité de Maastricht de 2001 instituant la zone euro et limitant les déficits publics en pourcentage des PIB) ou économiques (qualification des dettes d'État par les instituts de notation) de plus en plus contraignantes. Ensuite, avec la perte du monopole de l'émission monétaire, les États n'ont presque plus la capacité d'en infléchir les flux, sauf à prendre des mesures radicales. La dégradation de la note publique de la Grèce en décembre 2009, de l'Espagne puis de l'Irlande en août 2010, les menaces sur celles de l'Islande et du Portugal, les interrogations sur celles du Japon et des États-Unis, illustrent la rapide évolution d'une situation jugée prospère vers une mise sous tutelle financière internationale sans base politique assurée, avec pour seul recours le G20, réunion dont le mérite est d'être purement consensuelle, mais dont l'autorité de ce fait repose sur la seule raison. L'électrochoc de ces annonces a probablement le mérite de rappeler aux États et surtout aux opinions publiques largement hostiles à des mesures d'austérité et de coupes budgétaires, que la mobilisation à temps est nécessaire pour éviter des lendemains plus difficiles.

De telles mesures sont-elles par essence en contradiction avec le principe de liberté du libéralisme ? Nous ne le pensons pas. Sans un contrôle monétaire efficace, prenant en compte les transformations engendrées par les évolutions économiques, la progression de l'ordre marchand devient rapidement déséquilibrée et son modèle politique instable.

Chapitre 2

L'évolution économique, support de l'innovation monétaire

LA MUTATION DE LA MONNAIE VERS UN PRODUIT COMPLEXE À CONSISTANCE INDÉFINIE

La monnaie remplit trois fonctions économiques : unité de mesure des prix, elle permet d'évaluer la valeur des biens ; moyen d'échange et de commerce, elle possède un pouvoir libératoire ; réserve de valeur, elle détermine le pouvoir d'achat[1].

Sa première fonction d'unité de compte rend toutes les marchandises commensurables, c'est-à-dire mesurables entre elles, et constitue un référentiel simple là où l'économie de troc nécessitait une grille d'analyse complexe et constituait un handicap au développement des échanges. Sa deuxième fonction de moyen de paiement appelle un certain nombre de qualités pour en assurer un usage fluide : l'acceptabilité (d'où le succès des métaux précieux « désirables »), l'inaltérabilité (l'or ne s'oxyde pas), la facilité d'usage (poids et volume limité) et la divisibilité. Enfin, sa troisième fonction suppose de pouvoir garder un certain temps, sans risque de perte, la monnaie obtenue en échange de la vente de produits.

---

1. Certains économistes ajoutent parfois une quatrième fonction de « moyen d'enrichissement », par l'intermédiaire du profit tiré de l'intérêt sur son placement.

La monnaie permet ainsi de mesurer la plupart des activités économiques, assimilables à une addition de transactions réelles ou virtuelles, mais elle ne suffit plus à en décrire la complexité croissante nécessitant de faire appel à l'information financière et à la comptabilité. Les transactions simples, immédiates entre deux parties (par exemple paiement comptant contre remise de la marchandise) ont évolué dans le temps. Au XIVe siècle sont apparues la lettre de change (qui reporte la transaction métallique comme de nos jours le chèque, lui-même en cours de remplacement par des moyens électroniques) et les compensations sur livre de comptes des banquiers (soldant actifs et passifs entre deux établissements sans transferts matériels). Ainsi, pour accompagner l'évolution de l'activité économique, la monnaie s'est progressivement étendue à des moyens de paiement scripturaux (c'est-à-dire correspondant à des écritures comptables). Aujourd'hui se pose la question des limites de la monnaie. À titre d'exemple, la question s'est posée de savoir si les programmes de fidélisation Internet (inspirés des « *miles* » des compagnies aériennes) devaient être soumis à la réglementation des banques centrales (échangeables sur des sites « *peer to peer* », monétisables en devises, et accumulables en l'absence de péremption).

Pour mieux comprendre la nature des problèmes soulevés par la complexification des échanges et leur transcription dans le langage comptable, examinons les composantes de ces transactions : le prix, l'objet, les parties, le temps, étant souligné que ces variables, elles-mêmes de plus en plus complexes, peuvent remettre en cause la valeur ou les fondements desdites transactions selon l'interprétation qui leur est donnée.

Le prix : la monnaie, une source d'informations, en est l'étalon de mesure

Le prix de l'échange, c'est-à-dire l'expression monétaire, est le premier facteur de l'échange pour les deux parties. Les monnaies étalons, grecques puis romaines, ne comportaient pas d'expression nominale de leur valeur (aureus, denier, sesterce, as…) : leur contenu métallique rendait leur valeur libératoire implicite. Après que l'Empereur Auguste (63 avant J.-C.-14 après J.-C.) eut procédé à l'unification monétaire, sous le règne d'Aurélien (270-275), l'État romain, après avoir joué pendant près d'un siècle sur l'aloi et les poids, décide en 274 d'émettre une monnaie « garantie » avec l'inscription sur la pièce elle-même de son poids et de son titre. La monnaie métallique restera la référence à travers les siècles, mais l'apparition d'une valeur d'échange déconnectée de la valeur métal ouvrait la voie vers d'autres formats (en particulier le billet papier apparu en Chine au VIIIe siècle) et la création de la monnaie fiduciaire[1]. La monnaie fiduciaire (du latin *fides,* confiance) repose fondamentalement sur la confiance dans l'émetteur, celui-ci garantissant la valeur faciale des pièces et billets en circulation, comme l'indique la mention figurant sur le billet actuel de 100 roupies en Inde : « *I promise to pay the bearer the sum of hundred roupies* », avec la signature en fac-similé du gouverneur de la banque centrale, dont peu de porteurs sont susceptibles de connaître la véritable contrepartie…

En effet, la nature de cette garantie a évolué depuis la disparition de convertibilité-or de la plupart des devises dans les années 1930.

L'or, un étalon universel : de la valeur intrinsèque de la monnaie métallique à l'Or étalon puis à la réserve

De de Gaulle à Ron Paul[2], nombre de politiques et d'économistes ont salué les vertus de l'or, métal neutre, impérissable et n'appartenant à personne. Là où on vient de retrouver des pièces byzantines en état neuf, la monnaie papier du FED serait dans un pitoyable état si elle avait été enterrée il y a quinze siècles. Le facteur confiance dont bénéficie l'or, métal par excellence de la bijouterie, incite à l'épargne de précaution ou de spéculation. En réponse à la thésaurisation des espèces métallique dont le coût devenait supérieur à la valeur faciale, la monnaie a progressivement cessé d'être émise en or.

Depuis lors s'est posée la question du lien à l'or métal en volume disponible fini, que ce soit par une convertibilité directe (dite *universal gold standard)* auprès de son émetteur, ou par un mécanisme de contrepartie s'échangeant entre banques

---

1. L'histoire monétaire de l'Antiquité puis du Moyen Âge jusqu'au XIXe siècle a été caractérisée par la problématique du rapport de valeur entre les métaux, or et argent ainsi que par le coût de fabrication des petites espèces en bronze qui, pour pouvoir être émises et circuler sans être thésaurisées, devaient coûter moins cher à fabriquer que leur contenu métallique ne valait.
2. Ron Paul, républicain, membre de la chambre des représentants, auteur de *The end of Fed,* Grand Central Publishing, 2009.

centrales (dit *gold exchange standard*). À défaut de revenir à une définition pondérale de la monnaie (*x* grammes d'or comme l'avait fait le franc germinal[1] puis l'accord monétaire dit de la convention de Paris créant en 1865 l'Union latine[2] qui durera en fait jusqu'à la Première Guerre mondiale), rien ne permet de penser que si cet or était détenu par une banque centrale mondiale qui réglerait les déséquilibres des paiements entre les nations, celle-ci livrerait effectivement son métal précieux.

C'est le constat qui a présidé au décrochage du dollar en 1971. L'Or est ainsi devenu une simple réserve de valeur pour les banques centrales comme pour les particuliers, insignifiante par rapport aux masses monétaires circulantes.

Les banques centrales conservent toutefois en or dans ce rôle de réserve une large fraction de leurs encaisses, entre 65 et 80 % environ pour les États-Unis, l'Allemagne, la France et l'Italie. Font exception à cette règle la Chine avec 0,9 % et le Royaume-Uni avec 18,7 %. Cette position évolue avec l'intégration monétaire européenne prévoyant des réserves en devises et la monnaie chinoise qui reste non convertible à ce jour.

La monnaie a changé de nature : elle est désormais dynamique (les flux l'emportent sur les stocks, d'où l'importance de la vitesse de circulation), dématérialisée (transactions virtuelles), conventionnelle (avec le support de la comptabilité). La confiance, qui constitue le critère fondamental de la pérennité d'une monnaie, ne peut plus se fonder sur l'or, produit physique inadapté à une économie devenue partiellement immatérielle (numérique notamment), mais sur une régulation adaptée (droit commercial pour les échanges, droit des règlements monétaires entre États) pour autant que l'émetteur soit capable d'entretenir cette confiance par la solidité de son économie et donc la valeur des titres (monnaie) qu'il émet.

Un système intermédiaire remplaçant la convertibilité universelle et fixé par les accords de Gêne en mai 1922 établissait un « gold exchange standard » entre banques centrales basé sur le dollar et la livre. Il ne vivra que brièvement. Secoué par la crise de 1929, il sera abandonné avant la Seconde Guerre mondiale.

Les accords de Bretton Woods de juillet 1944 visaient à rétablir un système universel protégeant les États avec la convertibilité

---

1. Le franc germinal (du nom du mois de sa création selon le calendrier révolutionnaire) a été créé par les lois des 18 germinal an III (7 avril 1795 et 7 germinal an XI (27 mars 1803). Le franc était défini par 4,5 gramme d'argent et 0,29024 grammes d'or, parité qui restera inchangée jusqu'en 1914. Le taux de conversion et de référence de la livre avait été fixé en 1816 à 7,32 grammes, celui du dollar avait été fixé en 1834 à 1,5 gramme d'or. Celui du mark allemand en 1871 à 0,3982 gramme.
2. Qui fixera la parité de 100 francs or au titre 900 à 32,25 grammes.

entre devises (et le maintien de taux de changes relativement fixes) et la convertibilité-or du dollar et de la livre sterling qualifiées de monnaies de réserve.

Il ne fonctionnera lui-même que pendant quelques décennies. Du fait des déficits accumulés de leur balance des paiements, les États-Unis finissent par renoncer le 15 août 1971 à la convertibilité-or qu'ils n'étaient plus en mesure d'assurer au regard de leurs réserves. Le métal cesse d'être une référence universelle et la valeur de la monnaie trouve désormais son unique source dans les échanges immédiats ou les crédits. La valeur du crédit, équivalent nominal de la monnaie, se justifie désormais soit par la production disponible de la nation concernée, soit par la capacité de l'État émetteur à équilibrer ses comptes, c'est-à-dire à lever des impôts sur cette production, ou à imposer les termes de l'échange pour des raisons militaires et/ou politiques, soit enfin dans la capacité du détenteur de la créance à obtenir des biens en échange.

En janvier 1976, les accords internationaux dits « de la Jamaïque » entérinaient définitivement pour une longue période la fin d'une recherche d'un système de changes fixes.

La déconnection du stock de métaux précieux à quantité disponible finie, recommandée par l'économiste américain Robert Triffin[1] a donné un formidable élan au développement de la monnaie fiduciaire. Mais elle rendait nécessaire une meilleure caractérisation de la santé des États émetteurs et de leurs économies sous-jacentes puisque leur dette n'était plus limitée par l'encaisse de leur banque centrale. D'un autre côté, la monnaie pouvait désormais plus facilement et indépendamment de la dette s'adapter en volume aux besoins des échanges et donc à la taille des économies c'est-à-dire à leur croissance. La monnaie avait changé de nature. La notion de

---

1. Robert Triffin, né en 1911 en Belgique, disparu en 1993, professeur à Yale et conseiller du président Kennedy. Il a expliqué le caractère paradoxal d'une monnaie de réserve tenant à la fois à sa qualité d'étalon et à celle de son usage, de sorte que le maintien de sa qualité, qui exige d'en contenir la quantité, s'oppose à la nécessité d'en fournir les volumes exigés par le développement. Ce paradoxe est connu sous le nom de paradoxe de Triffin.

dette correspondant à une définition comptable de leur montant, le mode et les règles d'établissement des états financiers prenaient dès lors une importance nouvelle perçue par Hjalmar H. Schacht[1], auteur du redressement économique de l'Allemagne après la déroute financière qui a suivi la Première Guerre mondiale. Le pouvoir libératoire des actifs et passifs dans les bilans, y compris ceux des États, est désormais lié à la liquidité, à la profondeur des marchés financiers et à d'autres facteurs à la connaissance variable comme la qualité des contreparties, dont la perception s'est révélée essentielle en août 2008. Conscients de leur dépendance, les principaux États établissent même des comptes très proches dans leur système conceptuel de ceux d'une entreprise privée et, pour recueillir la confiance des marchés financiers, les soumettent à un audit externe comparable.

Le dollar monnaie de référence ?

L'histoire de l'humanité met en lumière le rôle central de la monnaie de l'État dominant, crédité d'un « capital confiance » par les utilisateurs de cette monnaie, au titre de sa puissance économique, politique et souvent militaire. Le dollar, monnaie de l'État dominant contemporain n'échappe pas à cette règle. Cependant, cette facilité porte en elle-même sa propre perte. La demande de dollars par les acteurs économiques étrangers encourage la création de déficits commerciaux finançables par l'émission monétaire. Comment résister à la facilité de faire fabriquer en Chine les produits à bas prix qui satisferont le citoyen américain, en faisant fonctionner une « planche à billets » indolore. Tant que la monnaie reste dominante, les déficits s'accroissent, ainsi que l'émission monétaire, et les « Asia dollars » accumulés alimentent la thésaurisation ou des financements locaux. Qui plus est, en cédant à la facilité des importations, l'État dominant enregistre une dégradation de la compétitivité industrielle sur laquelle avait été bâtie sa puissance. Le problème survient lorsque la confiance disparaît et les demandes de remboursement (ou de conversion dans d'autres devises) commencent à affluer à la Banque centrale. C'est le problème clé de l'économie américaine qui doit trouver un mode de règlement de sa dette extérieure et redynamiser sa compétitivité industrielle pour redresser sa balance commerciale, ou abandonner sa suprématie internationale. En tout état de cause, il est difficile à une monnaie dominante de conserver sa place dans la durée !

En synthèse, le prix de la transaction exprimée dans une monnaie n'a pas de caractère absolu (en raison notamment de la fluctuation des

---

1. Hjalmar Horace Greeley Schacht (1877–1970), président de la Reichsbank. A quitté toutes ses fonctions publiques en 1939.

monnaies entre elles) et le détenteur de la monnaie supporte le risque de la perception par les autres acteurs du marché de la solvabilité de son émetteur. Toute expression monétaire n'a donc qu'une valeur relative et fluctuante. Dès lors, et c'est sa qualité, elle soumet à d'éventuelles sanctions ses émetteurs, pour autant qu'ils soient clairement identifiés, ses régulateurs, pour autant qu'ils soient compétents, et enfin, toujours, ses usagers. Ces derniers peuvent être classés en deux catégories, avec des effets des jeux monétaires différents : ceux situés dans l'espace de souveraineté (États-Unis pour le dollar ou eurozone pour l'euro...) et ceux situés en dehors de ces zones (banques centrales externes contreparties des échanges et épargnants).

Nous reviendrons sur la question, déjà abordée par les rédacteurs de la Constitution américaine, du pouvoir de contrôle du citoyen sur sa monnaie et donc sur la définition du champ de celle-ci. La dépréciation monétaire peut être l'équivalent d'un impôt (pour le détenteur d'obligations à valeur de remboursement nominale par exemple) ou d'une prime (par exemple pour les industriels ou les bénéficiaires d'emprunts).

SUR QUOI PORTENT AUJOURD'HUI LES TRANSACTIONS

L'évolution de la nature des biens échangés, tant en termes de péremption que de contenu, a fondamentalement modifié le champ des transactions.

Les échanges couvrent aujourd'hui tout le spectre des marchandises et intègrent désormais une part croissante de services complexes dont la valeur peut être chiffrée différemment par les bénéficiaires ou les garants (par exemple garanties pièces et main d'œuvre). Parfois même, on est confronté à des flux complexes qui trouvent leur source dans l'échange de biens incorporels infiniment complexes contre des droits de propriété ou des titres variés (actions, obligations et tous leurs dérivés).

Ce phénomène est bien connu, mais ses évolutions sont très mal appréhendées, notamment en raison de l'absence de mesure de la désintermédiation dans les systèmes statistiques des gouvernements et des banques centrales.

LES ACTEURS DE L'ÉCHANGE (LES PARTIES)

Les parties à l'échange ont perdu leur relation bilatérale avec l'apparition des places de marché, forme évoluée des foires ancestrales, qui favorisent les échanges et organisent les règlements. Dans les foires et marchés de l'Antiquité, le contenu de l'information était largement visuel pour des biens échangés sur place, et le prix pouvait être fixé entre l'acheteur et le vendeur. Les échanges se sont compliqués avec la généralisation de la monnaie scripturale et l'émergence d'un nouvel acteur intermédiaire spécialisé entre les parties : la place de marché. La transaction devenait multilatérale, la place assurant non seulement les échanges mais aussi la compensation des soldes et organisant les règlements.

Les parties ne se rencontrent plus nécessairement physiquement et les volumes échangés deviennent indépendants des transactions physiques. Par les conditions qu'elle organise à l'admission des acheteurs et vendeurs, la place de marché assure désormais la garantie de bonne fin. Cette évolution marque une étape importante de la financiarisation de l'économie en autorisant des opérations « virtuelles », par le décalage dans le temps entre la transaction, la livraison et son règlement. Cette transformation va notamment permettre de sécuriser les prix de vente des producteurs, céréales par exemple, mais aussi des transformateurs et distributeurs puisqu'elle va ouvrir la voie à des ventes « à livrer ». Les acheteurs et les vendeurs physiques ne se connaissent plus. Ils sont interchangeables. Les relations deviennent purement financières. Les livraisons et réceptions physiques, si elles sont nécessaires, peuvent intervenir totalement indépendamment et au moment opportun choisi par l'opérateur à l'origine des ordres. Le prix pour l'opérateur est en effet garanti par rapport au cours à la livraison ou à la réception, par le règlement du solde de ses transactions sur le marché. Cette organisation favorise le développement d'une catégorie d'agents économiques purement financiers, les « courtiers » (*brokers*), indépendamment des agriculteurs, des industriels et des distributeurs.

Suivant la voie ouverte en 1971 par le NASDAQ, première bourse électronique, de nombreux marchés électroniques, dits

ECN[1] (*electronic compensation networks*) ont émergé ces vingt dernières années avec la révolution des technologies de l'information qui comprime les coûts d'infrastructure, et du Web qui offre un accès universel aux utilisateurs. Ces nouvelles places de négociation, dont les volumes rivalisent avec ceux des Bourses classiques, sont mal ou peu réglementées en raison de leur libre localisation, de l'effet de fractionnement des marchés et d'un mode opératoire rendu opaque par le souhait de liquéfier les marchés en admettant le maximum d'opérations dont les volumes serviront de contrepartie. S'il faut bien permettre aux opérateurs d'entrer leurs transactions sur des écrans délocalisés, il n'en reste pas moins que le fractionnement des marchés a un effet contraire à la bonne application du principe d'égalité de traitement des opérateurs et des ordres. Ces nouvelles places de marché assurent désormais l'essentiel des transactions et enregistrent les opérations y compris de gré à gré, les Bourses traditionnelles ne constatant plus toujours des cours représentatifs puisque l'on ne sait pas, en l'absence d'homogénéité, définir ce concept de façon indiscutable.

Les mouvements monétaires en jeu prennent désormais des proportions supérieures aux budgets des États. Pour perpétrer la stabilité du système, il est nécessaire de pouvoir garantir la bonne fin des engagements sur les places de marché ou les marchés de gré à gré, indépendamment de la réalité physique ou même monétaire. Cette contrainte a présidé à l'émergence des contrats de garantie d'échanges fiduciaires, les CDS, qui assurent la garantie des bilans des opérateurs financiers et de leurs engagements. Le cercle était bouclé. Un système nouveau s'était construit de lui-même, sans rapport nécessaire avec l'économie dite réelle et autogarantie (par les CDS échangés). À l'instar des banques centrales qui certifient le caractère libératoire de la monnaie, les CDS assurent la garantie des titres échangés, ce qui confère à leur émetteur un pouvoir

---

1. Eric Benhamou, Thomas Serval, « *On the competition between ECNs Stock Markets and Market Makers* », article paru dans la *Revue de la London School of Economics*, novembre 1999.

d'émission comparable à celui d'une banque centrale, mis à part les privilèges de souveraineté.

En dépit de leurs volumes très importants, les encours de CDS sont largement dépassés par les *swaps* de taux d'intérêt et de durées (environ 10 fois plus importants), illustrant l'ampleur des masses financières hors de contrôle qui alimentent la spéculation.

La garantie privée : les CDS ou dérivé sur événement de crédit

Le *credit defaut swap* (CDS) est un contrat financier de protection entre un acheteur (qui verse une prime *ex ante* sur le montant notionnel de l'actif) et un vendeur (qui promet de compenser *ex post* les pertes de l'actif de référence). Il est comparable à une option ou à un contrat d'assurance puisque, mise à part la prime, il ne déclenchera de flux financier qu'en cas de réalisation de l'événement de crédit. Les CDS sont des engagements hors bilan. L'ISDA (International Swap and Derivative Association) œuvre à rendre ces contrats plus fluides et transparents, notamment dans la définition des défauts de crédit (faillite, moratoire, restructuration, etc.), et en 2009 à la mise en place d'une chambre de compensation qui réduit considérablement les risques de défauts du gré à gré. Le marché des CDS enregistrés par l'ISDA représente l'essentiel du volume. Il s'élevait à 62 trillions fin 2007, soit plus que le PIB mondial, mais seulement 38 trillions fin 2008. Les CDS peuvent être très volatils en cas d'événement inattendu : fin novembre 2009, le CDS de l'Émirat de Dubaï progresse de 220 points de base en deux jours à l'annonce des difficultés de Dubaï World.

Figure 2.1 – Encours de CDS (en trillions de dollars)

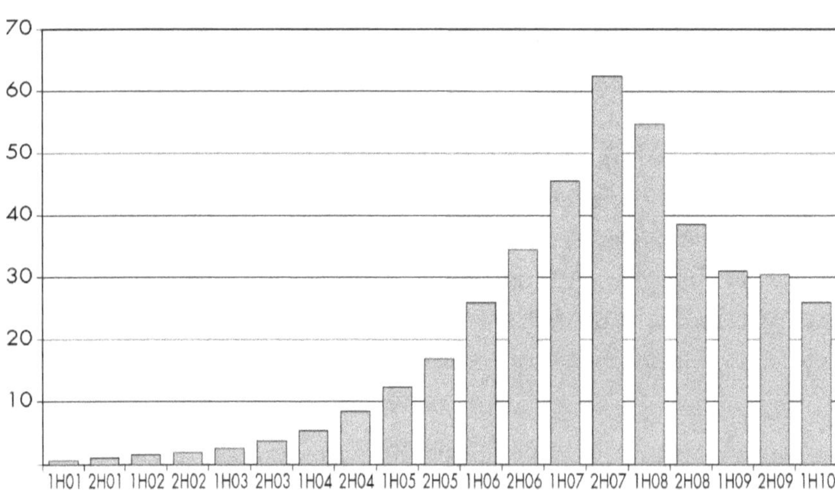

Source : ISDA.

Figure 2.2 – En-cours des swaps de taux d'intérêt et durées (en trillions de dollars)[1]

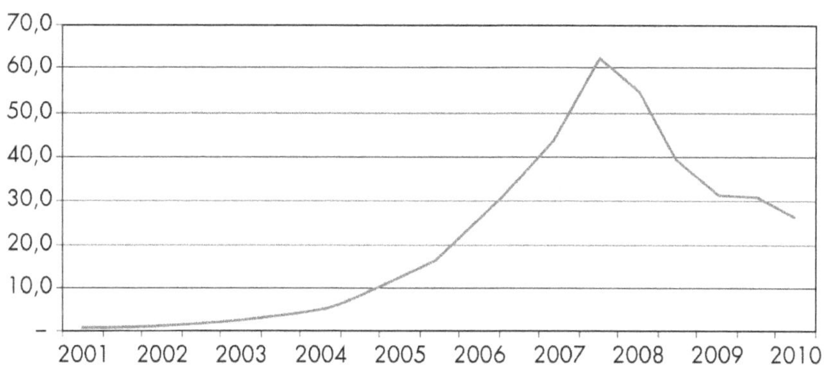

L'IMPORTANCE DU TEMPS EN MATIÈRE MONÉTAIRE : TRANSCRIPTION DE LA DURÉE ET DE LA LIQUIDITÉ

Tout comme le prix, le temps est une variable dont l'influence et la lisibilité est essentielle à la sécurité financière. En effet, la multiplication des transactions sur un même support physique ne permet plus de quantifier les risques sur le paiement différé de la transaction.

Le commerce antique était peu développé en matière de crédit et de conditions d'exécution. L'échange couvert par le Code Napoléon est qualifié par l'accord sur la chose et sur le prix, éludant implicitement l'interférence avec le temps. La réalisation des conditions devait simplement s'inscrire dans un calendrier choisi par l'homme mais non modifiable ou transformable en tant que tel. La traduction comptable de l'échange ne soulevait pas de problème. Au plus élevé de la sophistication, il suffisait de classer créances ou dettes en ordre croissant ou décroissant en fonction du degré d'éloignement de l'échéance pour vérifier la correspondance des totaux. Si le bilan était bien l'addition d'actifs et de passifs divers dont les totaux s'équilibraient, le lecteur pouvait aussi en faire une analyse poste à poste. L'orthodoxie comptable conduit à comparer l'actif circulant

----

1. Source : ISDA.

au passif circulant, les capitaux propres et les dettes à long terme aux immobilisations et au besoin en fonds de roulement.

La technologie et les ambitions de l'homme ont fait évoluer ce contexte où régnait une certaine égalité devant l'information. Les transactions peuvent désormais se faire en l'espace d'une fraction de seconde, entre les parties, sans être transcrites publiquement. C'est le problème du *flash trading* et des *black pool* sur les marchés boursiers où certains opérateurs privilégiés accèdent à l'image des transactions. Les mémoires électroniques permettent d'amplifier ce phénomène en retenant l'information. Conscients de cette interférence avec le temps, opérateurs et régulateurs ont néanmoins cherché à en produire une description dans des écritures comptables. Celles-ci n'étant pas adaptées, ils ont recherché d'autres modes d'expression, tels que l'actualisation des créances qui rend comparables tous les soldes, quelle que soit leur échéance d'exigibilité.

La présentation simplificatrice des opérations d'un acteur donné par leur solde pose un problème sérieux : la compensation ne reflète pas l'ampleur des volumes et des montants traités, qui n'apparaîtra qu'en cas de défaillance. Le solde non dénoué peut être considérable, comme l'ont montré les défaillances de la succursale en Asie de la banque anglaise Baring et celle des CDS de Lehman. Ceci illustre, au-delà de la réglementation générale sur les instruments et places de marché, la nécessité de promouvoir des chambres de compensation avec des plates-formes de règlement-livraison pour tous les produits.

Plus généralement, la valeur comptable de la transaction perd son caractère immuable. L'avenir de la solvabilité et de l'adossement juridique (gage ou autre) est par nature incertain. Le taux d'actualisation[1] à choisir doit lui-même inclure des hypothèses de volatilité de durée et de risques. L'allongement des échéances, qui du temps de la Grèce antique correspondaient aux quelques mois d'un crédit sur cargaison à livrer par bateau, peut aujourd'hui atteindre plusieurs années. Le sous-jacent et la capacité des parties initiales à

---

1. L'actualisation est un calcul mathématique consistant à transformer des paiements et des encaissements futurs en une valeur actuelle par application à ceux-ci d'un taux, dit taux d'actualisation.

exécuter un contrat largement peut être remis en cause dans le temps. *In fine,* l'actualisation des créances ne résout ni la question comptable ni les questions de sécurité.

Ainsi, la lisibilité des états financiers en termes d'échéances de dettes, de créances et de risques a disparu. Cette disparition n'est pas seulement conceptuelle. Elle résulte également de la possibilité qu'ont les marchés financiers d'acheter et de vendre tout actif ou passif non immobilisé pour le transformer en instrument liquide d'échéance variable. Si la liquidité de ces marchés était réellement permanente, la question de l'écriture bilancielle serait moins cruciale, car la valeur des titres serait connue en permanence. Ce n'est malheureusement pas le cas. Du fait de la complexité des transactions avec une variation continue des taux, un éventuel adossement des opérations directement, lorsque emprunts et dettes sont de mêmes échéances, ou indirectement, par exemple lors de la vente de produits à sous-jacent implicite[1], et de la coupure arbitraire du temps comptable (année civile au 31 décembre), une autre voie a dû être envisagée pour essayer de rendre compte à chaque clôture de la situation.

De cette interférence du temps et de l'état financier naîtra l'idée de corriger les valeurs en incluant dès l'instant de la transaction une estimation de la valeur du temps (par l'escompte). C'est l'extension du concept de la « juste valeur » dont il sera question au-delà de son champ naturel des instruments financiers liquides à court terme. Cette méthode engendre une volatilité des comptes. Il faut notamment intégrer l'effet des variations de taux d'intérêts sur la valeur des actifs et l'évolution du risque, lequel ne suit pas dans le temps un tracé linéaire. Le temps des comptes n'est plus celui qui a été pris en compte au moment de la décision d'investissement ou de production. L'entrepreneur devient dépendant d'un temps, devenu variable exogène. Ce temps corrigé est nécessairement imparfait puisqu'il n'a plus de lien avec celui de l'entreprise (désintermédiation). En substituant une variable temps exogène à

---

1. Ce peut être le cas de la vente de poulets à prix fixe à la grande distribution pour une saison dont l'élevage durera six mois mais dont le résultat dépendra de la composante principale de son coût, le cours du soja.

l'entreprise, les marchés ont retenu une solution comparable à certains égards à celle des économies soviétiques. Les entreprises y déterminaient leurs choix d'investissements en fonction du taux annoncé par le ministère du Plan. Il est vrai que ce dernier régulait dans une logique d'intérêt collectif alors que les marchés ont des logiques propres et indépendantes, hétérogènes entre elles et sans lien avec les besoins des entreprises du fait de cycles économiques de durée et de risque différents. Par ailleurs, le temps est indissociable de la masse monétaire et de sa vitesse de circulation (voir chapitre 10). La liquidité doit être clairement définie par rapport à l'horizon temporel. Un horizon rapproché peut avoir des conséquences fondamentalement différentes de celles d'une cessibilité immédiate. Quelle valeur enfin accorder au calcul effectué par modélisation (dite *mark to model*) pour substituer à la valorisation en valeur de marché, lorsque celle-ci n'existe pas ?

Les comptes comme les écritures constituent des documents juridiques. Ils peuvent par le biais de la fausse information financière engager la responsabilité de ceux qui les arrêtent et les contrôlent. Le taux d'actualisation des modèles de valorisation repose sur des hypothèses par nature incertaines et nécessairement non accessibles au lecteur du fait de l'hétérogénéité des situations. Si la description des comptes par l'information peut en permanence être améliorée, ce que le normalisateur s'attache à faire par un programme continu de révision de ses textes (par exemple IASB n° 7[1]), la correction des soldes par le temps doit être extrêmement limité à des catégories dont les contreparties sont certaines et la négociabilité assurée par ces dernières. Nous ne sommes pas dans le domaine de l'information mais de la substance à laquelle l'information ne pourra remédier.

La différenciation des acteurs des échanges

Notre système démocratique est fondé sur le principe d'égalité issu de la Révolution, dont la mise en œuvre exige de prendre en

---

1. L'IAS n° 7 est une des normes du référentiel IFRS qui stipule des obligations d'information à donner en note aux états financiers.

compte la puissance croissante de grandes entreprises en position de dominer certains marchés et de porter atteinte à ce lien égalitaire (accès à l'information, protection du consommateur, etc.). Désormais, les entreprises rivalisent en taille et puissance avec les États (voir chapitre 9). Walmart déclare en 2010 un effectif de 2 100 000 personnes, plus de quatre fois la population du Luxembourg. D'aucuns dominent mondialement un domaine essentiel de la vie économique (système d'exploitation des ordinateurs personnels Microsoft), tandis que d'autres possèdent un pouvoir de négociation démesuré vis-à-vis de fournisseurs dont ils constituent le principal débouché.

Dans un contexte nouveau de démocratie et de liberté des marchés où producteurs et consommateurs sont nécessairement liés, ces derniers dans leur rôle de citoyens, de salariés ou d'épargnants ont également des exigences d'information qui, si elles ne sont pas satisfaites, peuvent enrayer le système. Les effectifs, le chiffre d'affaires, la valeur ajoutée, le résultat net, le *cash flow*, l'endettement (*gearing*) en valeur absolue ou par action sont des informations de base que les utilisateurs des comptes veulent désormais à disposition, comme les prévisions de ces entreprises. Ces facteurs sont en effet des éléments essentiels de lecture et de détermination pour les salariés, les interlocuteurs, usagers, administratifs et cocontractants de l'entreprise comme pour ses financiers et investisseurs. L'image que les états financiers en donnent est essentielle à l'information et complète des statistiques provenant des États ou des autorités de marché.

La différenciation en taille des agents économiques et leur spécialisation crée également des problématiques nouvelles, comme la nécessité d'un équilibre contractuel entre les entreprises et le public, que les contrats émis par les entreprises et non modifiables (dits contrats d'adhésion) ne procurent pas. Il s'agit de protéger le consommateur d'un rapport où l'information est inopérante car incompréhensible par le non-initié. Le rééquilibrage de la relation économique implique une information adaptée, à l'image de l'affichage sur les autoroutes du prix de l'essence pratiqué par toutes les stations services sur le parcours.

La nuit du 4 août 1789, les États généraux ont décidé d'abolir les privilèges. Il s'agissait de rendre égaux tous les habitants du royaume de France, d'en faire des citoyens jouissant des mêmes droits, notamment en ce qui concerne la propriété, et soumis aux mêmes devoirs, notamment en ce qui concerne les impôts. Parmi les scientifiques, c'est le père d'un proche de Lavoisier[1] et probablement proche lui-même, Pierre Samuel Dupont, originaire de Nemours, « qui essaya d'élever le débat[2] ». La question posée à l'époque, de rééquilibrer les droits au sein d'une société très innovante, est toujours d'actualité.

QU'EST-CE QUE LA MONNAIE AUJOURD'HUI ?
UN OUTIL D'INTERMÉDIATION GÉNÉRALISÉ
DONT LES FRONTIÈRES SONT FLOUES…

Les mécanismes d'échange qui sous-tendent le formidable développement de l'économie mondiale ayant été bouleversés depuis le milieu du XXe siècle, il était logique que la monnaie, support de

---

1. Un tableau d'époque représentant Antoine Lavoisier et Irénée Dupont ensemble est reproduit dans le livre de Fred Aftalion, *Histoire de la Chimie*, Masson, 1988, page 27, photo 2. Lavoisier est l'auteur du *Traité élémentaire de chimie, présenté dans un ordre nouveau et d'après les découvertes modernes* (1789), fondement de la chimie moderne. Le principe d'équilibre de Lavoisier peut être transposé de la chimie à l'économie.

2. Pierre Samuel Dupont (1739-1817), médecin de formation et huguenot, refusera comme Lavoisier de trahir Louis XVI, mais survivra aux massacres de la Révolution. C'est un disciple du physiocrate François Quesnay, qui prônait que la richesse ne pouvait trouver sa source que dans l'agriculture. Devenu contrôleur général des finances, il sera un collaborateur de Turgot et rédigera divers rapports dont l'un inspirera le projet avorté de réforme fiscale qui aurait mis fin aux privilèges féodaux bénéficiant au clergé et à la noblesse. Il contribuera à la cession de la Louisiane aux États-Unis par Napoléon et sera lié à Thomas Jefferson.
Éleuthère Irénée Dupont (1771-1834) adhérera comme son père Pierre Samuel aux idées de la Révolution mais, après le saccage de la maison familiale, partira aussi aux États-Unis où il créera en 1802 la société de fabrication de poudre à canons Du Pont de Nemours, devenu un des leaders de l'industrie chimique américaine.

ce développement (notamment dans sa fonction d'intermédiaire des échanges), connaisse des mutations. En France, la monnaie était constituée à hauteur de 96 % par des pièces métalliques en 1789, contre moins de 1 % deux cents ans plus tard. La monnaie scripturale absente à la veille de la Révolution en représentait 84 % en 1989 (la différence étant constituée par la monnaie fiduciaire).

Il serait absurde de croire que la mutation s'arrête à la création de la monnaie scripturale par les banques. L'imagination des financiers et les besoins de l'économie, avec la généralisation de l'économie numérique, ont introduit de nouvelles formes qui s'apparentent à la monnaie, qualifiables d'actifs liquides, dont la frontière est difficile à établir.

Certains auteurs, dont Ron Paul, membre de la Chambre des Représentants des États-Unis, très connu pour ses débats sur le rôle de la monnaie et les réformes financières actuelles[1] recommandent même dans la lignée de Hayek[2], un économiste contemporain, la suppression de la monnaie légale, celle de la banque centrale, qui ne représente plus qu'une infime portion de toutes les formes de monnaie en circulation.

Si nous retenons la définition du dictionnaire Larousse, « la monnaie est une pièce de métal frappée par l'autorité souveraine pour servir à la mesure des valeurs, aux échanges, à l'épargne [et] tout instrument légal ayant les mêmes fonctions ». Gardiennes d'un dogme dont elles reconnaissent qu'il est dépassé, les banques centrales et le FMI restent cependant dans l'univers disparu en 1971 de Bretton Woods et donnent de la liquidité une définition restreinte, qui embrasse dans le mot « légal » la légalité contractuelle apportée par les particuliers et les entreprises dans leurs échanges, alors que le terme du Larousse se réfère probablement au cours légal d'une monnaie, c'est-à-dire ayant reçu le sceau d'un

---

1. Ron Paul, *The End of the FED*, Grand Central Publishing, 2009.
2. Friedrich Hayek, *Choice in Currency, a Way to Stop Inflation*, Institute of Economic Affairs, 1976.

État qui en garantit la conversion, soit dans un métal, soit en libération de dette à son égard.

Cette définition occulte non seulement les innovations des vingt dernières années, mais aussi une réalité où les États, sauf exception, sortis d'une activité économique directe, ne sont plus en mesure dans l'esprit du public de garantir la convertibilité des émissions de leur banque centrale, la cession des actifs ou l'impôt seul, pouvoir régalien par excellence ne permettant plus de couvrir dans des délais prévisibles les dettes des États ou les émissions monétaires.

Nous préconisons une approche beaucoup plus large couvrant pratiquement toutes créances et toutes dettes, tout actif et passif pour constater que l'économie est devenue le fait de l'entreprise et de l'entrepreneur et la monnaie un contrat d'échange commun à tous. Il faut rappeler que la monnaie n'est que le support de l'économie réelle aux développements de laquelle elle s'est adaptée, comme le souligne Braudel : « La monnaie est une très vieille invention, si j'entends par là tout moyen qui accélère l'échange. Et sans échange pas de société. On pourrait dire que les villes, que la monnaie ont fabriqué la modernité[1] [...] » Ceci mérite d'être examiné plus en détails.

---

1. Fernand Braudel, *La Dynamique du capitalisme*, Flammarion, 1988, chapitre II, page 120.

Chapitre 3

La gestion de la monnaie par l'État et la banque centrale : émission, monopole et agrégats de mesure

Le mécanisme classique de création monétaire

Nous avons vu au chapitre précédent que la notion de financement a évolué avec les besoins de l'économie. Malgré plusieurs échecs, dont la faillite de Law[1] au siècle précédent, l'innovation majeure qui a nourri la révolution industrielle et permis l'essor du système bancaire a été la monnaie scripturale. Elle représente aujourd'hui entre 80 et 90 % de la monnaie des pays occidentaux selon les définitions de la BCE, et permet des transferts de fonds (cartes, chèques, virements, prélèvements, etc.) qui restent réservés en France, sauf dérogation, à des opérateurs bancaires ou assimilés, pour le compte de leurs clients.

Le mécanisme de création est initié par les banques commerciales, habilitées à prêter les montants qui leur sont confiés (les dépôts créent les crédits) mais surtout ceux qu'ils n'ont pas encore (les crédits font les dépôts). Dans ce dernier cas, le plus intéressant, que se passe-t-il quand la banque prête 1 euro à un client ? Elle crée un titre de

---

1. John Law, aventurier écossais soutenu par le Régent après la disparition du roi Louis XIV, émet de fortes quantités de papier-monnaie dans le cadre de la Banque royale qui bénéficie du monopole d'État, avant de faire banqueroute en 1720 à la suite d'une spéculation célèbre.

1 euro comptabilisé à son actif, et inscrit 1 euro sur le compte de l'emprunteur, comptabilisé à son passif. Au final, elle a augmenté son actif et son passif de 1 euro (qu'elle a créé *ex nihilo* à l'occasion de l'opération). Cet euro disparaîtra au fur et à mesure des remboursements de l'emprunteur. Si les banques cessaient d'accorder des crédits, la monnaie scripturale telle qu'actuellement définie disparaîtrait.

Il va de soi que cette création monétaire repose fondamentalement sur la confiance, car le montant des prêts dans les bilans d'une banque est un multiple de ses fonds propres, et celle-ci ne pourrait faire face à une demande généralisée de retrait des avoirs de ses épargnants en espèces. Le phénomène de panique collective constaté lors de la crise de 1929, a encore été observé en 2008 dans le cas de Northern Rock (une banque britannique de crédit immobilier). Les États tentent de limiter cette création monétaire à travers un arsenal de mesures, dont la principale est l'encadrement du crédit par la constitution de réserves fractionnaires.

Le multiplicateur du crédit

Lorsqu'un dépôt est fait à la banque par un particulier ou une entreprise, celle-ci en dispose sous réserve des règles que lui imposent ses organes de surveillance d'en conserver toujours une partie (ou fraction « f » selon le vocabulaire officiel, par exemple 10 % d'un dépôt initial de 1 000 euros) disponible pour des retraits du déposant. La banque peut alors prêter le solde disponible (dans notre exemple 900 euros) au même déposant ou à d'autres clients. Mais cette utilisation génèrera un dépôt bancaire équivalent et donc une nouvelle capacité de prêt de 90% de ces 900 euros, soit 810 euros. En répétant ce phénomène, le calcul montre que la banque pourra distribuer un total de prêts de 1 000 (1-f/f), soit dans notre cas 9 000 euros alors que le dépôt initial d'un épargnant n'était que de 1 000 euros ! Ce mécanisme s'appelle le multiplicateur du crédit[1]. À chaque

---

1. En 1811, en Angleterre, sir William Grant, dans l'affaire Carr contre Carr, conclut que si la monnaie déposée à la banque n'est pas identifiée au porteur, alors elle appartient à celle-ci. En d'autres termes, leur dépôt (d'or) est considéré comme un prêt à la banque. Cet arrêt, bien que contestable en raison et en droit, n'a jamais été remis en cause et constitue le fondement historique du crédit bancaire qui fonctionne grâce au risque pris sur les dépôts de ses épargnants (alors que ceux-ci ne sont couverts que partiellement par les garanties de la banque centrale, 70 000 euros en France, montant qui doit être porté à 100 000 euros).

mouvement, la banque transforme des dépôts en crédit, opération qui s'appelle transformation et elle gagne de l'argent par la différence entre le taux qu'elle accorde à son client sur ses dépôts et le taux auquel elle lui prête.

Ce multiplicateur pourrait avoir un effet quasi illimité si les emprunteurs ne voulaient conserver une partie de la masse d'argent disponible sous forme de liquidité ou si la banque centrale n'avait élaboré des obligations limitatives comme l'obligation de lui en remettre une partie sous forme de dépôt.

Les autres mesures de contrôle sont les règles prudentielles que la régulation impose aux banques et les ratios que ces dernières doivent respecter[1] : minimum de fonds propres dont elles doivent disposer pour distribuer des prêts, compensation journalière entre banques en monnaie banque centrale des soldes des échanges, taux de rémunération des dépôts, interventions de la banque centrale pour assurer la liquidité de refinancement sur les marchés ou par le réescompte (sur la base d'un taux d'intérêt déduit par la banque centrale des effets qui lui sont remis avant échéance par les banques commerciales). Les législateurs entendent en outre ajouter un contrôle de l'effet de levier utilisé par les banques en mettant sous contrainte le rapport des capitaux qu'elles utilisent et la dette à laquelle elles-mêmes recourent.

Les autres acteurs habilités à créer de la monnaie scripturale sont les banques centrales. Elles peuvent intervenir dans trois cas : en reprenant des créances bancaires par un jeu d'écritures, en consentant des avances au Trésor public (ou en achetant des bons du Trésor), enfin en achetant des devises en échange de monnaie nationale créée pour l'occasion (par exemple pour la reprise de dollars apportés à la banque centrale par les banques à la suite des dépôts de leurs clients).

En résumé, le mécanisme de création monétaire est un acte mettant en relation un agent financier ou non, particulier, entreprise, collectivité publique, et une institution disposant d'un pouvoir monétaire, c'est-à-dire émettant une créance sur elle-même qui

---

1. Autrefois Cooke, maintenant Bâle 1 et Bâle 2 depuis janvier 2008, prochainement Bâle 3 et effet de levier dont l'application contestée par les banques s'étalera sur plusieurs années à partir de 2011.

sera acceptée comme moyen de paiement. Ce mécanisme est un processus continu de création (crédits accordés, achats d'actifs réels et financiers réalisés par les banques, entrées de devises dans le pays) et de destruction (remboursements de crédit, ventes effectuées par les banques et des sorties de devises) de monnaie, le solde étant généralement positif en période de croissance économique.

L'IDÉE D'ABSENCE DE BANQUE CENTRALE OU DE L'INDÉPENDANCE DE LA BANQUE CENTRALE

Les États ont toujours été soupçonnés de se servir de la monnaie pour satisfaire leurs propres besoins. Si la gestion publique sépare depuis l'Antiquité les biens privés du souverain de ceux collectifs du peuple, le prince est soupçonné à juste titre de se servir de la monnaie pour satisfaire ses besoins privés (le train de vie) ou collectifs (la guerre ou les grands travaux par exemple). La séparation des patrimoines, si elle crée une limite, peut au contraire autoriser tous les débordements au nom de l'intérêt collectif. Le contrôle parlementaire sur les dépenses et les recettes de l'État n'a été que progressif et souvent trop tardif, comme l'illustre la réunion des États généraux en 1787[1] faite par le monarque sous la menace d'une banqueroute d'État, devant l'impossibilité d'obtenir une réforme fiscale que ses prédécesseurs avaient déjà tentée. De nombreux auteurs dénient à l'État le privilège de battre monnaie, y compris au nom de la collectivité[2], et prônent l'absence de banque centrale, fût-elle

---

1. Les états généraux ont été convoqués le 29 décembre 1786 pour le 29 janvier 1787 et se réunirent finalement le 22 février 1787. Parmi les mémoires présentés, le premier concernait la représentation provinciale et était la reprise d'un mémoire préparé par Samuel Du Pont proposant un système censitaire, donc accessible à tous ceux ayant une capacité économique et donc mettant indirectement fin aux privilèges par caste. Le second portait sur la réforme fiscale.
2. La Constitution des États-Unis, présentée le 14 mai 1787 et adoptée le 17 septembre 1787, qui révisait la charte des États confédérés du 15 novembre 1777, visait à donner tant à la Fédération qu'aux États membres (au nombre de 13 à l'époque) le privilège de battre monnaie et de lever l'impôt.

indépendante, de sorte que l'État soit réduit à la situation d'un simple agent économique dont le crédit puisse être remis en cause par ses créanciers. Ceci a été le cas de Madison et celui de Jefferson, un des plus brillants présidents des États-Unis, très proche de Samuel Dupont, ce qui explique la création tardive d'une banque centrale, d'abord privée puis publique aux États-Unis[1]. La raison économique et plus précisément la contribution positive d'une monnaie unique au développement des échanges a progressivement permis la généralisation de ce modèle. Il reste alors à résoudre la question du statut institutionnel. La création de banques centrales d'abord privées puis publiques au XIXe siècle avait pour objectif d'instaurer la confiance dans la monnaie, par l'indépendance vis-à-vis du souverain. Aujourd'hui encore, la banque centrale doit être structurée pour être neutre, avec des comptes séparés de ceux du budget de l'État.

Pourtant, cette indépendance, même inscrite dans la Constitution, ne peut être absolue. La banque centrale ne peut pas s'abstraire des besoins de l'économie puisqu'elle est censée la servir en assurant le bon fonctionnement du système bancaire. Ainsi, lorsque la liquidité des banques disparaît avec un risque de défaillance en chaîne ou que les prix s'effondrent sur les marchés financiers comme conséquence de politiques étatiques qui n'ont pas veillé au respect de certains équilibres macroéconomiques (déficit de l'État, commerce extérieur, inflation…), la banque centrale est contrainte d'intervenir. Alors, défiant parfois ses propres statuts, elle achète des actifs pour soutenir les valeurs, comme le ferait une banque commerciale. Ce sont les

---

1. Créée à l'initiative de Washington le 25 février 1791, une première banque centrale fut créée pour une courte durée et en 1811 sa charte ne fut pas renouvelée. Une deuxième banque fut constituée en 1815 qui n'eut pas plus de succès et fonctionna jusqu'en 1836. De 1837 à 1862, les États-Unis fonctionnèrent sur un système libre de nature associative entre banques privées. Après une longue période d'instabilité et de crises, et à l'initiative d'un sénateur républicain, Nelson Adlrich, qui y était au départ opposé lui-même, et après un voyage en Europe, un projet de banque centrale fut élaboré qui n'aboutit qu'en 1913 avec la création du système actuel : le Federal Reserve System.

politiques dites « non conventionnelles », consistant par exemple à acheter des papiers de dettes publiques pour en gérer le prix et notamment les prix d'émission. Le besoin fait loi.

La désintermédiation de la création monétaire : le débordement

Le dispositif de régulation monétaire au travers des crédits et des dépôts ne fonctionne que si lesdites transactions se font par l'intermédiaire d'une banque commerciale reconnue et autorisée par la banque centrale. Or, le développement des marchés financiers, notamment de gré à gré, c'est-à-dire passant par un intermédiaire, a ouvert aux agents économiques la possibilité de se financer auprès d'autres sources que les banques, en dehors de leur zone monétaire et éventuellement dans une autre devise. Ce phénomène de « désintermédiation » permet aux entreprises de ne plus passer par les canaux bancaires traditionnels pour se financer ou pour faire transiter leurs paiements.

Si nous revenons à la définition du concept, une opération de crédit entre deux agents non financiers n'est pas source de création monétaire, car la créance en résultant ne peut servir à effectuer des achats. Ce n'est que si cette créance est revendue dans un second temps à une institution monétaire (par voie d'escompte, par exemple), qu'il y aura création monétaire. Or, en quelques années, les volumes de ces financements « désintermédiés », notamment les crédits interentreprises, ont significativement dépassé ceux qui sont issus de la création monétaire, et ne sont pas comptabilisés dans la masse monétaire. Cette désintermédiation n'apparaît pas clairement dans les bilans appréhendés statistiquement par le système de surveillance des banques centrales. Cette carence réduit significativement la pertinence du contrôle monétaire, dès lors que le recours au financement ne passe plus par les banques commerciales, mais par des investisseurs non régulés au plan bancaire (fonds de pension, entreprises, etc.), par des agents non domiciliés dans la même zone monétaire ou par des marchés financiers non régulés, dont l'encours peut être financé par des capitaux *offshore*. Une partie de la masse des déficits extérieurs non recyclés par la souscription de bons du Trésor (ou papiers souverains de tous ordres) est ainsi financée par des canaux extérieurs qui alimentent l'émission monétaire.

À lui seul, le crédit interentreprises, mode historique de financement désintermédié (puisqu'échappant aux banques) représente l'équivalent d'un tiers de M3 en France avec un total de créances clients de 528 milliards d'euros fin 2007, selon la Banque de France[1].

Une deuxième source de financement est apparue avec le développement des échanges internationaux et l'ouverture de lignes de crédit par des établissements non soumis à la régulation de l'institut d'émission de la monnaie concernée (les eurodollars des années 1980). Associée à l'essor des places de marché qui démultiplient les échanges financiers sur un même sous-jacent, sans échanges physiques, cette nouvelle forme de crédit et donc de monnaie a ouvert une brèche dans les dispositifs nationaux de régulation.

Plus récemment, la titrisation a permis de diffuser des titres de financement échangeables, en volumes considérables, en offrant la faculté de transformer toute forme d'actif en produit financier.

Enfin, la vente en ligne de produits ou de crédits et la disparition du monopole des moyens de paiement favorisent cette désintermédiation au travers de mécanismes de compensation informatisés et purement comptables, auxquelles sont associées des plates-formes logistiques de livraison (uniquement nécessaire en cas de biens matériels).

Dès lors, l'échange entre agents économiques n'a plus besoin d'être compensé par l'argent des émissions monétaires, et le support universel que constitue la combinaison des nouvelles formes de communication avec les plates-formes logistiques assure un avenir aux échanges non soldés, mettant ainsi à mal le monopole d'émission monétaire. Au-delà même de la possibilité de créer des monnaies privées dites implicites sous forme de points ou autres (« miles »…),

---

1. Étude Banque de France n°177, troisième trimestre 2009 ; le crédit inter-entreprise était estimé à 650 milliards d'euros, soit quatre fois le crédit à court terme bancaire par la Coface en France fin 2008.

ces mécanismes d'échange s'apparentent à une forme moderne de troc, sans l'inconvénient (pour la rapidité d'exécution) de la rencontre physique.

Ainsi, cette désintermédiation bancaire, favorisée par la souplesse des marchés, a toutes les chances de s'amplifier dans le futur avec les réglementations de plus en plus astreignantes (comme Bâle II* et surtout Bâle III*) auxquelles sont soumises les banques, puisque les papiers titrisés souscrits par des tiers au système sont pour les banques des dépôts leur procurant de la liquidité.

Il faut cependant se garder de généraliser le sens du mot « désintermédiation » : l'exclusivité bancaire s'est réduite mais les emprunteurs doivent aller sur d'autres marchés pour trouver des financements qui impliqueront des compétences – banquiers d'affaires ou autres arrangeurs et des moyens de communication techniques ou une Bourse où inscrire le papier émis en représentation de l'emprunt (par exemple obligataire).

Malgré sa définition, l'échange économique et financier apparemment désintermédié implique une intervention humaine et technique pour la rencontre des parties, même si la forme de la rencontre a évolué et si la rapidité des échanges et leur volume peuvent changer de dimension et concerner un nombre simplement illimité d'acteurs. La désintermédiation désigne en réalité la fin des monopoles monétaires et bancaires.

Au final, la politique de désintermédiation commencée en 1984 pendant l'ère Reagan aux États-Unis et en 1985 en Europe a abouti à ce que 75 % de l'économie des États-Unis soient financés hors système bancaire régulé et seulement 25 % en Europe. La différence tient notamment à l'absence en France du système des fonds de pension. Cette situation réduit la portée de la régulation du système bancaire et accroît sans raison les risques d'effet pervers et de divergence.

Il s'agit donc aujourd'hui, avant de prendre le risque d'installer une régulation à portée inconnue, de regarder dans quelle mesure pourrait être mis en place un outil d'observation des agrégats financiers adapté à ce nouveau contexte, pour suivre l'évolution des masses monétaires en circulation.

LES AGRÉGATS MONÉTAIRES TRADITIONNELS

Pour jouer leur rôle, les banques centrales ont été obligées de concevoir des outils de mesure de la monnaie qu'elles avaient la charge d'émettre et de contrôler, et d'en distinguer les différentes natures en essayant de les rattacher à leur effet. Ce sont les agrégats monétaires. Fondés et justifiés par les théories économiques énoncées depuis des siècles, ces agrégats monétaires traditionnels ont été mis en place par la plupart des banques centrales dans les années 1970 comme un outil de maîtrise de l'inflation (alors d'un niveau préoccupant) par le contrôle plus strict de la masse monétaire, dans un triple but[1] : fournir des informations pertinentes, constituer des indicateurs de politiques économiques et être au fondement d'une règle à suivre en matière de politique monétaire. Ils ont été conçus par rapport à l'organisation monétaire et institutionnelle du moment existant dans chaque pays. Chaque banque centrale a sa propre définition des différents agrégats, ce qui complique l'analyse, les noms retenus ne couvrant pas les mêmes réalités, ni opérationnelles, ni juridiques. Le rôle des agrégats monétaires est néanmoins commun.

Agrégats monétaires

(Source : Banque de France et Documentation française pour M4. On note que les définitions varient selon les instituts d'émission[2])

M0 (ou MR) : c'est la base monétaire, constituée de la monnaie fiduciaire et des dépôts des banques à la banque centrale.

De M1 à M4, les agrégats fonctionnent comme des poupées russes, l'agrégat d'indice supérieur incluant l'agrégat d'indice immédiatement inférieur.

M1 : ce sont les billets, les espèces métalliques et les dépôts à vue.

M2 : il s'agit de M1 à laquelle on ajoute les dépôts à terme d'une durée initiale inférieure ou égale à deux ans ainsi que les dépôts remboursables dont le préavis de retrait est inférieur ou égal à trois mois.

---

1. Selon Fréderic Mishkin, directeur de la recherche de la FED de New York de 1994 à 1997.
2. Voir définitions Eurosystème Banque de France. Concernant les définitions du FED, voir le site Board of Governors of the Federal Bank System.

M3 : il s'agit de M2 à laquelle on ajoute les pensions, les titres d'OPCVM dits monétaires ainsi que les titres de créance d'une durée initiale inférieure ou égale à deux ans, émis par les institutions financières monétaires.

M4 est définie comme M1 + M2 auquel on ajoute les bons à moyen terme et les billets de trésorerie. M4 n'est utilisé ni par la BCE ni par la FED.

Ces définitions ne concernent que les éléments connus par les déclarations des banques auprès de leur banque centrale. À l'exception des prêts, les valorisations communiquées se réfèrent à la méthode de la juste valeur.

Les éléments non comptabilisés dans une zone monétaire sont inconnus de la banque centrale concernée (n'apparaissent donc pas les dépôts à l'étranger).

Figure 3.1 – Eurosystème : base et masse monétaires (février 2009)

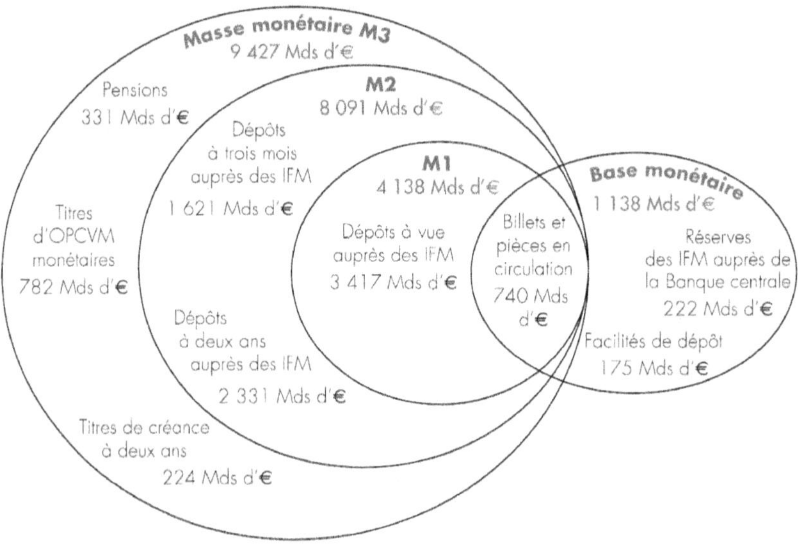

Source : BCE.

LE CONSTAT D'INUTILITÉ DES AGRÉGATS CLASSIQUES

En France, M3 s'élève à 1,6 trillions d'euros en 2009, soit seulement une fraction du patrimoine net de 12,5 trillions, différence entre 32,5 d'actifs et 20 de passifs. Le patrimoine financier de 6,8 trillions (composé d'actions et d'OPCVM) ne se distingue de M3 que par la solvabilité de l'émetteur, IFM (institutions financières et monétaires) dans un cas, entreprise dans l'autre. Malgré un rapport de 1 à

4, il s'agit dans les deux cas de titres financiers liquides ou cotés sur des marchés liquides, et assimilables à une monnaie. Les agents économiques peuvent facilement faire évoluer l'allocation de leurs actifs entre ces deux catégories, ce qui selon certains a réduit à néant la valeur de l'indicateur M3 qui ne remplissait plus ses objectifs initiaux, en constituant une information non pertinente et un mauvais indicateur de politique économique. M3, qui comprenait les pensions (dépôts de titres dans ou par les banques qui par définition comptable restent appartenir à leur propriétaire et n'apparaissent pas toujours dans les comptes), n'était pas suivi aux États-Unis lors du déclenchement de la crise.

Les banquiers centraux avaient bien tenté de suivre l'apparition de nouvelles formes de monnaie par la création de catégories les représentant (M2 pour les dépôts à vue, M3 pour l'épargne, etc.). Très rapidement, ils se sont heurtés à la fluidité entre les agrégats, puisque rien, par exemple, ne peut empêcher un agent d'acquérir des actifs de M2 en lieu et place de la monnaie. Certains économistes considèrent même qu'en application de la loi de Goodhart[1], la seule publication de l'indicateur de masse monétaire, change le comportement des agents pour échapper aux contraintes auxquelles il est associé. Tirant parti de cet échec[2], la FED ne fixe plus d'objectifs de M2 depuis 2000 et a cessé de publier M3 depuis 2006, abandonné trois ans auparavant comme instrument de sa politique monétaire. Le professeur Congdon, de l'International Money Research[3], a fourni une analyse intéressante mais partielle de la

---

1. La loi de Goodhart (chef économiste de la banque d'Angleterre en 1975) indique que dès lors qu'un indicateur économique ou social devient un objectif de politique, il perd tout contenu en information qui le rendait potentiellement utile.
2. Entre 1975 et 2000, la FED n'a pas atteint son objectif de croissance de M2 onze années sur vingt-six.
3. Tim Congdon, économiste britannique, membre du Shadow monetary policy committee, auteur de *Keynes, the Keynesians and Monetarism*, Edward Edgar Publishing, 2007, et d'un article, « *A decision following Federal Reserve decision to discontinue publication of M3 data* », LSE financial markets, 2006.

décision de la FED, confrontée à la difficulté de mesurer avec certitude les agrégats au fur et à mesure de leur éloignement de la monnaie scripturale du fait de la complexification des mécanismes de thésaurisation et des instruments eux-mêmes.

La monnaie fiduciaire était une donnée simple facile à décrire et à mesurer. La monnaie scripturale, déjà plus complexe, laissait un champ d'étude à l'expansion des recherches qui restait toutefois dans un champ défini, celui des IFM, sujets de la régulation.

L'apparition d'un monde globalisé, avec la suppression quasi générale du contrôle des changes en dehors de la Chine et la perte d'exclusivité des IFM, a changé le contexte. Dans un univers où l'électronique permet de ne plus « livrer » la monnaie et où le débouclage des transactions peut se faire par d'autres transactions, la créativité financière a libéré les échanges monétaires, la vitesse de circulation variant de plus selon l'humeur d'opérateurs libres de leur sentiment sur les situations rencontrées, mais surtout le plus souvent, puisque non régulés, libérés de toute contrainte pour agir avec des masses correspondant à des dettes accumulées par les États et les déséquilibres commerciaux.

LA VITESSE DE ROTATION DE LA MONNAIE

L'explication du multiplicateur du crédit fait apparaître un facteur déterminant du rôle de la monnaie, celui de sa vitesse de rotation. Certes, sous maîtrise des banques centrales, c'est un volume défini de monnaie qui est mis à disposition ; mais la vitesse de circulation détermine des volumes de crédit plus ou moins grands. Dans un système bancaire fermé, il est aisé de surveiller par les bilans bancaires l'évolution des crédits – notamment immobiliers, qui comptent le plus du fait de leur durée longue – et donc d'en contraindre le développement par les taux de refinancement ou des ratios prudentiels obligatoires. Ce qu'il faut cependant percevoir, c'est que le multiplicateur du crédit n'est qu'une manifestation de la circulation monétaire. Cette circulation s'opère aussi autrement. Chaque transaction correspond à une activité économique sans crédit ou avec crédit ultra court (transaction financière compensé chaque jour ou mensuellement, cartes de crédit).

Dans cet univers déjà sérieusement remis en question, la titrisation a définitivement fait exploser les limites conceptuelles de la monnaie, en fluidifiant la frontière entre biens réels et actifs liquides. L'apparition de cette nouvelle catégorie ou d'autres dans le futur, où la monnaie se transforme ou n'a plus la même valeur opérative au simple contact d'un agent économique, selon sa richesse et son statut, implique nécessairement une remise à plat intégrale des concepts, des instruments de mesure et des règles de fonctionnement non établis à ce jour. Des premières tentatives ont été faites dans ce domaine pour définir une monnaie élargie (*broad money*) mais elles relèvent de la recherche[1]. Pourtant, elles méritent d'être développées très au-delà de ce qui a été fait jusqu'alors.

La segmentation du système entre banques et « non-banques[2] » rendait vaine ou de portée réduite toute observation : les unes prêtent ou empruntent aux autres sans limites, avec des règles comptables inadaptées, car conçues sans idées d'ensemble et surtout sans s'adapter au rythme des transformations de pratiques, avec l'idée qu'elles pouvaient être globales indépendamment des règles d'exécution des gages.

Selon un rapport[3] officiel à la Commission d'enquête sur la crise financière, le financement du système par les « investisseurs » (les non-banques) s'élevait à la veille de la crise à 72 trillions de dollars soit 5 fois le PIB américain. Ces « rachats », dont nous verrons le mécanisme, ont grandement disparu de la visibilité statistique des banques centrales alors que l'emprunteur ultime existait bien.

---

1. « *Factors underlying the definition of Broad Money. An examination of current US monetary statistics and practices of other countries* », Ewghee Lim IMF et Subramanian Sriman IMF Match, 2003.
2. Fonds d'investissements, fonds de pension, compagnies d'assurance…
3. Rapport 15787 Gary B. Gorton de février 2010 à la US Commission d'enquête sur la crise financière dans le cadre du Nation Bureau of Economic research, *Questions and answers about the financial Crisis,* page 7, www.nber.org/papers/w15787.

La révision de la notion de masse monétaire

Les économistes ont généralement des pouvoirs limités, en Europe plus qu'aux États-Unis[1], mais écrivent beaucoup, puisque les articles et les ouvrages sont la mesure de leur performance académique. Les hommes politiques et dirigeants, disposant de peu de temps pour la réflexion, sollicitent fréquemment ces économistes. Faute d'écoute ou de vision, on ne peut malheureusement que constater le caractère décevant de l'absence d'anticipation des crises récentes. Cette défaillance doit-elle être imputée pour partie à la nature des outils d'information et de suivi ?

Force est de reconnaître que le modèle de la banque centrale indépendante a été ébranlé par la crise. La FED est intervenue massivement *a posteriori,* en gonflant son bilan par des achats d'actifs dont la valeur était en voie d'effondrement (injections au secteur financier inscrites au bilan de 2,1 trillions de dollars au 9 avril 2009). L'État fédéral est aussi intervenu massivement afin de permettre aux agences de garantie des instruments de crédits hypothécaires (*mortgage backed securities*) de laisser fonctionner les marchés des créances hypothécaires pour en maintenir le fonctionnement, accumulant de ce fait des portefeuilles dont les pertes finales anticipées ne sont pas encore entièrement comptabilisées. Les banques centrales et les États n'ont pas à cette occasion racheté leur monnaie nationale ou leur propre monnaie mais des actifs financiers divers. Ceci démontre incidemment l'extension de la notion de monnaie et la péremption de l'idée d'une masse monétaire correspondant aux dépôts bancaires et à des titres de nature très proches de la monnaie, comme les bons du Trésor. Ainsi, du fait de la financiarisation de la monnaie et surtout de la dérégulation de l'économie, il n'est plus possible de distinguer clairement et de manière justifiée la « monnaie du pouvoir central » d'autres valeurs d'échange. Dans ces conditions, l'idée de masse monétaire et de circulation doit être revue par des approches différentes. Certes, les banques centrales ont été en mesure de constater que les prix ne correspondaient plus à la solvabilité des parties ni aux échanges et aux flux dérivés des

---

1. Cela a été le cas de Keynes.

exploitations. Elles ont communiqué sur les bulles immobilières ou sur les bulles des marchés d'actions alors qu'elles n'avaient pas été en mesure d'en prévenir la survenance.

Du fait des outils de la financiarisation, par exemple le « dépôt de garantie » (*deposit*) sur achat d'actions, un échange repose aujourd'hui plus sur un solde que sur un prix nominal. Hormis les primo-accédants, les acquéreurs d'un nouvel appartement seront plus concernés par la différence entre le prix d'achat et celui de revente que par le coût de l'acquisition envisagée. La valeur absolue est secondaire par rapport au solde. Mais en cas de baisse de la valeur du bien, le solde est affecté par l'effet de levier de l'endettement, et peut excéder les capacités de remboursement de l'emprunteur. Plus grave encore, en période de crise, on assiste à un gel des transactions et à un arrêt de la circulation monétaire. Les bilans comme les patrimoines doivent désormais être considérés dans leur expression monétaire. Il s'agit en effet d'actifs et de passifs échangeables, donc de monnaie. La visibilité sur l'évolution par classe de cette masse devient nécessaire, notamment au regard des revenus bruts.

On a déjà noté que la valeur patrimoniale individuelle des citoyens avait beaucoup plus fortement augmenté que leurs revenus (chapitre 1), faisant planer un doute sur les valeurs, à défaut d'une évolution cohérente du PIB et de sa répartition qui n'a pas eu lieu.

Ainsi que nous l'avons souligné, le concept de masse monétaire doit être étendu à tous les actifs et passifs contractuels émis par une entreprise, y compris ceux des banques centrales aujourd'hui traités comptablement comme ceux d'un holding industriel qui prête au système bancaire comme s'il s'agissait de ses filiales propres et d'un secteur particulier alors qu'elles ne se distinguent en rien des autres entreprises notamment financières non inscrites comme banques ou établissements financiers. Des études sur ce thème sont encore embryonnaires, mais un article publié par le journal *The Guardian* début 2009 donne une illustration intéressante et synthétique de ce à quoi pourrait aboutir cette réflexion.

La pyramide financière globale

1 – réserves or des banques centrales .... 0,8 T
2 – cash en circulation et réserves des banques (M0) .... 3,9 T
3 – actifs détenus par les banques (source BRI) .... 39 T
4 – système bancaire « fantôme » lié aux garanties
contre les « défauts » (source ISDA) .... 62 T
5 – bulles d'actifs, dont immobilier (est. P. Allen) .... 290 T

Face à l'ensemble de ces enjeux, l'injection publique de liquidités au travers de dépenses directes ou de garanties était estimée à 1,9 trillions, ce qui n'est pas à l'échelle de l'éclatement de la bulle (– 40 % environ sur les actifs mobiliers et immobiliers). Les produits titrisés avaient pour effet non seulement d'accroître le volume monétaire, mais également la vitesse de circulation (sur ce type spécifique d'instruments, il n'était pas rare d'avoir des échanges quotidiens). Le gel des transactions, et la chute brutale de la circulation de la monnaie entre banques (*credit crunch*) a immédiatement un effet violent de récession, au titre de l'équation de Fisher, que l'on peut considérer applicable au premier degré d'approximation :
$M + V = P + Q$ avec M et V en baisse, d'où Q (PIB) en baisse.

Figure 3.2 – Répartition de la masse financière globale en octobre 2008 (en trillions de $)

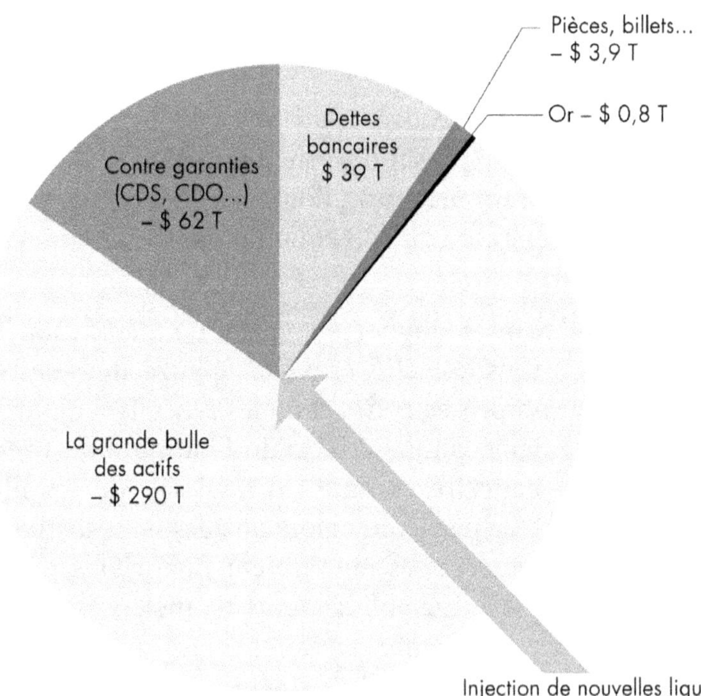

Source : d'après Paddy Allen, *The Guardian*, 29 janvier 2009.

Ces chiffres ne sont pas publiés par les banques centrales alors qu'ils donnent une véritable image de l'effet multiplicateur sur les réserves des banques (levier d'endettement) et du niveau des risques encourus.

LA CONCEPTUALISATION MANQUANTE

Nous avons trop rapidement survolé les économistes dits classiques en oubliant d'ailleurs ceux dont la pensée toujours pertinente et intéressante comme celle de Malthus ne correspond plus au contexte actuel qui nous intéresse. Keynes, à nouveau à la mode, a apporté aux monétaristes et aux physiocrates le système qui leur manquait mais qui n'était pas d'actualité de leur temps, un système de réflexion global comportant les facteurs épargne et investissement. Il faut replacer Keynes dans son contexte de fonctionnaire de la couronne britannique quand il a participé aux accords de Bretton Woods. Il a défendu le principe d'une monnaie composite (probablement pour garder dans cette monnaie une présence à la livre sterling épuisée par l'immense effort de guerre). Il a heureusement perdu sur ce point. Cette impossible monnaie est un enjeu d'aujourd'hui. Elle ne l'était sûrement pas en 1944 lorsque la suprématie absolue du dollar était un fait qui a bénéficié à la reconstruction européenne. Elle fut plus discutable peut-être dans sa réciprocité négative, par manque de vigilance des gouvernements. L'usage dévoyé de cette suprématie a permis simultanément le développement asiatique et l'affaissement intérieur des États-Unis. Si l'on sépare le politique de la pensée de Keynes, la limite se trouve dans le fait que les conditions d'un système monétaire cadré dans le monde connu par des banques centrales postérieures à 1929 n'existent plus. La monnaie émise n'est plus que partiellement la monnaie des échanges justement définie par un observateur neutre comme Braudel. Comme la chimie de Lavoisier, elle a apporté un immense progrès, mais de même que la biologie et la science moléculaire sont sorties de l'espace connu par Lavoisier, nos organisations évoluent dans de nouveaux territoires juridiques, comptables, et financiers. Les équations d'hier ne sont plus pertinentes pour suivre et organiser notre économie. Un environnement à limites flexibles est sûrement plus favorable à la démocratie et au développement que le contexte historique de l'après-guerre, où les économies étaient intimement liées aux enjeux militaires. L'erreur serait de penser comme Quesnay que le « laisser faire » constitue le ferment de la démocratie et d'un développement harmonieux. C'est donc par une nouvelle vision de la monnaie et des échanges qu'il faut envisager la mise en place d'une organisation nouvelle comme le suggère Braudel quand il invite son auditoire à réexaminer les approches statistiques actuelles[1].

La définition de nouveaux agrégats M5 et M6 ?

Face à la déroute de la régulation macroéconomique et des normes comptables lors de la crise de 2008, se développe une nouvelle régulation microéconomique des IFM. En l'absence d'un cadre général, elle pourrait ne pas avoir plus d'efficacité que celle qui l'a précédée, puisque le champ des opérateurs de la monnaie à appréhender n'a plus de frontières précises.

La question se pose donc de savoir s'il est possible de définir un nouvel univers monétaire qui englobe la totalité de l'espace où opèrent les agents économiques et, observant ce champ, de constater leur action pour assurer que leurs échanges individuels ne génèrent pas des risques collectifs. Ce champ, que nous proposons d'appeler M5 et M6, doit prendre en considération de manière satisfaisante l'essentiel des actifs financiers qui servent aux échanges et les suivre autant que les valeurs qui les sous-tendent. M5 appréhenderait tous les actifs et passifs liquides des entreprises et M6 la totalité de ces mêmes patrimoines, la différence entre les deux agrégats correspondants aux actifs et passifs sans contrepartie (immobilisations fixes, monnaies fiduciaire et scripturale, capital des entreprises en solde). Ces définitions doivent permettre aussi d'identifier le statut économique des détenteurs et des contreparties, correspondant

---

1. Voir en conclusion du présent ouvrage quand dans une transcription de conférence dans une université américaine il invite à reprendre le travail statistique pour le globaliser.

aux réalités d'aujourd'hui qui ne s'arrêtent plus aux banques. Les banques et autres IFM seraient au sein des entreprises ; les ménages seraient réputés avec les administrations détenir l'intégralité des patrimoines des entreprises en plus de leur patrimoine « privé ». Ainsi, et ainsi seulement, sera-t-il possible d'éviter la contrainte d'une surveillance microéconomique qui pèserait sur toutes les entreprises, puisqu'elle ne pourrait être fondée que sur l'idée de faire ré-entrer la monnaie dans les cadres actuels. Le cadre monétaire napoléonien du franc germinal l'avait déjà fait, avec le retour à la monnaie métallique[1], ce qui correspondrait aujourd'hui à un retour à une monnaie scripturale (par exemple supprimer ou limiter la titrisation) gérée par des entités sous réglementation. Les banques centrales savent maîtriser d'expérience le cadre dans lequel elles ont été créées. Elles tendront à vouloir en reprendre le contrôle en allant dans ce sens, comme toute institution qui veut survivre. L'effet en sera de limiter le volume monétaire et sa liberté d'usage en en centralisant la gestion. L'issue est certaine : ce sera la stagnation liée à une monnaie insuffisante dans ses formes, ses volumes et sa répartition. Cette question est fondamentale, mais sa réponse évidemment plus complexe.

L'analyse des effets premiers d'une liberté monétaire se heurte à au moins trois obstacles techniques : la capacité de collecte d'informations extrêmement diverses (titres émis par tous types d'entreprises et de sociétés financières non régulées, elles-mêmes soumises ou non à la remise au public ou à des autorités de leurs états financiers annuels) ; le contrôle territorial (émission des titres en contre-valeur euro ou dollar dans des paradis fiscaux ou simplement non soumises à la réglementation de l'institut monétaire de la devise émise) ; enfin, le traitement comptable pour concentrer l'ensemble des actifs de l'économie (ceux-ci pouvant être en effet théoriquement titrisés, constituent une catégorie substituable). En raison de la transformation possible des actifs et passifs d'une classe en une autre, notamment d'une classe de

---

1. Résultat politique du souvenir de la faillite financière de la Monarchie et du système de Law.

nature non liquide en une classe financière, au-delà de M5 l'ensemble des actifs et passifs doivent définir l'espace global pouvant servir à des échanges. Nous l'appellerons M6.

La justification de l'inflation des actifs

À supposer que ce travail statistique soit possible, il faut ensuite être capable d'en interpréter les résultats et de prendre les décisions de politique monétaire appropriées (faute de rendre le travail de suivi envisagé inutile et coûteux).

Dans cette analyse, le mécanisme de rotation monétaire et l'observation de sa vitesse, correspondant aussi à celui de l'épargne, est central. Les travaux de Ricardo[1] et de Keynes apportent un éclairage utile sur ce sujet. Les économistes se sont interrogés dans les années 1990 sur les raisons pour lesquelles les États-Unis avaient un taux d'épargne négatif sans dommages apparents pour l'économie. Ceci a été porté au crédit de la valeur des portefeuilles boursiers et de l'immobilier. En effet, les particuliers s'enrichissaient du fait de hausses de valeur de leur épargne boursière supérieures à la valeur nominale de leur consommation. Par la suite, le dispositif bancaire américain a alimenté l'endettement des ménages en donnant à ceux-ci la possibilité de contracter des crédits additionnels calculés sur l'accroissement théorique de leur patrimoine immobilier[2].

Pour autant, l'essentiel de l'épargne et du patrimoine échappe aujourd'hui à la masse monétaire telle qu'elle est calculée et publiée par les banques centrales, sauf pour la partie scripturale. Il n'y a pas de corrélation directe entre le niveau du patrimoine, qui a significativement progressé dans les pays développés, et

---

1. David Ricardo (1772-1823). Œuvres principales : *Le Cours élevé du lingot, preuve de la dépréciation des billets de banque* (1810), *Des principes de l'économie politique et de l'impôt* (1817), *Réponse et observation de M. Bosanquet sur le rapport du Bullion Committee,* (1811).
2. Selon une étude de la Société Générale, la dette des ménages américains représenterait 97,3 % du PIB américain.

celui de la masse monétaire. On peut donner de ce phénomène l'explication suivante : l'équation classique de Fisher relie le PIB marchand et l'inflation à la monnaie au sens traditionnel. L'accroissement du patrimoine, qui n'est pas un phénomène monétaire, n'a pas d'impact. Mais ceci devient faux le jour où les agents économiques « liquéfient » leur patrimoine, par endettement ou titrisation, d'où l'importance du suivi de l'épargne et de sa nature.

Si l'on considère que les ménages n'opèrent leurs échanges monétaires que par l'intermédiaire des entreprises (financières ou non), l'analyse de M5 nous semble apporter une réponse au constat (observé depuis deux décennies et correspondant au décollage de l'économie de financiarisation) de la dé-corrélation entre la forte progression de la masse monétaire et l'absence d'inflation.

Les économistes ont attribué ce phénomène au ralentissement de la vitesse de circulation de la monnaie, en application de la loi de Fisher[1]. Mais comme nous venons de l'indiquer, la vision plus globale fournie par le suivi du patrimoine des entreprises (M6 dans notre approche) qui a fortement augmenté, nous éclaire sur le fait que cette « inflation des actifs », rendue possible par l'accroissement de la dette réelle de l'économie, a alimenté la consommation des ménages sans altérer leur revenu net disponible. Cette inflation des actifs, que les économistes n'ont pas voulu appeler « inflation » en raison des dogmes monétaires que les banques centrales étaient chargées de surveiller, résulte d'une circulation monétaire accélérée par les techniques nouvelles de titrisation et de garantie s'appliquant sur un champ beaucoup plus vaste. La triple conjonction de la liberté des échanges, de la faculté d'endettement et de la circulation monétaire a alimenté cette hausse du prix des actifs et soutenu la consommation intérieure.

---

1. Bordes, Clerc, Marimoutou, *Is there a structural break in equilibrium velocity in the euro area*, Étude Banque de France, février 2007.

L'inflation de l'endettement

La Banque de France fournit un indicateur « Endettement intérieur total » (EIT), ou endettement des agents non financiers, qui regroupe tous les crédits aux entreprises, aux administrations publiques et aux ménages. Contrairement aux agrégats bancaires précédemment cités (M1, M2 et M3), l'EIT regroupe toutes les formes de crédit, aussi bien celles provenant du système bancaire que des marchés financiers. Sur la période 1980-2010, l'endettement des ménages est passé de 21 à 54 % du PIB et l'endettement total de 94 à 208 %...

Figure 3.3 – Endettement en France (en pourcentage du PIB)

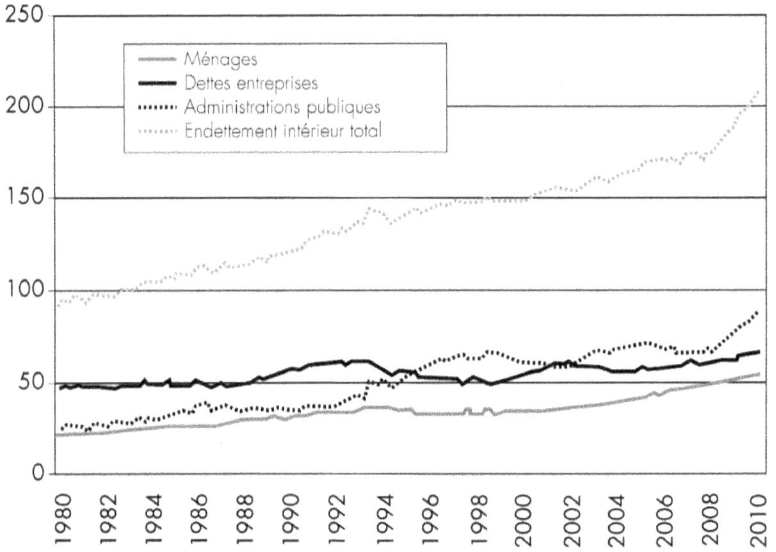

Source : Banque de France.

Les États-Unis, en particulier, ont pu maintenir durablement une consommation élevée parallèlement et grâce à une hausse de leurs actifs, malgré un taux d'épargne très faible. Bien évidemment, l'explosion de la bulle immobilière a remis en cause cet équilibre. Elle a entraîné une contraction des prix, l'insolvabilité de nombreux prêts et l'arrêt des chantiers de construction dont les prix de revient auraient été plus élevés que celui des logements à la revente.

Le suivi de M5 apporterait un éclairage plus pertinent que celui de M3 sur la surchauffe de l'économie car il permettrait d'observer les variations de valeur et les transformations des classes d'actifs et de passifs. Il éviterait en outre le concept limitatif de la segmentation entre réglementé et non réglementé poussant à sortir de la première catégorie vers la seconde, surtout si les déséquilibres économiques traduits par des soldes comptables dans les bilans pourvoient abondamment la seconde en liquidités. Mais au-delà des problèmes de définition et de quantification se pose la question des mesures à mettre en œuvre et de leur applicabilité. Ceci suppose d'avoir pu mettre en place en même temps une régulation globale de l'émission de crédits et des instruments qui lui servent de support, afin que leur classement et leur valorisation dans les comptes soient suffisamment assurés. Ce sera examiné dans un chapitre ultérieur.

Les limites du contrôle actuel de l'émission monétaire

L'émission monétaire des banques est pilotée principalement par les banques centrales au travers des réserves obligatoires et du taux de réescompte, instruments de contrôle[1] de la liquidité. L'enjeu de la régulation moderne est quadruple : trouver une régulation directive mais sans effets pervers majeurs, intégrer les nouveaux champs de l'économie, évoluer vers une harmonisation internationale pour éviter les fuites du système et surtout (objet de la seconde partie) tirer les conséquences du rôle central de la comptabilité dans la création monétaire.

En premier lieu, à défaut de pouvoir traiter rapidement la question des émissions monétaires hors du champ traditionnel, les États ont cherché à améliorer la régulation sur les entités localisées sur leurs territoires respectifs. Ils se sont engagés à faire respecter par leurs banques et assurances, notamment en Europe, des règles de sécurité au travers de ratios prudentiels par classes d'engagements définis sous l'égide de la BRI* (Banque des règlements internationaux) par des comités spécialisés dits de « Bâle » (pour les banques) et « Solvency » (pour les assurances). Le

---

1. Dont les fondamentaux mêmes sont biaisés ; par exemple, la banque centrale ne peut refuser la création monétaire nécessaire à l'escompte.

concept général des trois piliers de Bâle II, qui classe les objectifs de la réglementation en trois chapitres, est séduisant : à l'exigence de fonds propres rénovée du ratio Cooke[1] concernant le calcul des capitaux propres pérennes et libres (dits « tiers 1 » ou « pilier 1 ») s'ajoutent une procédure de surveillance par les banques centrales avec des données statistiques et des tests de crise (pilier 2), et une discipline bancaire avec l'uniformisation des bonnes pratiques et la transparence (pilier 3). Mais, même sur ce champ limité vers lequel les banques centrales et les régulateurs veulent et voudrons pour l'avenir faire entrer tous les actifs et passifs, les bonnes idées se heurtent à des difficultés d'application. L'exigence de fonds propres, en s'affinant par classe de risques, déclenche des phénomènes pervers localement (contraction du crédit aux entreprises dont le risque augmente en période de crise) et entre États[2] (les fonds de pension anglo-saxons assurent à leur système des capitaux propres relativement plus importants que les institutions financières continentales). Elle pousse à la désintermédiation déjà évoquée et notamment à la croissance du marché obligataire dont l'effet est mauvais sur les structures bilancielles des entreprises et soutient indûment la baisse des taux.

---

1. On passera d'un « ratio Cooke », premier instrument consensuel de surveillance où les fonds propres de la banque sont supérieurs à 8 % des risques de crédits à un ratio McDonough où les fonds propres de la banque sont supérieurs à 8 % des risques de crédit + risques de marché + risques opérationnels, à un système qui réduira à terme leur montant des investissements en activités non bancaires et filialisées ou du *trading* sur fonds propres.

2. En introduisant un ratio de fonds propres de 40 % (contre 15 % aux États-Unis) pour les actions détenues par les compagnies d'assurances, la directive Solvency II, adoptée en 2009, pose un problème de financement à long terme de l'économie, 52 % des actifs des assureurs étant investis dans les titres d'entreprise et les obligations d'État, au titre duquel la France a obtenu une dérogation pour les produits de longue durée.

Aujourd'hui, ces mêmes États ne peuvent méconnaître les nouvelles formes d'émission monétaire. Lord Kaldor[1] contestait déjà en 1986 la capacité des autorités monétaires à contrôler la monnaie et plus généralement le monétarisme : « Quelle que soit la définition que l'on choisisse pour la monnaie, cette définition sera entourée d'une myriade d'instruments plus ou moins liquides qui peuvent servir de substituts. » Il devient urgent de faire évoluer la réflexion sur la capacité conceptuelle et matérielle à organiser le contrôle d'un champ d'observation étendu comme celui que nous proposons avec M5. La tentative de reconquête par les banques centrales de leurs prérogatives liées au contrôle des agrégats explique les débats qui ont eu lieu sur les pouvoirs respectifs de la FED (que certains voudraient réduire[2]), de la SEC et des autres agences institutionnelles, mais les avancées théoriques de la nouvelle loi américaine Restauring American Financial Act promulguée le 21 juillet 2010 restent très limitées. Elle ne prévoit que la création d'un bureau de protection financière des consommateurs, dont le rôle est souvent dévolu en Europe aux administrations de surveillance des marchés financiers, et un organisme de surveillance des risques systémiques, contrepartie de son équivalent européen (voir chapitre 12). En résumé, il ne s'est rien passé à ce jour en matière de surveillance monétaire *stricto sensu* mis à part l'idée de suivre les risques systémiques, qui avait certes manqué pendant la crise mais ne préjuge en rien d'une efficacité non fondée sur des concepts monétaires clairs.

Au-delà de la conceptualisation manquante, une harmonisation internationale du contrôle et de son application est nécessaire. La comptabilité étant le principal outil d'information et donc de surveillance, les principes et les autorités sous lesquels sont édictées ses normes constituent un sujet central dans l'appréhension de la monnaie étendue.

---

1. Nicholas Kaldor, *The Scourge of Monetarism,* Oxford University Press, 1982, version française Économica, Paris, 1985.
2. Chris Dodd, président du Comité bancaire du Sénat et Ron Paul, auteur de *End the FED,* Grand Central Publishing, 2009.

Enfin, et surtout s'agissant des principes comptables, le problème n'est pas seulement économique mais également conceptuel : l'application de la juste valeur dans les bilans peut être apparentée à une création (quand la valeur monte) ou destruction monétaire (quand la valeur baisse) puisqu'à chaque actif correspond par définition et axiome comptable une capacité de refinancement qui devient variable (voir chapitre 7). Une norme apparemment pertinente au moment de son élaboration peut devenir désuète et trompeuse ultérieurement. Comment s'assurer dès lors de la neutralité de la norme comptable qui rivalise avec le sceau des banques centrales ?

DEUXIÈME PARTIE

LA BASE
DE L'EXPRESSION
MONÉTAIRE :
LA COMPTABILITÉ

Chapitre 4

La comptabilité, transcription des données économiques

Les métaux précieux, au premier rang desquels figure l'or, ne représentent plus qu'une fraction marginale des instruments monétaires. Ils ne constituent même plus un référentiel de valorisation. Les valeurs nominales estampées sur la face des pièces, imprimées sur les billets des banques centrales, éditées sur des instruments non étatiques (billets à ordre, chèques, titres de créance) sont désormais indissociables des méthodes comptables, qui en permettent la lecture.

La comptabilité, le relevé de compte sont, à l'échelle des économies marchandes, la seule matérialisation subsistante de l'expression monétaire. Les particuliers comme les entreprises ne peuvent appréhender leur capacité d'échange que par la comptabilité qui fait apparaître la valeur nominale correspondant au « prix » de la transaction. La comptabilité constate cet échange et son prix pour les uns comme pour les autres. Elle en fournit la preuve et les soldes qui apparaissent en résultat des dépôts, prêts et retraits déterminent les capacités du titulaire des droits de créance ou de tirage.

La quasi-totalité des flux monétaires s'effectue désormais au travers d'échanges électroniques et est représentée par les écritures comptables qui caractérisent le droit de propriété de chacun, individu ou entreprise. Si les particuliers non commerçants ne sont pas nécessairement astreints à tenir une comptabilité, ils sont de plus en plus affectés par les échanges électroniques et les relevés

101

qui leur sont transmis (relevés bancaires, relevés de cartes de paiement, prélèvements automatiques, etc.).

La comptabilité est devenue le langage universel de la monnaie et des échanges. Elle a un caractère transnational. Il convient donc qu'elle ne soit pas falsifiée, qu'elle soit reconnaissable, que les états financiers soient comparables.

Tout doute sérieux sur la qualité des relevés bancaires ou des bilans comptables entraînera la défiance immédiate des agents économiques concernés et aura un effet dévastateur sur les échanges. Avec le gel des transactions, c'est le risque de récession, voire de régression, qui menace nos sociétés. Il s'agit donc d'un enjeu majeur de nos économies modernes.

Monnaie et comptabilité étant étroitement liées, les fondements de cette dernière doivent être rappelés, puisque homogénéité, sécurité et lisibilité vont en être les qualités indispensables. La comptabilité n'est plus destinée seulement à l'entrepreneur, elle est publique et elle exprime aussi la base monétaire et le résultat des échanges.

Sa solidité est impérative et ses principes fort anciens[1] sont destinés à l'assurer.

Un langage, un système : la comptabilité

La comptabilité consiste à transcrire les opérations dans des comptes.

Le droit de propriété est le socle théorique de la comptabilité qui vise à « rendre compte » des transferts de droits d'une personne à une autre. Sans un droit de la propriété pour en définir les principes et un système judiciaire pour en assurer l'application, la comptabilité n'aurait pas lieu d'être.

---

1. On retrouve des formes comptables sur des tablettes au Moyen-Orient sans même que l'on puisse en comprendre le langage. Ses origines peuvent être considérées comme contemporaines de la découverte de l'écriture il y a 6000 ans. Les formes modernes connues pour l'Occident remontent au développement des échanges « bancaires » d'origine lombardes.

Que sont les opérations visées ? D'une manière non limitative, il s'agit des opérations d'achat, de vente, d'emploi, de trésorerie et des engagements par contrats autres que ceux précités (locations, investissements, etc.).

Tenir une comptabilité est une obligation légale pour tout commerçant : « Toute personne physique ou morale ayant la qualité de commerçant doit procéder à l'enregistrement comptable des mouvements affectant le patrimoine de son entreprise. Ces mouvements sont enregistrés chronologiquement. Elle doit contrôler par inventaire au moins une fois tous les douze mois, l'existence et la valeur des actifs et passifs du patrimoine de l'entreprise. Elle doit établir des comptes annuels à la clôture de l'exercice. » (article L. 123 - 12 du Code de commerce français).

La comptabilité sert de preuve et les pièces qui la supportent doivent être conservées (dix ans en règle générale).

La tenue de la comptabilité suit des principes de base :

- le principe de la partie double : une transaction se traduit en comptabilité par au moins un débit et un crédit dont les totaux s'équilibrent. On pourrait concevoir une comptabilité en partie simple (addition soustraction). La pratique montre qu'enregistrer deux fois le même montant, ce qui est le principe même de la partie double, constitue un facteur de sécurité. Lorsque les comptes de trésorerie sont justifiés par leur rapprochement, qui est fait avec les soldes bancaires établis indépendamment, toute différence de total dans la balance indique une erreur dans un compte de contrepartie ;

- l'indépendance des exercices : la comptabilité est destinée à produire au rythme choisi ou obligatoire des états financiers et notamment, au minimum, un bilan et un compte de résultats. Les états comptables, destinés à rendre compte d'une activité, doivent couvrir une période de temps définie – souvent l'année civile, le semestre ou le trimestre. Toutes les opérations doivent être comptabilisées dans la période auxquelles elles se rattachent ;

- le parallélisme des recettes et des dépenses dans le compte de résultat : à une recette doit correspondre les dépenses ou les provisions nécessaires à ce que la recette soit acquise (ce principe complète en fait le concept d'indépendance des exercices) ;

- la comptabilité doit être tenue dans une monnaie fixée par la loi : aux États-Unis, c'est le dollar, dans l'Union européenne, c'est l'euro pour les 16 pays (sur les 27 membres de l'Union européenne) de l'eurozone.

Il est des principes optionnels : on peut tenir une comptabilité de caisse ou d'engagement. Dans le premier cas, les opérations ne sont transcrites qu'au moment où une opération de caisse ou de banque intervient. Cela ne concerne que les professions libérales et les petites entreprises dans certaines limites. Cette option n'est pratiquement pas ouverte aux entreprises car les comptabilités doivent traduire sincèrement des situations et donc couvrir tous les engagements certains (achats à livrer ou déjà livrés mais non payés, charges à payer après l'échéance ou simplement dans un délai, décalées par rapport à la consommation ou l'usage, etc.). Dans le second cas, les opérations sont transcrites dès qu'un engagement contractuel existe. Une vente sera transcrite dès qu'elle intervient et non lorsqu'elle est payée. La comptabilité est dite « d'engagement ».

Le principe de la partie double

Ce principe est simple et logique. Il découle du transfert de propriété d'un bien lors d'un échange. À un bien acquis figurant à l'actif du bilan correspond une dette pour le prix payé figurant soit en diminution de trésorerie, soit en crédit au passif. Par construction, s'agissant d'un même prix pour le cédant et l'acquéreur les montants débités et crédités sont égaux pour un même échange. Par convention il a été décidé que les débits apparaissent à gauche et les crédits à droite de la feuille de papier ou de l'écran. On réalise très vite que certains débits manifestent un droit de propriété universel : immeuble, machine ; d'autres constatent un lien juridique avec un tiers : dette ou créance. À l'égard de ce tiers, créancier ou débiteur, il peut être convenu que les soldes débiteurs ou créditeurs se compensent, comme les opérations en compte courant. Dans d'autres cas, en fonction du droit appliqué, la compensation peut être ou non autorisée. L'incidence sera très importante sur les structures bilancielle et les ratios prudentiels en matière bancaire. Les droits de l'exécution des créances étant différents selon les pays, il y a là une difficulté à comparer des états financiers, même à normes semblables. Il faut noter que l'entrepreneur peut changer la nature de ses actifs et passifs par des échanges (vendre ses créances) et aboutir de fait à des compensations autrement impossibles. Qui plus est, le bien-fondé d'une compensation peut évoluer dans le temps. Lorsqu'un débiteur est en difficulté, la compensation entre dettes et créances de ce débiteur est rarement autorisée : la dette reste due alors que les créances sont intégrées dans une procédure judiciaire (loi de sauvegarde en France ou son équivalent américain *Chapter 11* qui suspendent le règlement de dettes accumulées le temps d'organiser un plan de sauvetage financier). Nous reverrons que cette question technique, cachée ou pas par des valeurs de marché, a joué un rôle important dans la crise.

Il est des principes discutés ou condamnés :

- le principe de prudence, qui consiste à appréhender tous les risques de perte mais à n'appréhender les recettes que lorsqu'elles sont acquises sans risque de contestation. Ce principe est condamné par les référentiels actuels ;

- le principe du coût historique : il consiste à comptabiliser les éléments de bilan pour leur coût de revient réel. S'y oppose la comptabilité d'inflation. S'y oppose pour certains éléments la juste valeur.

Pour le reste c'est la norme qui fixe les principes généraux (*conceptual framework*) et les règles d'application que les comptables s'engagent à respecter par adhésion à leur statut professionnel. Les organes de normalisation complètent le dispositif par des interprétations et des opinions.

La normalisation comptable contemporaine

La normalisation consistant à fixer des principes et des règles uniformes applicables aux entreprises détermine la transcription des opérations. À défaut d'uniformité, l'entreprise ne saurait se situer dans son environnement concurrentiel, qui détermine sa stratégie. Nous avons également déjà évoqué le caractère monétaire des bilans, du fait qu'ils constatent ou servent de base aux échanges, impliquant ainsi une nécessité d'uniformisation et de convergence de ce qui ne l'est pas.

La normalisation est l'apanage d'organismes spécialisés.

Les dispositifs historiques, dits comptes légaux, étaient construits autour des besoins des administrations fiscales. Ils sont restés la référence dans de nombreux pays, dont la France et l'Allemagne, où les comptes légaux, publiés au greffe du tribunal de commerce, sont ceux qui servent aux déclarations fiscales. Les anglo-saxons ont milité pour l'établissement de comptes mieux adaptés aux besoins des entreprises (et implicitement moins utiles aux administrations fiscales). Le modèle de l'unicité ; bilan fiscal-bilan commercial, qui facilite non seulement l'information mais aussi les potentiels de contrôle, a été rejeté.

La victoire des tenants de l'indépendance des comptes est attribuable au poids des marchés financiers anglo-saxons, auxquels les grandes entreprises font largement recours, et qui exigeaient au travers des règles de la SEC[1] des comptes établis selon leurs principes. Cette indépendance bénéficiait aussi aux multinationales dont les comptes consolidés doivent être homogènes dans leur présentation alors que les comptes des filiales sont établis selon des normes locales qui ne sont pas harmonisées.

Cette mission de normalisation internationale, confiée à l'IASB et au FASB, s'appuie donc sur des notions indépendantes des contraintes fiscales[2].

LES ORGANISMES DE NORMALISATION

Avec l'évolution des besoins des utilisateurs, le mètre étalon en platine conservé à Sèvres a cessé d'être la référence internationale, au bénéfice de normes plus précises correspondant aux progrès des capacités de mesure. De la même manière, il serait absurde de penser que les normes comptables restent figées dans leur définition ou dans la composition de l'organisme chargé de les établir.

La sociologie du droit[3] nous enseigne que le droit doit évoluer et s'adapter aux problématiques posées. Il a nécessairement un lien

---

1. La SEC a abandonné cette exigence de comptes US GAAP en 2009 et admet désormais les comptes en IFRS.
2. Sans mettre fin aux organismes nationaux dont la vocation est essentiellement la transposition en droit interne des règlements comptables européens tout en veillant à un mouvement de convergence.
3. François Terré, *Cours de l'Institut de droit comparé de Paris,* 1971. *Sociologie du droit et de la justice. Mémoires originaux,* vol. 27, 1976, PUF, 1978.

avec la légitimité démocratique. Les normes comptables (tout comme les règles fiscales) doivent permettre l'application du droit et non pas créer de nouveaux droits sans en avoir reçu la demande préalable (vote du Parlement par exemple). Il apparaît toutefois que les deux organismes indépendants, qui dominent le monde de la normalisation, le FASB et l'IASB, se sont développés sans avoir obtenu toutes les clarifications nécessaires sur leur légitimité.

Figure 4.1 – Édifice de l'IASB et de ses comités

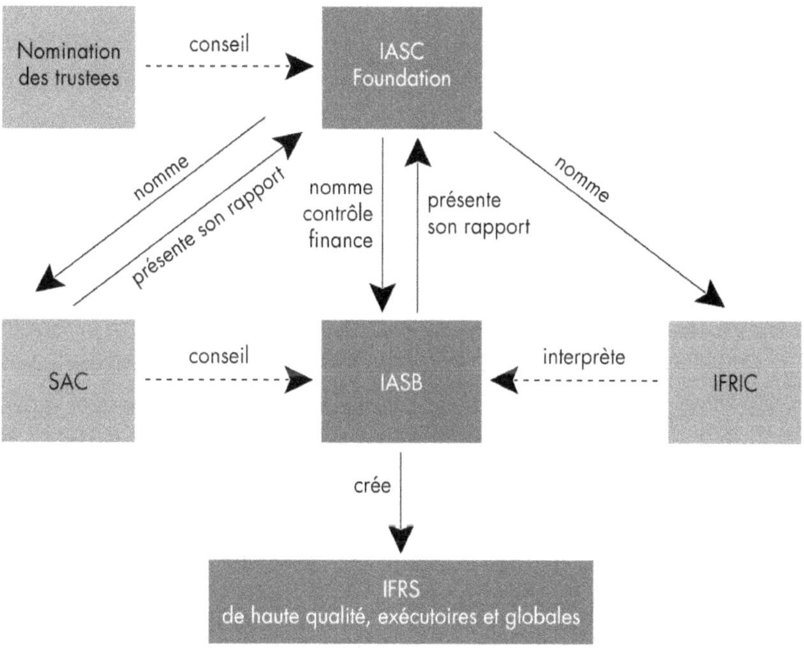

Source : IASB.

Le FASB est un organisme privé de normalisation comptable. Sa mission est d'établir et améliorer les normes comptables pour les besoins du public, y compris les émetteurs, les auditeurs et les utilisateurs des états financiers. La FAC (Financial Accounting Foundation), composée de 16 membres, collecte les financements nécessaires à l'activité, fixe les principes qui doivent guider le FASB et veille à leur application. Le FASB proprement dit, qui comprend 7 membres, est assisté de deux comités spéciaux pour ses travaux de normalisation : Le FASAC, organe de conseil de

30 membres, et l'EITF (Emerging Issues Task Force) dont la mission est de traiter des questions urgentes suivant une procédure simplifiée. Créé en 1973, le FASB succède au comité pour les principes comptables (Accounting Principle Board) de l'organisation professionnelle des experts-comptables américains AICPA (American Institute of Certified Public Accountants).

La gouvernance du FASB a été améliorée par une meilleure coordination avec les administrations de surveillance et de régulation, en l'occurrence le PCAOB (Public Company Accounting Oversight Board) et la SEC en créant ensemble avec celle-ci un nouveau comité, le FRF (Financial Reporting Forum Oversight), collecteur des contributions ou demandes de toutes les parties concernées de la chaîne financière. Ce comité recommande notamment une représentation accrue des investisseurs au sein du FASB.

Le FASB n'a aucun pouvoir judiciaire ou réglementaire. Son influence tient à l'engagement des experts-comptables membres de l'AICPA et des associations professionnelles constituées dans chaque État d'appliquer ses règles comptables. Son champ géographique se limite donc aux États-Unis. Les normes émises par le FASB sont applicables aux entreprises publiques faisant appel public à l'épargne (*financial reporting release* n° 1, confirmé en avril 2003), mais l'information reste totalement sous le contrôle de la SEC qui est un organisme constitutionnel. La délégation faite par la SEC au FASB est technique et de portée limitée car sujette à son contrôle permanent.

L'IASC (Comité des normes comptables internationales) est également un organisme indépendant à caractère privé, dont l'objectif est de réaliser l'uniformisation des principes comptables employés pour les états financiers des entreprises et autres organismes dans le monde entier. Il a été constitué en 1973 à la suite d'un accord entre plusieurs organismes professionnels comptables nationaux[1]. Depuis 1983 les membres de l'IASC incluent tous les organismes professionnels comptables membres de l'IFAC (Fédération inter-

---

1. Allemagne, Australie, Canada, États-Unis, France, Japon, Mexique, Pays-Bas, Royaume-Uni et Irlande.

nationale des comptables[1]). En 2001, la structure de l'IASC a été modifiée pour former l'IASC Foundation, composée de 22 membres (Trustees) et de l'IASB composé de 14 membres (le successeur de l'IASC). En 2002, la « Foundation » propose de créer un comité consultatif des normes, l'IFRIC (International Financial Reporting Interpretations Committee) chargé d'interpréter les normes et leur cohérence de même que le SAC (Standards Advisory Committee) participe au processus de nominations aux différents comités et prodigue ses conseils techniques. En 2002, toujours, le Conseil de l'Union européenne décide d'un processus visant à faire adopter les IAS* (*international accounting standards*) sous forme réglementaire au sein de l'Union et de les rendre obligatoires en 2005 aux sociétés faisant appel public à l'épargne. En 2006, la Chine adopte *de facto* les IFRS* (*international financial reporting standards*) pendant que le FASB et L'IASB signent ensemble un protocole visant à faire converger les deux systèmes normatifs et à poursuivre les travaux commencés dans cette voie dès 2006.

LE PASSAGE DE LA NORMALISATION À L'EXPERT-COMPTABLE

Aux États-Unis, aucune obligation légale n'impose aux entreprises de tenir leur comptabilité selon les règles du FASB. En revanche, les experts-comptables (CPA, *certified public accountants*) s'engagent, quand ils adhèrent aux organisations professionnelles, à en suivre la réglementation et à en appliquer les normes. Les entreprises faisant appel public à l'épargne doivent suivre le dispositif de normalisation du FASB ou de l'IASB. Du fait d'un recours presque général par les entreprises à l'expert-comptable, il y a application de la normalisation dès lors qu'il y a établissement de comptes à l'usage de tiers à l'entreprise autre que l'administration fiscale, qui exige des comptes spécifiques fixés par la loi de finances.

---

1. L'IFAC, basée à New York indique dans son site représenter 157 organisations professionnelles de 123 pays.

Dans les pays de l'Union européenne, la normalisation se réfère à la loi et à l'IASB. Sous l'égide de l'ARC (Accounting Regulatory Commitee), la Commission peut autoriser les émetteurs à utiliser dans l'Union leurs propres principes comptables nationaux pendant une période transitoire se terminant au plus tard en 2011, à condition qu'ils convergent vers les normes IFRS ou qu'ils aient l'intention d'adopter les normes IASB. Ces décisions permettront à des émetteurs de pays tiers dont les titres sont inscrits dans l'Union sur un marché financier, d'établir leurs comptes selon leurs principes comptables nationaux sans avoir à les retraiter conformément aux normes IFRS. Les pays disposant d'un organe de régulation comptable propre (en France, l'Autorité des normes comptables), convergeant avec les principes généraux, pourront rester dans leur référentiel national.

LA LÉGITIMITÉ DU NORMALISATEUR

Le normalisateur est un régulateur indépendant dont les instances sont soumises à un organe séparé et indépendant, la « fondation » qui veille au respect des statuts de leur institution respective (IASB ou FASB). Le processus d'élaboration de la norme vise à associer toutes les parties concernées par voie de consultation ouverte et publique sur les projets (*exposure drafts*). Chaque projet est débattu avant sa mise au point et son adoption par les *boards*.

Le normalisateur n'est donc pas à ce titre une instance isolée. Il peut être consulté à tout moment sur des points non inscrits à son calendrier. Au pire de la crise financière de 2008, les instances de surveillance et les gouvernements ont demandé la tenue de réunions d'urgence, qui ont pu décider la mise en place de dérogations sur l'évaluation dans les comptes des instruments financiers et des créances.

Les deux instances – IASB et FASB – plaident leur totale indépendance, dans le respect toutefois de réglementations nationales qui restent seules en effet à disposer du pouvoir réglementaire. Le FASB dispose d'une délégation limitée de la SEC pour les entreprises faisant appel public à l'épargne, ce qui le distingue fondamentalement de l'IASB. Le FASB ne couvre que les États-Unis et les émetteurs qui sollicitent l'épargne publique sur ce territoire. L'IASB a une vocation internationale, mais ses normes doivent s'accorder avec les réglementations nationales au travers de procédures de concertation et d'application pour être opérantes.

Ainsi, un mécanisme d'homologation par règlement de la Commission a été mis en place pour les pays membres de l'Union européenne. Cette dernière a contraint les entreprises européennes ou celles faisant appel public à l'épargne ou procédant à une consolidation comptable dans l'Union, à appliquer les IFRS dès le 1er janvier 2005. Pour que le dispositif soit viable à terme, il faudrait que les administrations ou les organes de régulation et de surveillance des pays membres soient représentés en tant que tels dans le processus d'élaboration de l'IASB. Mais comme il n'existe pas d'instance correspondante au niveau européen, cette représentation obligatoire passe par un accord préalable au niveau des États de l'Union. L'ajustement des poids respectifs est examiné dans le cadre de la révision en cours des statuts de l'IASB[1].

La même question de représentation se pose pour les autres États ayant adopté les IFRS. Elle n'est pas réglée à ce jour, avec des revendications variées comme celle de la Chine qui sollicite un poids plus important du fait de la coexistence de deux systèmes monétaires (Hong Kong ayant un régime particulier). La situation implique que l'IASB soit, dans une hypothèse, intégrée dans le dispositif européen ou dans une autre hypothèse, dédoublée, permettant l'existence de normes différenciées. Nous examinerons plus en détail cette question au chapitre 12.

---

1. Un projet prévoit l'accroissement du nombre de membre du *Board* de 14 à 16 qui, en fonction des origines géographiques, se répartiraient entre 4 pour l'Union européenne, 4 pour l'Amérique du Nord, 4 pour l'Asie-Océanie, 1 pour l'Amérique du Sud et 2 pour le reste du monde.

La notion d'indépendance du normalisateur

L'indépendance du normalisateur est très relative : il ne dispose pas de l'autonomie financière, il n'a pas de légitimité démocratique, il n'est pas véritablement doté du pouvoir de régulation et ne s'appuie pas sur une juridiction indépendante.

Sur le plan financier, le fonctionnement de l'IASB requiert un budget de l'ordre de 20 millions de livres sterling. On notera que les contributions au financement pour 2008, y compris celles évoquées pour l'avenir, ne correspondent plus à la capitalisation boursière des États ni à aucun autre critère financier rationnel (la Chine et Hong Kong ne participent que pour 0,6 million de livres par le biais des sociétés cotées au travers d'un comité de standardisation comptable). La Commission européenne s'est engagée à une contribution de 5 millions de livres pour les années 2011-2013.

Nous avons vu que le FASB et l'IASB ne répondaient pas à des critères de légitimité autres que professionnels – ce qui est déjà fort bien – et ne disposaient pas de pouvoir direct de régulation. Une norme adoptée par l'IASB n'est pas applicable avant qu'un dispositif européen puis national ne la transpose. En quelque sorte, le FASB se situe bien à sa place dans l'édifice constitutionnel américain, et sa réactivité en a démontré l'efficacité dans la problématique de la crise financière. À l'inverse, l'IASB a été à tort positionné de telle sorte qu'il s'est arrogé une indépendance – confirmée par les déclarations de son président – qui ne correspond pas à une légitimité démocratique institutionnelle.

Le multiparitarisme de l'IASB, y compris dans son financement sans base raisonnée, ne peut en faire un organisme doté d'une autorité incontestable comme régulateur des normes. Sa dépendance accrue à tous ses participants de nature hétérogène (instituts professionnels de 123 pays aux sociologies et pratiques différentes, cabinets d'audit, organismes internationaux, Commission européenne) l'oblige à une attention toute particulière aux processus de consultation. Cette origine multiple et extra-juridictionnelle en fait un organisme effectivement indépendant mais dans le cas présent non rattachable aux réalités et urgences.

Le fondement conceptuel est tout aussi insolite. L'idée d'un parquet indépendant de tout contexte sociologique pour engager les poursuites publiques (criminelles) n'existe dans aucun État démocratique. La politique judiciaire doit suivre les évolutions de la société, de la criminalité, et des contraintes économiques. L'accélération des besoins dans le domaine financier ne va sûrement pas dans le sens d'un élargissement des champs d'action judiciaire. De la même manière, la normalisation ne peut que s'adapter aux évolutions économiques et financières auxquelles elle est liée. En outre se pose le problème du caractère international des organismes de normalisation aussi longtemps que l'intégration économique et financière ne sera pas doublée d'un processus politique susceptible de déléguer une légitimité.

Pour cette dernière raison, l'accord de convergence signé avec le FASB en 2006 met en cause l'un et l'autre des organismes, même si l'on doit se réjouir de la possibilité d'une cohérence entre les professionnels qui ne font que suivre une globalisation des marchés financiers[1].

L'ILLUSOIRE NEUTRALITÉ INTRINSÈQUE DE LA NORME

On pourrait penser qu'une fois la norme fixée pour comptabiliser une transaction, celle-ci et ses conséquences pourront être qualifiées tout au long de leur durée de vie. Cette idée qui présuppose l'existence implicite d'un seul jeu de comptes, résulte d'une pratique dite « du bilan unique » mise en place dans l'entre-deux-guerres lors des réformes allemandes. Ceci permet de faire coïncider déclaration fiscale et comptes sociaux de l'entreprise, ce qui n'est pas le cas outre-Atlantique comme nous l'avons expliqué.

---

1. L'IASB émet d'ailleurs des commentaires critiques du normalisateur concurrent avec lequel il est pourtant lié par convention (déclaration du 1er août 2009). Certains projets fondamentaux sont divergents, comme l'exposé sondage sur les instruments financiers du 26 mai 2010 (page 5, « *How do the proposed provisions compare with IFRS* »), et d'autres beaucoup moins importants sont communs, comme l'exposé sondage sur les contrats de location.

Un exemple effectif éclaire la position doctrinale du normalisateur et les problématiques générées par sa position. Dans le cadre de leur accord de convergence de 2006, l'IASB et le FASB ont publié le 19 mars 2009 un document ayant nature d'exposé sondage (*exposure draft*) pour commentaires. Le document concerne la comptabilisation des contrats de location. Ces contrats sont fondamentaux pour les entreprises qui ne sont pas propriétaires de leurs bureaux et souscrivent des contrats de location y compris pour leurs équipements et petits matériels.

Aujourd'hui, la norme comptable distingue entre deux types de contrat de location, les contrats de financement (crédit-bail) et les contrats de location simple. La substance prévaut sur la forme et le contrat de financement (location ou prêt) qui laisse la propriété à l'organisme de financement prévoit toujours à l'issue d'une période une option pour le bénéficiaire d'acquérir le bien moyennant un prix tenant compte du solde dû sur le crédit au moment de l'exercice de cette option. Le mode de comptabilisation consiste à enregistrer le bien acquis ou qui sera acquis à terme à l'actif de l'entreprise pour son prix d'origine et au passif pour le montant de la dette. Dans les contrats de location simple, le locataire ne deviendra jamais propriétaire d'un bien ayant une valeur d'usage. La charge de loyer est alors passée annuellement en charges. Cette distinction semble à l'usage critiquable. Le FASB et l'IASB proposent donc aujourd'hui d'unifier le traitement des contrats en considérant le droit d'usage d'une immobilisation par sa comptabilisation à l'actif pour la valeur actualisée des paiements de loyers au taux d'emprunt marginal du bénéficiaire de l'usage (locataire). Le droit d'usage serait comptabilisé sous une rubrique séparée des actifs détenus en propre. Au passif, l'usager comptabiliserait les loyers actualisés. Actifs et passifs relatifs à ces contrats seraient réévalués chaque année en fonction des facteurs du contrat.

Ce qu'il faut noter, c'est tout d'abord que s'il y a proposition de révision de la norme c'est bien parce que le normalisateur estime qu'elle a des effets pervers sur son environnement. On analyse clairement dans cet exemple précis l'absence totale de neutralité d'une norme, voire les très fortes conséquences qu'elle peut engendrer pour des industries financières. Ce projet, auquel il doit être répondu avant la fin de l'année 2010, devra aussi être revu à la lumière du nouveau projet de réforme de l'IAS n° 39. Outre son défaut conceptuel lié à tout mécanisme d'actualisation (qui crée une sensibilité à des taux inconnus pour l'avenir, rendant les exploitations imprévisibles et surtout leur représentation fausse par rapport à des cycles d'exploitation nécessairement anticipés par l'entrepreneur), il présente non seulement l'inconvénient de la complexité mais aussi, concernant des éléments mobiliers, celui de la facilité à tourner sa motivation d'homogénéité par les contrats.

Concernant des actifs, souvent d'exploitation, l'erreur du concept est plus grande que celle de la juste valeur pour des instruments financiers.

Le mythe de comptes à usage universel

Chaque utilisateur des comptes a des besoins qui lui sont propres.

Prenons l'exemple simple et courant, pour une entreprise internationale, du traitement de la devise dans laquelle elle opère son activité. La norme doit-elle viser à servir d'outil de gestion opérationnelle, de gestion financière interne ou encore n'être qu'une norme d'information pour les marchés financiers qui liront les comptes ? Les choix qui seront faits auront un impact sur l'information donnée et sur les résultats de l'entreprise.

Prenons l'exemple des amortissements. L'industriel examine au départ la durée d'exploitation attendue de l'investissement, les hypothèses de durée de vie technique mais aussi de péremption pour le cas ou un autre investissement – moins consommateur de capital – devrait être envisagé dans l'avenir. La norme fiscale variera, selon les droits en vigueur, entre la durée de vie fixée pour la catégorie de biens concernée ou la durée d'usage. Ces paramètres impacteront le coût de l'investissement comme le coût de la recherche (laquelle fait d'ailleurs l'objet de subventions ou crédits d'impôts dont on ne sait pas si ce sont des produits ou des réductions de coût – problème discuté en IFRS).

C'est ainsi par exemple que la durée de vie des centrales nucléaires françaises, initialement fixée à trente ans, a été prolongée à quarante ans et pourrait être étendue à cinquante ans dans le cadre des études menées par les instances officielles en charge de la sûreté nucléaire. Cette extension impactera fortement le rythme d'amortissement et donc les résultats nominaux des opérateurs, mais aussi la manière d'exploiter qui comprendra plus d'entretien.

Le FASB a réaffirmé (déclaration précitée du 1er août 2009) que les comptes devaient être construits à l'usage des investisseurs. Cette déclaration est selon nous de nature dogmatique en raison de l'usage monétaire fait désormais des comptes. Les comptes doivent servir non seulement aux investisseurs mais aussi à tous les citoyens, comme leur en donne le droit les Constitutions de tous les pays qui attribuent le privilège d'émission monétaire à leurs représentation démocratiques (congrès, parlements…). L'investisseur aurait-il pu tirer parti de l'information (publiée dans des rapports techniques) faisant état d'une durée de vie probable supérieure à celle des premiers comptes publiés ? Cette information est-elle accessible à tous les investisseurs dans les mêmes conditions ? Les comptables ne connaissent pas plus l'avenir que les autres citoyens et surtout ne doivent pas spéculer quand il s'agit d'apprécier les comptes. Comment doivent-ils appliquer le concept de prudence tout en donnant l'image la plus exacte de la réalité et des évolutions prévisibles ? Où se situe la vérité ?

Chapitre 5

L'information financière, image imparfaite de l'activité

UNE COMMUNICATION UNIVERSELLE, TRANSPARENTE ET IMMÉDIATE

L'information n'a d'utilité que si elle est communicable et communiquée. Le processus de communication est en même temps intimement lié à l'information.

En deux siècles, le contexte général de communication de l'information a subi des mutations fondamentales. Les journalistes et les journaux occidentaux bénéficient d'une large liberté, limitée pour l'essentiel par la protection de la vie privée et par les règles de non incitation à la violence et à la haine, concepts eux-mêmes difficiles à faire appliquer dans les faits. Grâce au Web et à ses nouveaux services, les citoyens blogueurs sont devenus eux-mêmes des journalistes, ou du moins des rapporteurs des faits. Comme dans d'autres domaines, cette avancée saluée par le plus grand nombre ne concerne que l'information factuelle. Certes, avec la multiplication des sources, se posent les questions de la qualité et de la neutralité de l'information, mais il ne s'agit pas de revenir en arrière. Les évolutions techniques, la rénovation du droit de la concurrence, la reconnaissance juridique de la liberté de parole dans les traités apportent au public une diversité et une accessibilité sans pareil. Il peut exercer son esprit critique pour apprécier les situations et se forger une opinion, à partir de sources d'information diversifiées.

À cet immense progrès s'ajoutent dans d'autres domaines des avancées plus rapides encore.

Les rapports du citoyen occidental avec le monde extérieur ne se résument plus au système politique dans lequel il vit, à la valeur de la monnaie, au prix des denrées alimentaires et au climat. Il a désormais accès à une éducation publique, une espérance de vie allongée et des soins gratuits, mais aussi à une grande diversité de produits et de services. Pour constater cette évolution, il suffit de faire l'inventaire de ce qu'il y a dans nos cuisines et de le comparer avec ce qu'il y avait dans celle de nos parents. Pour les produits de l'électronique et de la communication, la comparaison est instantanée.

Depuis soixante ans, nos sociétés se sont transformées grâce au développement d'une organisation financière permettant le développement international des échanges. Tout cela a été rendu possible par la finance. Mais cette évolution pose la question de la spécialisation de nos sociétés dont la technicité ne peut être partagée entre les citoyens. Comment garantir l'égalité de tous face à la complexité des techniques financières ?

La problématique du contrôle dans un environnement transformé

Le produit électronique est jetable et remplaçable, c'est un bien d'usage. Il n'est pas prégnant à l'esprit, même s'il peut générer des insatisfactions quant à sa facilité d'usage pour certains (maîtrise de l'usage des ordinateurs et de la société de l'information par tous les citoyens et non seulement par une fraction d'entre eux, ce qui constitue la fracture numérique). Son usage est essentiellement individuel et il n'interfère que peu avec la vie de celui qui ne l'utilise pas. Dès qu'il est jeté pour être détruit ou recyclé, son effet économique cesse. Telle n'est pas la caractéristique d'une information financière devenue aussi complexe que la programmation d'une puce à l'intérieur d'un produit électronique. Le dispositif financier fait partie intégrante du système social. Il influe sur le travail du citoyen et la rémunération qu'il en retire puis sur son épargne. Il a la même nature substantielle que l'organisation démocratique de l'État.

Pour cette raison, la défaillance de l'information financière va provoquer la réaction du citoyen comme l'ont déjà fait les grands scandales (Enron, WorldCom...)[1]. Un renforcement des systèmes de contrôle est engagé à l'occasion de chaque grand scandale car, par sa généralité, la maîtrise de l'information financière est structurante des rapports sociaux alors que l'information du consommateur sur les produits matériels répond seulement à des objectifs de sécurité.

L'information des émetteurs sur les marchés financiers progresse en sophistication (détails dans la description de l'émetteur), en volume (taille des documents de référence dont les contenus peuvent atteindre plusieurs centaines de pages), en accessibilité (par Internet), et en variété, sans pour autant faire l'objet d'une réflexion globale. Le contenu et la structuration ont été laissés à l'appréciation des organes de surveillance et de protection de l'épargne publique. Le seul véritable sujet de débat public a été celui sur l'indépendance des analystes et des agences de notation.

La défaillance impromptue des plus grands noms du système bancaire disposant de comptes certifiés sans réserve par les grands cabinets d'audit internationaux et soumis à la régulation d'une multitude d'administrations dites « indépendantes » démontre la fragilité du dispositif à tous ses étages.

Le sujet est complexe parce qu'il porte à la fois sur les données macroéconomiques, sur les normes et sur la transposition en une information accessible à des utilisateurs variés (salariés, épargnants, tutelles, États dans leur vocation budgétaire). Il exige la reprise des analyses, réflexions et débats pour aboutir à des principes simples et acceptés par tous.

---

1. Nicolas Veron, Matthieu Autret, Alfred Galichon, *L'Information financière en crise – Comptabilité et Capitalisme,* Éditions Odile Jacob 2004.

La subjectivité de l'information financière

Les sanctions judiciaires de l'information

La mise en œuvre de l'action publique est relativement limitée dans les pays de droit latin comme la France, en l'absence de faits matériels (escroquerie, détournement de biens, abus de confiance dont la caractérisation est aisée) et d'un élément intentionnel.

Les échanges économiques étant sortis de la vente/achat simple d'un bien matériel, le domaine du subjectif (mensonge, tromperie, intentionnalité de nuire) a envahi la sphère judiciaire. Or, les notions de mensonge et de devoir de loyauté sont totalement différentes en droit anglo-saxon et en droit français, comme le sont les obligations de dénonciation et de secret professionnel : les avocats américains sont obligés de dénoncer les actes criminels dont ils ont connaissance, tandis que les avocats européens ne sont soumis qu'à l'obligation de ne pas y participer. Le droit français, de nature formelle, apporte plus de risques et moins de sécurité que les droits anglo-saxons : les juges anglo-saxons sont autorisés à donner un sens à ce qu'ils constatent et sont donc mieux à même de s'adapter à l'évolution des pratiques[1].

L'image financière conditionne le rapport avec les salariés, avec les consommateurs qui vont ou non commander ou livrer à une entreprise, avec le financier qui va lui prêter des fonds ou encore avec l'épargnant qui va y placer son capital. Elle impacte les échanges monétaires avec l'entreprise, détermine sa vie, par exemple le coût de ses ressources financières, son développement ou sa mort.

Tout est fait pour donner à cette information l'apparence de la neutralité : description normée et détaillée des états financiers arrêtés, assortis le cas échéant de précisions complémentaires (notes aux états financiers, états SEC...), présentation sous contrôle des organes de gouvernance (comité d'audit et conseil

---

1. Le bâtonnier de l'ordre des avocats de Paris s'est mobilisé pour obtenir des modalités d'application assouplies de la directive européenne sur la lutte contre le blanchiment d'argent contraignant les membres de sa profession à révéler des délits de leurs clients dont ils auraient connaissance (*Bulletin du barreau*, 14 octobre 2008).

d'administration), des auditeurs, des autorités de surveillance de l'appel à l'épargne publique (SEC aux États-Unis, Financial Services Authority en Grande-Bretagne, AMF* (Autorité des marchés financiers en France…) et de tutelles spécialisées, études d'experts indépendants et rapports d'analystes.

Pourtant, l'image financière dépend des normes utilisées pour la définir dont nous avons vu qu'elles n'étaient pas neutres, comme ne l'était pas leur émetteur.

Tout changement des normes comptables va modifier l'image financière d'une entreprise. En cherchant à les adapter à la réalité, le normalisateur développe une sophistication des comptes qui les rend inaccessibles à la plupart des lecteurs. La variété des utilisateurs de l'image financière induit des critères différents voire contradictoires. Les États demandent des résultats financiers susceptibles de leur permettre de calculer et de liquider l'impôt. L'actionnaire recherche l'optimisation financière de ses investissements. Le salarié se préoccupe de l'emploi, de l'évolution des salaires et de la santé de l'entreprise. Le fournisseur veut s'assurer de la bonne fin du règlement de ses livraisons. Le client souhaite être garanti de la livraison du produit ou du service déjà payé et pouvoir en vérifier la qualité. Il est intéressant de relever que le normalisateur comptable répond en premier lieu aux attentes des financiers et des actionnaires, négligeant en cela les autres acteurs économiques.

LA COMPLEXITÉ DES NORMES ET DU CONTRÔLE

La confiance dans les comptes conditionne le désir des individus à confier leur épargne à des institutions financières, à acheter directement ou indirectement des titres de créance ou des actions. Elle est également nécessaire à la bonne circulation de la monnaie scripturale entre les institutions financières pour le recyclage des excédents d'épargne, ce qui n'a pas été le cas pendant la crise, la BCE ayant dû massivement soutenir les banques avec la disparition du marché interbancaire. La confiance et le degré de sécurité des comptes vont aussi déterminer le niveau des besoins en capitaux propres[1] pour garantir les cocontractants contre les risques de liquidité.

La recherche de cette confiance explique la multiplication des administrations ou organisations spécialisées destinées à mieux informer et à protéger le consommateur contre les risques qu'il encourt. Nous avons déjà indiqué comment les banquiers avaient développé des instruments contractuels pour le financement ou le refinancement de tout type d'investissement ou de consommation, les ABS et CDO* (*collaterized debt obligation*). Afin de permettre un échange facile de ces instruments, ils ont aussi procédé à la création d'agences indépendantes de notation ayant vocation à fixer des ratios de risque à chaque émetteur de ces créances ou *sponsor* des fonds qui les rassemblent, et à attribuer une note à court, à moyen ou à long terme à ces instruments.

Ils ont enfin encouragé la comptabilisation de ces instruments à la valeur de marché, et justifié par la hausse qui en résulte, des commissions d'arrangement (montages juridiques et techniques) sur lesquelles sont indexés leurs bonus.

Nous avons brièvement tenté de décrire l'importance de l'information financière pour chacun des agents économiques dans le cadre historique de l'évolution des économies. Dans cette démarche, force a été de constater que l'information n'avait pas suivi les évolutions. Elle est la véritable cause des défaillances qu'il serait excessif d'imputer aux acteurs par incompétence ou malhonnêteté (mais ils en ont été complices consciemment ou non en bénéficiant des commissions du système). Pour imager cette conclusion nous citerons à nouveau le cas des banques déclassées en un seul jour du meilleur rang (AAA +) au plus mauvais (D) avant disparition, par des agences de notation utilisant des systèmes d'informations et des procédures de *rating* inefficients. Il n'est pas nécessaire de détailler le fait que sans l'intervention des États après le coup de tonnerre de la faillite de Lehman, l'ensemble du système financier et économique aurait sombré.

---

1. Article de Jean Tirole, « Déficit de liquidité : fondements théoriques », *Revue de stabilité financière*, n° 11, Banque de France, février 2008.

Or, les notations constituent la base des transactions. En quantifiant l'acceptabilité et la valeur des produits instruments concernés[1], elles fixent le coût de financement des entreprises. Ces agences établissent également des notations des États. À cette échelle plus large, les mêmes carences peuvent être relevées et les banques centrales, qui disposent pourtant de toutes les batteries d'indicateurs qu'elles souhaiteraient avoir, n'ont pas perçu le risque systémique qui résultait des normes comptables.

LE PARADOXE DE L'INFORMATION FINANCIÈRE

Il est peu de dogmes utiles dans une économie en perpétuelle évolution. Mais ce n'est pas le cas des principes moraux. Parmi ceux-ci figure le rejet du faux témoignage, également principe de droit qui trouve sa source dans les Dix Commandements au même rang que l'interdiction de tuer ou de voler.

Les comptes et les opinions d'audit sont des témoignages mis à disposition de tout citoyen. Doivent-ils être considérés comme des instruments passifs, réservés à leurs lecteurs ? Ou, à l'inverse, leur émission constitue-t-elle un acte positif, susceptible de suites juridiques même au profit de ceux qui ne les ont pas lus ? Avec ces questions, nous abordons le sujet du mensonge positif ou par omission interprété différemment selon les cultures.

Un autre point mérite d'être souligné. Quelle interprétation peut-on faire du mot « témoignage » sur le sujet des prescriptions obligatoires ? Doit-on retenir le principe démocratique de la liberté d'expression et d'information, qui autorise chacun à avoir une opinion différente de son voisin ? Comment alors dégager une

---

1. La note va servir aux comités d'investissement et aux comités des risques pour analyser les types de papier admissibles par rapport à l'instrument d'épargne ou à l'entreprise dont ils font partie, déterminer les proportions acceptables et aux gérants, actuaires et autres modélisateurs, à fixer des valeurs homogènes à chaque ligne des portefeuilles et cohérentes entre elles.

vérité universelle si deux personnes différentes peuvent arriver de bonne foi à deux conclusions différentes ?

On doit aussi observer que les cultures morales ont un effet sur l'appréciation que l'on peut faire d'un témoignage. Dans certaines cultures, le mensonge par omission est toléré et dans d'autres il ne l'est pas. Dans ce dernier système, l'absence ne pouvant être vérifiable, à l'inverse d'un mensonge sur une réalité matérielle qui peut toujours être combattu par le constat, le mensonge par omission se trouve plus lourdement condamné par la morale comme par les juges. En matière d'information financière de nature comptable, il est évident que l'omission n'est pas tolérable à ceux qui pratiquent les échanges. Pourtant, ce sont des individus qui élaborent les états financiers, des juges qui peuvent avoir à les sanctionner, des avocats à les défendre. Comment traiter ces différences culturelles qui subsistent même dans un cadre comptable unifié ?

Le caractère central de l'information ayant été mis en évidence, il apparaît désormais nécessaire d'en détailler le lien de causalité avec la crise.

Chapitre 6

Le lien de causalité de l'information avec la crise

LA DÉFAILLANCE DE L'INFORMATION FINANCIÈRE

Avec les signes avant-coureurs de la crise, un doute s'est progressivement instauré sur la pertinence des bilans bancaires en général et de tout bilan incluant des valorisations au prix du marché comme il est prévu par les normes IAS n° 39 et SFAS n° 157 en normes US GAAP* (*generally accepted accounting principles*[1], voir chapitre 8). Ce doute s'est concrétisé par la brutale crise de liquidité de juillet 2007 dont les autorités ont admis la causalité seulement deux ans après les faits en faisant reconsidérer les comptes établis et certifiés par les auditeurs et surveillés par les tutelles.

En effet, ces comptes ne permettaient nullement à un lecteur d'apprécier les risques de liquidité et de valeur des actifs. Plus encore, ils contenaient des appréciations théoriques sur des valeurs de créances et de dettes sans détails sur le terme et les garanties, alors même que les institutions les plus réputées pouvaient disparaître brutalement. Les exemples de Northern Rock, la banque britannique de prêts immobiliers en janvier 2008[2] et de

---

1. Jean-Pierre Landau « La pro-cyclicité. Ce quelle signifie et comment la limiter », conférence à Madrid le 25 mai 2009.
2. Les télévisions ont diffusé en janvier 2008 les scènes de panique du public faisant la queue devant les agences de Northern Rock pour retirer leurs dépôts.

Lehman Brothers, avec des comptes attestés conformes, ont fait office de signaux d'alarme. Certains s'interrogent d'ailleurs encore sur la question de savoir si la FED n'a pas volontairement « lâché » Lehman pour servir d'exemple ; d'autres font état d'une certaine partialité au profit de son éternel concurrent Goldman Sachs. Pourtant, ce dernier a dû faire amende honorable et solder par une transaction les reproches qui lui étaient faits d'avoir pris des positions opposées sur les *subprimes* selon qu'il opérait pour son compte ou celui de ses clients.

Le Congrès, par voie de commission, a bien sûr interrogé les responsables de l'administration sur les causes de la crise financière. Un rapport officiel de mars 2010[1] répond *de facto* à ces accusations en mettant en cause les pratiques comptables qui auraient caché le manque de liquidités de Lehman, les auditeurs externes et les juristes ayant émis des opinions sur les modes de comptabilisation hors bilan des engagements d'escompte dits « Repo 105 ». Ce qui est sûr, c'est que les agents économiques, dès avant les événements, avaient compris que les banques ne maîtrisaient pas elles-mêmes leur interdépendance et la solidité des contrats de garantie (CDS de remboursement, *swaps* de taux...) qu'elles s'échangeaient entre elles pour des montants exorbitants et inexplicables (41 trillions en décembre 2008 pour les CDS selon un rapport de la BCE[2]). Déclencheurs et non pas cause directe de la crise, ils ont compris que les mécanismes de titrisation sans recours, les contrats d'assurance contre les défaillances CDS (voir plus loin titrisation) et les règles d'information financière dans un petit monde de professionnels du droit et de la comptabilité ne créaient pas une réalité. Ils ne pouvaient contourner cette réalité de la dette et de l'absence de capitaux propres suffisants des banques, compte tenu de la vitesse de circulation des actifs et de la fragilité des valeurs constituées par les gages.

---

1. Gary B. Gorton *et al.*, « Papier de travail 15787 » pour la U.S. Financial Crisis Inquiry Commission.
2. Rapport du 28 août 2009.

On doit aussi admettre pour expliquer la lenteur à réagir des autorités de régulation au titre de l'information que la crise a été une surprise pour elles. Les activités bancaires n'ont été sauvées que par la réactivité des autorités politiques, en dépit des contestations de certains sur le bien-fondé de cette intervention (soit pour des raisons de protection d'intérêts particuliers, soit par philosophie politique).

UNE INFORMATION BIAISÉE BÉNÉFICIANT AUX INITIÉS

Ce doute sur l'information a été d'autant plus grave qu'il a d'abord affecté le marché interbancaire sur lequel les banques se prêtent entre elles. En raison de leur spécialisation (dans le crédit immobilier par exemple), certains établissements ont des cycles déséquilibrés dans le temps entre ressources et production de crédits. Ils distribuent des crédits à terme éloigné (quinze, vingt ou même trente ans parfois) et se refinancent à court terme sur le marché interbancaire. D'autres, disposant de réseaux d'agences très étoffés, collectent des dépôts stables, et prêtent sur le marché interbancaire destiné à ajuster les besoins des uns avec les excédents des autres.

Les principes comptables actuels visent à ramener le temps à celui de la date de clôture, en retenant des valeurs de marché réputées considérer le degré de risque et tous les flux futurs, quelle qu'en soit la durée pour l'avenir. Ne pouvant connaître le détail des marchés et des calculs effectués pour l'établissement des comptes, le public n'est pas en mesure d'en comprendre la finesse et les enjeux.

Le principe de figer le temps (qui a des mérites simplificateurs, et constitue la base des référentiels comptables), permet en théorie la comparaison entre sociétés d'un même secteur, comme par exemple Northern Rock et Barclays. Il est logique que le coefficient de risque d'une banque couverte par ses propres dépôts ne puisse pas être le même que celui d'une banque obligée de chercher ses refinancements sur les marchés. Même si ce risque différent est correctement considéré au moment de la clôture (si elle intervenait, ce qui n'est jamais le cas à minuit le 31 décembre de l'année, si telle est la date d'arrêté), il deviendra instantanément faux et incontrôlable du fait de la variation à tout moment des marchés. Les observateurs conscients concluront que les comptes ne sont pas comparables et que seules les structures opérationnelles des banques comme leur mode de gestion des risques – y compris de liquidité – peuvent être analysés (cf. paragraphe sur les *stress tests*).

Les banquiers sont des professionnels bien avertis des risques et de l'absurdité des comptes. Ils connaissent les règles d'arrêté et les normes puisqu'ils y sont soumis, et sont donc en mesure d'évaluer l'équilibre des comptes. Ils appréhendent aussi les dispositifs mis en place par les administrations pour faciliter l'accès à la propriété de citoyens aux revenus modestes. Ils disposent, pour les plus significatifs d'entre eux, des équipes spécialisées (normes comptables, stratégie, conformité) pour étudier, comprendre et appliquer cet environnement régulé mieux que leurs contreparties.

Aux États-Unis, où la crise a été la plus violente, les banquiers étaient informés de la baisse de la valeur des gages immobiliers du fait du financement des *subprimes*, et de l'impact théorique dans les comptes des établissements financiers des instruments et des gages sous-jacents. Cet impact était soit direct, lorsque ces créances étaient restées dans les actifs, soit indirect auprès de leurs épargnants lorsque ces créances avaient été cédées et transformés au sein de FCC (fonds communs de créances) cédés par leur réseau commercial. À ces cas simples s'ajoutent les effets de contamination par diffusion de produits complexes intégrant une partie elle-même contaminée. À défaut de figurer encore dans leur propre bilan, ces portefeuilles à déprécier figuraient à l'actif d'un autre agent économique. Les créances directes devaient être dépréciées, puisque la valeur des gages baissait et que les taux de défaillance montaient. La valeur des instruments financiers contenant des créances ne correspondait plus à rien, puisqu'ils devenaient incessibles. Cet enchaînement pose la question de la responsabilité juridique, quant aux effets et risques de droit de suite, résultant du devoir de conseil à la clientèle.

Sachant que la perte de liquidité frappe différemment les opérateurs selon le cycle de leurs ressources (cf. Northern Rock), il suffit aux mieux initiés ou simplement aux plus avertis d'attendre des cessions rendues obligatoires. Ils pourront alors tirer parti des décalages entre les différentes approches et notamment entre la valeur de marché et celle des flux futurs non nécessairement affectés. Paradoxalement, la « juste valeur » comme référentiel d'information est créatrice de désinformation et de fractionnement de l'information.

INFLUENCE DE LA NORME SUR LA MACROÉCONOMIE

Du fait de l'unicité des normes applicables, et de la convergence de celles-ci au plan mondial, l'information financière affecte chaque entité économique tenant une comptabilité (commerciale ou publique) directement au titre de ses performances individuelles, et indirectement au titre de son impact macroéconomique.

En effet, la publication des comptes peut entraîner des difficultés pour les unes en cas de dégradation, ou accroître la capacité de refinancement des autres, en cas d'amélioration. Cet impact est de nature microéconomique.

Mais la norme comptable a également un effet général sur toutes les entreprises, quelle que soit leur situation individuelle de liquidité, et donc sur leurs chances de survie ou d'expansion. Elle est discriminatoire car toutes les classes d'actifs et de passifs (dettes, immobilisations, fonds de commerce, capitaux) ne sont pas affectées proportionnellement par les changements comptables. Elle peut constituer un facteur de rupture, en faisant basculer l'entreprise de la continuation d'activité à la cessation de paiement[1].

---

1. Les lois commerciales européennes prévoient des seuils de pertes cumulées au-delà desquels l'entreprise doit agir pour reconstituer ses capitaux propres et trouver les ressources financières pour poursuivre ou décider de cesser son activité. De même, les deux grands référentiels comptables distinguent la manière d'évaluer actifs et passifs selon qu'une entreprise ou l'un de ses segments est en situation de continuation d'activité ou de cessation, auquel cas la norme d'évaluation est la valeur liquidative.

Les conséquences comptables de l'application d'une norme, notamment lorsqu'elle inclut des éléments exogènes (la valeur de marché) ne sont pas la simple sommation des effets individuels. En effet, si la norme s'applique à chaque entreprise, c'est-à-dire à l'échelon microéconomique, avec des exceptions liées à des libertés d'options entre divers types de traitement que les organismes de normalisation voulaient supprimer, elle repose sur des standards macroéconomiques.

Qui plus est, l'analyse externe (analystes et agences de notation) ne porte pas nécessairement son attention sur les entreprises prises individuellement, ou encore sur les pratiques de place d'un secteur économique (par exemple les prêts hypothécaires dits *subprimes*), mais plutôt sur les effets d'une norme sur un secteur économique pris dans son ensemble. Le secteur financier a ainsi été frappé d'un doute général lorsque les acteurs économiques ont réalisé que la valeur des gages relatifs aux créances avait baissé du fait de la crise immobilière aux États-Unis. Cette baisse de la valeur des gages remettait en cause la plupart des produits titrisés et de leurs garanties (CDS). De ce fait, les valeurs de marché des instruments financiers étaient devenues indéfinissables ou suspectes, jetant l'opprobre sur la qualité des bilans bancaires eux-mêmes.

Enfin, dès l'émergence d'un doute sur la pertinence des bilans, la fluidité du crédit interentreprises et du refinancement disparaît.

La liquidité

Les économistes s'accordent généralement à reconnaître que vitesse de circulation et liquidité sont intrinsèquement liés, l'une quelconque des variables perdant toute utilité en cas de disparition de l'autre, et entraînant l'arrêt des échanges.

Nous retiendrons la définition de la liquidité adoptée par Jean Tirole dans son article de février 2008 dans la *Revue de stabilité financière* : « Pour analyser la crise des subprimes, la politique monétaire et les autres canaux d'intervention de l'État destinés à ajuster la liquidité existante, il convient d'adopter la définition macroéconomique. Selon cette définition, dont certaines variantes remontent à Keynes et Hicks, un actif procure de la liquidité à une entreprise si celle-ci peut l'utiliser comme réserve en cas d'urgence. Pour que cette stratégie soit efficace, l'actif ne doit néanmoins pas perdre de valeur au moment où l'entreprise a besoin de fonds. À cet égard, le bon du Trésor – *on the run* – se distingue de l'indice boursier ou du portefeuille hypothécaire en ce qu'il ne perd pas de valeur pendant une récession industrielle ou financière. »

Les phénomènes de liquidité et de crise de liquidités sont mal appréhendés. L'anticipation est pourtant fondamentale pour la politique des États et les décisions des entreprises. À défaut de pouvoir faire appel à une règle simple, les acteurs économiques suivent une batterie d'indicateurs : la trésorerie liquide, le chiffre d'affaires, les effectifs, la marge, le cash flow libre, et tous ratios dérivés, auxquels ils appliquent des modèles pour tirer des conclusions plus ou moins valides. À l'échelle de l'entreprise, cette démarche est relativement fiable. Le flux de trésorerie disponible peut permettre de déterminer la capacité de remboursement d'un financement.

À l'automne 2008, la disparition brutale des marchés ne permettait plus d'avoir une idée de la situation des banques au-delà de leur simple mais gigantesque problème de liquidité. En l'absence de marché, l'ensemble du dispositif normatif relatif aux instruments financiers disparaissait, puisque basé sur la juste valeur (valeur de marché). Le 30 septembre 2008, la SEC et le FASB assouplissaient la règle comptable imposant d'évaluer les instruments financiers dans les bilans en valeur de marché et autorisaient le passage au *mark to model*. Le 15 octobre, le règlement CE 1004-2008 relatif à l'IAS n° 39 et l'IFRS n° 7 autorisait lui aussi le reclassement des instruments financiers ne faisant pas l'objet d'un marché actif et donc devenus impossibles à valoriser.

Avec la juste valeur s'appliquant aux bilans des entreprises, la microéconomie a empiété sur le territoire de la macroéconomie et non l'inverse. Nous avions déjà évoqué ce problème en examinant la question du temps et des taux d'intérêts. Du fait de la tendance à l'unicité des marchés de taux qui en résulte et des possibilités de tirer profit des différentiels, les normes imposent aux entreprises, pour l'évaluation de leurs actifs, des valeurs qui ne sont pas celles de leurs décisions économiques. Elles ne correspondent pas à l'unité de temps (journée, mois, exercice civil…) à laquelle ces décisions se rattachent pour apprécier la pertinence de leur action. Cette forme de « collectivisation » des entreprises au sein d'un système macroéconomique global, aurait pu entraîner une cascade de faillites en chaîne du fait de la chute brutale des valeurs de marché dans les bilans des banques et des assurances à l'automne 2008. Heureusement, le 15 octobre 2008, sous la pression des gouvernements, la norme comptable a été « décrochée ».

La norme, base de l'information et cause de la crise

À défaut d'avoir été le moteur de la crise, les normes comptables en ont été l'instrument[1]. Elles ne sont pas la source de l'acte économique, la création par exemple de dettes, mais elles ont permis d'occulter la réalité de ces actes en en perdant la trace, la valeur de la transaction d'origine qui résulte d'un équilibre des capacités des parties à l'exécuter. L'intimité du lien entre l'expression de l'échange par la monnaie et la norme est telle, que les changements de valeurs introduisent trop de facteurs subjectifs et aléatoires pour ne pas créer de confusion. Ces normes ont autorisé l'addition au sein des bilans, d'actifs et de passifs de nature trop différente, et surtout de valorisations et qualités juridiques hétérogènes, créant une totale impossibilité de lecture des comptes.

Dans certaines économies confrontées à une forte inflation, des systèmes d'indexation des comptabilités ont été mis en place (Argentine) ou pour le moins étudiés (Grande-Bretagne). Ils ont tous été abandonnés. La dépréciation monétaire affecte non seulement les actifs et passifs de l'entreprise, mais également la capacité des économies à produire et à échanger. Elle impacte de façon hétérogène les différentes classes d'actifs et de passifs (selon notamment

---

1. Escaffre Lionel, Foulquier Philippe et Toubon Philippe, *Juste Valeur ou non, un débat mal posé*, EDHEC – Analysis and Accounting research Center, novembre 2008.

qu'ils sont corporels ou incorporels ou attachés à des flux fixes ou variables) qui ne sont alors pas correctement représentés. Ces systèmes ont eu le seul mérite de former des comptables à des situations complexes, mais ce langage était accessible à trop peu de monde pour faire l'objet d'une généralisation.

La complexité est aussi un facteur qui mobilise l'attention des agents économiques et, pour leur propre défense, en modifie les priorités au profit de la finance et au détriment de la recherche, de l'innovation et de la production.

L'argument par lequel l'agent économique peut couvrir par les marchés financiers tous ses risques économiques, financiers, monétaires ou seulement comptables, s'il est vrai au premier degré, est fondamentalement fallacieux. La complexité ne peut répondre à tous les besoins et pousse aux montages pour en tourner les objectifs souvent d'adaptation à des réalités diverses.

Les normes IAS n° 39 et FASB n° 157 ont un caractère discriminatoire. Certains actifs, par exemple les immobilisations, doivent faire l'objet simplement de tests de valeur pour vérifier l'absence de pertes potentielles et restent comme les créances en valeur historique après amortissement, à défaut de changement d'usage – usine ou matériel inutilisé – ou pour les créances, du statut du débiteur si celui-ci tombe en faillite. D'autres, les seuls visés par les normes n° 39 et n° 157, constitués des instruments financiers ou des titres cotés, font obligatoirement l'objet d'une valorisation permanente, ce qui rend ces normes très imparfaites.

La mise en œuvre des stress tests pour les banques au printemps 2009 (voir p. 134) constitue une réponse importante aux critiques du dispositif antérieur basé sur des comptes et des ratios prudentiels statiques inadaptés à un environnement économique instable. Dans ce nouveau processus dont les approches méthodologiques ne sont pas encore normalisées en détail, les valorisations des actifs et passifs sont testées dans le temps, dans le cadre d'hypothèses variées sur les évolutions économiques (évolution des PIB) et financière (évolution des taux). Cette pratique n'est que la transposition des critères utilisés par la plupart des entrepreneurs avertis pour la prise de leurs décisions d'investissement.

Elle a apporté une crédibilité que les comptes normés ne fournissaient plus du fait de la déconnexion entre valeurs comptables – éventuellement celles des marchés – et la propension des agents économiques à modifier dans les comptes, après la réalisation de la transaction, les termes de l'échange déjà effectué et dénoué. Le changement des valeurs d'inventaire par l'entreprise elle-même, prescrit par la norme selon des approches méthodologiques volatiles, créait le doute du fait de l'instabilité des marchés et des facteurs d'évaluation. Les stress tests basés sur des facteurs économiques réels sont de nature avec la publication de leur résultat à résoudre ce doute comptable.

Le stress test

Le stress test appliqué aux banques consiste à examiner la résistance des valeurs figurant dans les comptes (surtout des portefeuilles de créances) à la variation de facteurs exogènes : les taux d'intérêts, l'évolution des revenus de la clientèle et des emprunteurs, les variations macroéconomiques. Il s'agit de déterminer selon différentes hypothèses quels en seraient les effets sur la liquidité et les capitaux propres. En février 2009, le secrétaire d'État au Trésor Timothy F. Geitner annonce que les principales banques américaines seraient soumises à un stress test (Supervisory Capital Assesment Program). La FED a examiné 19 des principales banques américaines pour négocier avec elles un diagnostic sur leurs besoins en capital et surtout les moyens d'y satisfaire. Le 7 mai le Trésor, la FED et le FDIC (Federal Insurance Depositary Corporation) qui assure les dépôts des particuliers ont annoncé qu'en cas de scénario catastrophe, la perte cumulée des 19 établissements concernés pourrait atteindre 600 milliards de dollars soit 9,10 % de leurs concours financiers. Il a été demandé à 10 des 19 banques analysées parmi lesquelles Bank of America, Citi Group et Wells Fargo de lever 75 milliards de capitaux supplémentaires d'ici à novembre 2009. Neuf banques, dont JP Morgan, Goldman Sachs ou Bank of New York Mellon ont été considérées comme saines. Citibank et Merrill Lynch avaient déjà reçu 27 milliards chacune de prêts, JP Morgan 25, Goldman Sachs et Morgan Stanley 10 chacune dans le cadre du Troubled Assets Recovery Plan (TARP).

Le Comité des régulateurs européens (Committe of European Banking Supervisors, CESB) qui sous la pression des marchés et de l'initiative américaine n'avait mené qu'un programme d'examen de 22 banques en 2009 a engagé en 2010 sous la coordination de la BCE un examen de 91 banques qui s'est conclu le 23 juillet de la même année par la publication d'un rapport où seules 7 banques nécessitaient un complément de capitaux pour la somme négligeable de 3,5 milliards.

L'absence d'information financière sur l'écart entre les valeurs dans les bilans financiers et les capacités sous-jacentes de flux financiers a également eu pour effet de rendre incertaine la notion pourtant connue de « bulles ». Nul ne disposait d'un indicateur général et fiable permettant d'identifier puis de prévenir la constitution de bulles, pour autant qu'il l'ait souhaité. Par la destruction de l'outil d'information sur les transactions réelles qu'impliquait la norme n° 39 ou n° 157 et le passage à un concept de valeur de marché, le dispositif est directement à l'origine de la crise. Si l'information n'est pas à l'origine de l'acte premier, son absence l'a permis. Sans la norme n° 39, la crise n'aurait pas pris l'ampleur qu'elle a prise par la contraction de valeurs irréelles.

L'économie a fonctionné avec un droit comptable ne traitant pas du sujet du temps et de la liquidité, par conséquent sans idée de la consistance des capitaux propres, comme si ces derniers étaient le solde d'une matière homogène. C'est comme si le droit comptable avait traité d'autres sujets que de l'économie ou si le droit traitait des larcins et non des meurtres.

Bâle II et son successeur Bâle III, comme les stress tests qui tendent à corriger cette absence d'information, en est la démonstration. Sans cadre et donc sans sanction, le système ne peut que courir à son effondrement, d'autant que Bâle II comme les stress tests restent circonscrits à leur domaine et perdent leur pertinence lorsque les contreparties d'un engagement se trouvent hors zone de juridiction.

Certaines approches (CESB devenu CERS*, Conseil européen du risque systémique) anticipent la possibilité d'une dégradation des dettes souveraines. Elles corrigent ainsi la critique du champ réduit, mais reconnaissent aussi implicitement le caractère non absolu de la monnaie, y compris au sein d'une zone de monnaie unique. Elles constituent une amélioration considérable par rapport à l'approche comptable mais se heurtent à l'insuffisance d'expérience. Les conséquences d'une dégradation de la solvabilité d'un État dans une zone monétaire sont encore mal connues.

L'INFORMATION FINANCIÈRE INFLUE SUR LA SITUATION OBSERVÉE

L'information financière a des caractéristiques propres. Elle transforme l'objet qu'elle observe, l'agent économique, l'entrepreneur. Directement, qualifiée par des auditeurs externes dits indépendants, par des agences de notation[1], par les analystes, elle va avoir un effet direct sur l'objet observé.

Ainsi, parmi de multiples exemples possibles de cette transformation, le classement d'un instrument financier de dette à taux variable et coupon aléatoire dit « hybride », mi-dette mi-capitaux propres, aura un impact direct sur le ratio d'endettement de l'entreprise selon son affectation, en capitaux propres ou en dette.

Un titre de capital d'une société donne à son propriétaire un droit au partage des bénéfices, et en fin de vie de la société à ce qu'il reste après la cession des actifs et le paiement de toutes les dettes, dénommé « boni de liquidation ». En principe, aucun dividende ne peut être distribué si la société n'a dégagé aucun profit ou n'a accumulé aucun profit par le passé.

Un titre de dette donne droit à un intérêt fixe ou variable et à son remboursement, ceci indépendamment en principe des résultats de l'entreprise. Certains titres dits « perpétuels » n'ont aucun terme de remboursement.

Mais, il existe des titres dits « hybrides », dont le coupon ne sera payé que si des dividendes sont distribués et dont le remboursement sera conditionné, sinon pas stipulé, au remboursement préalable de toutes autres dettes obligataires ou si des résultats existent, quand bien même un dividende ne serait pas distribué. De multiples combinaisons peuvent être imaginées et stipulées dans les contrats d'émission. Suivant celles-ci, ces titres ont des

---

1. La note va servir aux comités d'investissement et aux comités des risques pour admettre les types de papier admissibles par rapport à l'instrument d'épargne ou à l'entreprise dont ils font partie, déterminer les proportions admissibles et aux gérants, actuaires et autres modélisateurs, à fixer des valeurs homogènes.

caractéristiques plus ou moins proches des titres de capital puisque leur remboursement et le paiement de leur coupon n'est pas nécessairement assuré et n'est pas une obligation certaine de la société.

Leur classement en dette ou en capital va dépendre non seulement de la norme comptable applicable, mais aussi du jugement professionnel de l'entreprise et de son auditeur sur ce classement. Celui-ci aura un effet direct sur ce ratio et par la suite sur l'accessibilité et le coût pour cette entreprise de dettes nouvelles. Pour certaines entreprises et pas seulement pour les banques, la notation des dettes aura un effet direct sur la capacité d'endettement, le coût du financement et donc leurs résultats futurs.

Donnons un exemple de l'effet des notations sur des titres d'égale qualité et durée. Les obligations émises par les entreprises publiques dites de premier rang à même échéance peuvent avoir des valeurs très différentes selon qu'elles sont ou non notées. On peut ainsi noter un écart d'appréciation par le marché entre le rendement réel (calculé comme le rendement facial corrigé de la décote boursière) entre une émission obligataire d'Air France (non notée) et celle de France Telecom (notée A + par Moody's) à échéance de janvier 2014[1].

Dans une économie qui cherche à optimiser ses ressources en capital, l'information financière n'est pas seulement une matière brute, mais un facteur économique transformateur de valeur. Ainsi, la mesure des agrégats monétaires vise à contrôler le crédit et l'inflation. La publication des comptes des entreprises amène les dirigeants politiques à infléchir leur politique économique. L'information financière sur le partage de la valeur ajoutée alimente le débat démocratique avec les syndicats. Le rôle central de la norme éclaire les reproches méthodologiques qui lui sont faits

---

1. Fin mars 2009, l'obligation Air France 4,75 % FR0010369413 à échéance de janvier 2014 cotait 92,05 % (soit un rendement réel de 5,16 %) et l'obligation 5 % XS0409370219 de France Telecom cotait 103,95 (soit un rendement réel de 4,81 %) ce qui représente une différence de rendement de 35 points de base.

par ceux qui n'en approuvent pas les résultats. Le débat autour du caractère effectif de la croissance (définie comme la variation de la somme des valeurs ajoutées de l'économie) l'illustre bien. Si la pertinence de cet indicateur constitue une question de société[1], sa fiabilité est directement liée à la norme. Or, comme on le sait, c'est sur cet indicateur que sont adossés de nombreuses décisions de politique économique qui impactent chaque citoyen.

Forts de ces constats, revenons sur la manière dont les normes comptables, conjuguées à l'imagination des acteurs de la finance, ont alimenté et masqué la crise à laquelle nous sommes confrontés.

---

1. On peut noter l'initiative de révision de la définition du PIB par le président Sarkozy au travers de la commission Stiglitz. Elle se heurte dans une société où tant les échanges mais surtout leur dénouement sont dématérialisés à la problématique comptable. Celle-ci d'accessoire de mesure est devenue centrale.

TROISIÈME PARTIE

LES INSTRUMENTS DE LA CRISE

Chapitre 7

La juste valeur

La juste valeur s'est imposée comme une solution apparemment simple et objective. Elle repose sur la théorie contestée de l'efficience des marchés. Les marchés donneraient les valeurs, offrant ainsi aux comptables une réponse simple et les relevant de responsabilité en répondant à leur interrogation sur la signification des comptes qu'ils établissent. C'était l'issue normale de la déréglementation réussie commencée dans les années 1980. En adoptant cette solution, les normalisateurs, bien que conscients des limites de l'efficience des marchés, pensaient améliorer la qualité de l'information fournie, en la réconciliant avec l'évolution de l'environnement économique. Mais les aspects négatifs de cette démarche, et notamment sa dynamique procyclique, accentuant la dégradation des bilans et précipitant des entreprises à leur perte en cas de récession, ont été révélés brutalement par la crise de 2008.

LA RÉVOLUTION NORMATIVE DE LA JUSTE VALEUR

Nous évoquerons les différentes innovations essentielles qui ont autorisé les dérives en matière de dettes, la titrisation, la notation, et la possibilité pour une entreprise de comptabiliser les instruments financiers à leur valeur de marché. L'innovation marquante en matière de normalisation comptable, c'est l'adoption par les deux grands organismes privés de normalisation de la juste valeur comme méthode d'inventaire pour les clôtures comptables.

La juste valeur voit le jour conceptuellement après la déroute des Savings & Loans* dont les comptes étaient tenus en valeur historique (voir *infra* le rappel historique de la crise des Savings & Loans). Mais c'est en Europe qu'elle verra sa première formalisation. Si un premier projet (E 26) est présenté par l'IASB en 1984, il faudra cependant attendre décembre 1998 pour qu'elle soit adoptée avec effet au 1er janvier 2001, avec la norme IAS n° 39.

La juste valeur entre dans le référentiel normatif américain en 2007 (exercices clos à compter du 15 novembre 2007) avec l'adoption le 15 septembre 2006 du standard FAS n° 157[1]. Il concerne les instruments financiers, c'est-à-dire les valeurs mobilières (actions, obligations…), et tout titre susceptible de négociation sur un marché financier.

Les créances et les dettes à l'égard de tiers avec lesquels l'entreprise traite ne sont pas concernées si elles ne sont pas négociables librement.

La juste valeur

La juste valeur est, selon la norme IAS n° 32, « le montant pour lequel un actif pourrait être échangé ou un passif éteint entre parties bien informées, consentantes et agissant dans des conditions de concurrence normale ». Elle peut être fixée par quatre méthodes (cotation reconnue sur un marché organisé, calcul d'actualisation de cash-flow, dérivé d'un modèle statistique créant les conditions d'un marché organisé, analyse comparative à partir d'actif similaire).

En opposition au principe de la « valeur historique » (*cost value*), les arrêtés comptables ne reprennent pas les montants auxquels les actifs ou passifs concernés ont été acquis d'un tiers ou même créés par l'entreprise. Ils font apparaître soit la valeur d'usage ou d'utilité, soit la valeur à laquelle ils pourraient être cédés ou acquis sur un marché libre entre personnes indépendantes. La méthode préférentielle pour appliquer la juste valeur, est la valeur de marché (*fair market value*).

Une variante du concept à été élaborée afin de répondre aux problèmes de liquidité, notamment pour les instruments dits « complexes ». Pour ceux-ci, les marchés n'existent pas, car du fait de leur complexité, les instruments sont tous uniques. La variante, dite du « *mark to model* », consiste pour le porteur d'un tel

---

1. Le débat en avait commencé en 2005. L'état de la situation normative en cours de bouleversement se trouve sur les sites respectifs de l'IASB et du FASB.

actif ou passif, à se raccrocher à d'autres références de marché existantes et comparables (par exemple celles des marchés des taux pour des créances notées) et de procéder à une extrapolation à l'aide d'un modèle mathématique.

L'exception du *mark to model* n'avait pas parue essentielle au normalisateur. Celui-ci pensait alors que les marchés existants (le marché monétaire, les marchés hypothécaires, les marchés obligataires...) étaient en liquidité croissante, et accueilleraient progressivement par référence les instruments complexes. L'hypothèse inverse du cas où ces marchés deviendraient non liquides, et n'accueilleraient plus de transactions dans les volumes nécessaires pour que les opérateurs y trouvent des contreparties n'avaient pas été abordée ! Le *mark to model* n'était donc dans la construction d'origine qu'une sous-division, variante de la juste valeur, puisque dans le modèle à construire les références étaient prises dans des marchés liquides.

LA CRITIQUE DE LA JUSTE VALEUR

La critique du concept de la juste valeur, aujourd'hui très répandue[1], se limitait avant la crise de 2008 à un petit cercle d'acteurs professionnels dont l'Association bancaire française. Les objections émises sur la généralisation des IFRS, en 2001 dans l'accord de Lisbonne, puis en 2005 pour les entreprises européennes faisant appel public à l'épargne, n'ont pas été entendues. La critique ne portait en outre que sur le caractère procyclique de l'évaluation en juste valeur (déclaration du G20), et résultait seulement du constat de ses effets sur les bilans bancaires. S'agissant de comptabilité, le sujet n'intéressait pas les milieux d'affaires, et les spécialistes de la comptabilité qui auraient pu s'en préoccuper n'avaient pas nécessairement une vue sur l'évolution des marchés internationaux. Aujourd'hui, mis à part les organismes de normalisation (sous quelques réserves pour le FASB qui propose un double système) dont on sait qu'ils continuent à la prôner et la profession comptable dont ils émanent, la critique devant les dégâts semble unanime. En fait, le crédit accordé aux organismes de normalisation est resté longtemps solide. En mars 2008, alors que la crise

---

1. Rapport du 13 octobre 2009 de Didier Marteau et Pascal Morand, commissionnés par le ministre français de l'Économie, disponible sur le site minefi.gouv.fr.

était déjà omniprésente, *The Economist* concentrait encore ses explications sur la disparition des liquidités dans l'économie.[1, 2]

La question n'a été traitée par les organismes de normalisation que sous pression de la SEC et des gouvernements européens placés devant la difficulté d'arrêter les comptes au 30 septembre 2008 en plein milieu de la crise financière qui avait arrêté les marchés financier. Cet arrêt a rendue impossible la valorisation des portefeuilles de valeurs mobilières et des contrats si ce n'est à des valeurs de déroute qui auraient balayé le système financier.

L'ORIGINE HISTORIQUE DE LA JUSTE VALEUR

Le concept normatif de la juste valeur trouve son origine dans la faillite d'une partie des 12 000 institutions opérant aux États-Unis sur le secteur du crédit immobilier (crise des Savings & Loans des années 1980). Déjà, à cette époque, les normes comptables n'avaient pas pu échapper aux réalités d'un lien entre le crédit et l'économie réelle. Les opérateurs, y compris les épargnants qui déposaient leur argent moyennant forte rémunération depuis la hausse des taux en 1980 (16 % au dernier trimestre), ne pouvaient que constater la baisse de la valeur des créances des banques. En référence de marché ou en coût historique, peu importe, la valeur effective des gages avait baissé. Tout observateur sensé pouvait déjà anticiper la difficulté des banques à exécuter leurs gages sans perdre en exploitation, le produit de la liquidation du gage étant inférieur à la valeur du crédit.

La situation d'une certaine manière était peut-être plus grave qu'aujourd'hui car elle a été progressive sur l'industrie bancaire et sans portée internationale pour en transférer le coût à d'autres (même si les institutions scandinaves et françaises ont aussi été frap-

---

1. « *The Credit Crunch Regulators & Bankers fear that "Mark to Market" approach is helping to bring a liquidity crisis into a solvency crisis* », *The Economist*, 6 mars 2008.
2. Lionel Escaffre, Philippe Foulquier et Philippe Touron, *Juste Valeur ou non, un débat mal posé*, EDHEC – Analysis and Accounting Research Center, novembre 2006.

pées, comme le Crédit Lyonnais dont les mauvais actifs ont été repris par le Consortium de réalisation selon un schéma déjà connu en Scandinavie). Grâce à la tricherie comptable des opérateurs consistant à classer les créances selon la norme la plus favorable, obligeant ou non selon les circonstances à les déprécier, le phénomène ne s'est en effet révélé que progressivement. Les banques les plus fragiles devaient selon les lois du marché payer leurs ressources (les dépôts des particuliers) de plus en plus cher, au moins plus cher que leurs concurrents en meilleure santé. En même temps, pour couvrir leurs frais de structure, elles devaient s'assurer de valeurs dégageant des marges plus élevées et accorder en volume plus de crédits, donc promouvoir des taux prêteurs faibles. Les deux courbes ne pouvaient que se briser l'une sur l'autre à un moment donné de l'exploitation lorsque le temps dénoue les opérations. Les pertes se sont retrouvées en manque de trésorerie. À nouveau, la question du temps est au centre de la problématique comptable.

Sur le plan technique, on distingue les instruments et créances entre, d'une part, ceux qui seront ou pourront être détenus jusqu'à leur terme et, d'autre part, ceux qui sont destinés à être revendus (*available for sale*) sur les marchés des créances hypothécaires ou de la titrisation par exemple. Dans la première hypothèse et en l'état de la norme, la valeur comptabilisée sera celle du prêt accordé jusqu'à son terme si le statut de l'emprunteur reste inchangé, celui-ci payant ses échéances régulièrement. La banque comptabilise aussi les intérêts à percevoir au fur et à mesure du déroulement du crédit, sauf l'effet des frais de distribution du crédit et de sa gestion.

Dans l'autre hypothèse, une plus ou moins-value de cession sera constatée. Sa comptabilisation évoluera avec la solvabilité du débiteur et la valeur de la créance sur le marché sera très dépendante de l'évolution des taux. Si les taux montent, la valeur de la créance, qui est la sommation actualisée des flux, baisse par référence à d'autres placements. Si les taux baissent, la valeur des créances selon le même schéma monte. Évidemment, lorsque la FED a constaté les dégâts, force a été de reconnaître l'hétérogénéité des classements retenus entre « disponibles à la vente » et « à conserver » entre les établissements financiers. Lorsque la crise s'est généralisée, les pertes s'accumulaient dans les catégories ne subissant pas de réévaluation ou de dépréciation. Les pertes étaient ainsi décalées dans le temps avec un renchérissement des crédits sur lequel les créances conservées étaient adossées.

Aussi, très rapidement, les autorités américaines ont-elles demandé aux établissements de leur présenter leur situation comptable non pas selon les normes prévalant à l'époque mais en valeur de marché, selon que les prêts étaient générateurs de paiements ou pas. Ainsi retrouvait-on l'unicité du patrimoine, notion bien connue du droit dans tous les pays. La juste valeur allait inspirer le normalisateur.

Cela a aussi permis à l'administration d'apprécier d'une manière homogène, donc plus juste, la situation relative des établissements de crédit et d'organiser soit leur cession, soit leur fermeture avec le rachat au frais du budget de leurs créances. Pour ce faire avait été créé en 1989 le RTC (Resolution Trust Corporation) qui a permis de purger le secteur des situations compromises (le RTC a résolu les situations de 714 Savings & Loans et engagé plus de 300 milliards de dollars jusqu'en 1995, année où sa mission principale achevée, il a été réuni à une division de FDIC* (Federal Deposit Insurance Corporation), organisme qui garantit les dépôts bancaires du public).

En même temps, la SEC découvrait aussi les vertus de la juste valeur comme supérieures à celles du coût historique qui permettait de laisser des actifs et passifs à des valeurs anciennes éloignées des réalités.

La supériorité conceptuelle de la juste valeur était également justifiée par une autre de ses caractéristiques : celui qui arrête les comptes, l'entrepreneur, se trouve placé à l'extérieur du dispositif car il ne contrôle plus les valeurs. Celles-ci s'imposent à lui. Les comptes deviennent autonomes de celui qui gère et a le pouvoir sur les opérations. L'objectif de neutralité dont il a été question est atteint. L'entrepreneur gère, le normalisateur et le comptable font les comptes. Cette séparation de l'exécutif et du juge des comptes (l'équivalent de la séparation de l'ordonnateur et du payeur) ne pouvait que séduire un public élargi. Ne pouvant plus influer sur les comptes qui sont le résultat de l'activité, les performances de la direction de l'entreprise peuvent être plus facilement appréciées. La sécurité des tiers intéressés, créanciers, actionnaires, salariés, est mieux assurée dans ces mêmes conditions.

Le fondement théorique contesté de l'efficience des marchés

La juste valeur est fondée sur l'efficience théorique des marchés (EMH, *efficient market hypothesis*) puisqu'elle dérive de l'idée que la valeur de marché qui s'impose dans les comptes est supérieure à la valeur historique de la transaction qui a amené un actif/passif à apparaître dans le patrimoine d'une entreprise. Cette hypothèse de l'efficience formulée par Eugène Fama[1] énonce que dans un marché bien informé et de taille suffisante, les cours reflètent les justes prix car les opérateurs peuvent réagir immédiatement aux informations qui leur parviennent. Elle sert de base au calcul du Medaf (modèle d'évaluation des actifs financiers). Les études empiriques ont d'abord montré que les variations de cours futurs ne dépendaient pas du passé (l'information passée est bien contenue dans le cours actuel) et que les marchés réagissent aux informations publiques (avec une stabilisation rapide des rentabilités anormales). Mais à partir des années 1980, les anomalies se sont multipliées.

> **Quelques anomalies remettant en cause la théorie d'efficience**
>
> - les effets saisonniers et l'effet de petite firme : différences de rentabilité entre les jours de la semaine (mais pas suffisantes pour couvrir les frais), taux de rentabilité supérieurs sur les petites capitalisations ;
> - l'impact de l'introduction d'un titre dans les indices ou son retrait ;
> - les introductions en bourse : sous-évaluation à l'introduction ;
> - l'excès de volatilité ;
> - le comportement grégaire de recherche du moindre risque de responsabilité des opérateurs ;
> - et enfin selon Keynes, le tempérament sanguin de l'entrepreneur.

---

1. Économiste américain né en 1939, auteur de « *Efficient Capital markets : a review of theory and empirical Work* », *Journal of Finance Economics*, 1970. Il distingue trois formes d'efficience : l'efficience faible (sur la base des cours passés), l'efficience semi-forte (informations de marché disponibles), l'efficience forte (toutes informations publiques et non publiques – ou d'initiés – disponibles).

Le sujet de la volatilité est le plus intrigant. En 1981, Robert Shiller[1] démontre qu'elle est trop grande pour être expliquée par les espérances de dividendes futurs (qui constituent la base des méthodes de valorisation), phénomène qu'il qualifie d'« exubérance irrationnelle ». Cette hausse tendancielle de la volatilité qui s'est accélérée depuis 1998[2] peut être attribuée – sans certitudes toutefois sur leurs impacts respectifs – à une combinaison de facteurs : multiplication des chocs économiques (crise asiatique de 1997 puis du Brésil et de la Russie, faillite de LTCM, etc.) et géopolitiques (guerre d'Irak), dégradation de la fiabilité de l'information nécessaire à la valorisation des actifs (du fait des nouvelles méthodes comptables et de l'impossibilité de caractériser des sociétés en forte croissance comme les télécoms ou Internet), techniques de vente à découvert et effet de levier par endettement (notamment dans les périodes de baisse des cours, appelé asymétrie de la volatilité), fonctionnement des gestionnaires de fonds (*trading* automatisé ayant accentué la crise d'octobre 1987 avec un afflux massif d'ordres, *benchmarking* sur indices encourageant des microgains), et multiplication des acteurs (avec les comptes en ligne).

Nous sommes d'avis que l'explication la plus satisfaisante des phénomènes de seuil est celle de Benoît Mandelbrot[3] au travers de la théorie des fractales : « la distribution des variations de prix dans un marché financier suit une loi d'échelle » et non pas la loi de Gauss (ou loi normale) enseignée par la plupart des économistes. Sa démonstration part des « aberrations » constatées ou variations par rapport à l'écart type calculé par la loi de Gauss pour substituer une loi de puissance, seule capable de modéliser l'instabilité et l'inefficience du marché.

---

1. Économiste américain, professeur à l'université de Yale.
2. Dans « La volatilité boursière », *Revue Banque de France,* juin 2003, M. H. Gourard, S. Levy et C. Lubochinsky illustrent que la volatilité historique à un an des indices phares (CAC 40, FTSE 100, SP 500) passe de 10-15 % sur la moyenne 1988-1998 à 20-30 % sur 2000-2003, ce qui représente un doublement !
3. Benoît Mandelbrot, *Une approche fractale des marchés,* Éditions Odile Jacob, 2005.

Nous avons franchi des seuils dont les effets mélangent des facteurs non connus par des données chiffrées. Premier facteur, les dettes des États ont atteint des niveaux inconnus depuis la dernière guerre mondiale et tendent dans les principaux pays occidentaux vers 80 à 100 % des PIB, et très au-delà au Japon. Cette seule référence au PIB est par ailleurs contestée car elle cache la manière dont la dette est refinancée par l'épargne ou par d'autres dettes émanant de l'extérieur par rapport à l'emprunteur[1]. Ainsi explique-t-on le paradoxe du Japon dont la dette d'État atteint 170 % mais dont l'essentiel est financé par une épargne intérieure élevée et dont la monnaie est sous pression haussière. Le doute sur le comportement des prêteurs externes qui peuvent être soumis à des changements crée une volatilité des anticipations. Qu'arriverait-il si les Chinois se mettaient à consommer et que la hausse de la devise, par ailleurs souhaitée par leur débiteur, réduisait les excédents mais en même temps la disponibilité du refinancement asiatique ? Les marchés sont animés par les traders et les logiciels ne savent pas prévoir les effets d'événements sociologiques prévisibles comme l'évolution des endettements d'État liés à des pentes budgétaires ou totalement imprévisibles comme les événements sociaux ou les effets d'événements géopolitiques comme les luttes afghanes ou moyen-orientales. Plus les déséquilibres sont élevés, plus ils sont hasardeux et moins on sait comment ils seront résorbés par l'inflation, par une reprise économiques ou par une banqueroute. Le seuil d'irréversibilité d'une tendance n'est pas déterminable faute d'information sur des comportements sociaux. Ainsi ces constats aboutissent à des excès et donc à une volatilité dévastatrice. L'opinion structurellement versatile et ses conseils passent d'un diagnostic à un autre et les marchés avec eux. On comprend que certains États peuvent accroître leur levée d'impôt et pas d'autres. Ce que l'on ne connaît pas, c'est le seuil de résistance politique à l'action et l'effet indirect de l'action elle-même.

---

1. Philippe Herlin, *France, la faillite ?*, Éditions d'Organisation, 2010.

Deuxième facteur, la structure des charges qui influencent le commerce international, donc les profits, est artificielle du fait des contraintes données par la Chine sur le yuan. La prévision de ses effets sur le cycle très court des marchés est inconnue.

Troisième facteur, la structure des taux d'intérêts est elle-même sous contrainte du fait de la croyance en la capacité des États à résoudre leurs déséquilibres. Dans une période d'incertitude, elle engendre une préférence pour les dettes à valeur nominale fixe aux titres de capital, et aboutit à un accroissement de la désintermédiation, de la baisse des taux et enfin de la volatilité.

Ainsi, ces anomalies d'importance croissante remettent en cause l'efficience théorique des marchés, et la détermination d'une valeur considérée comme « juste ». Pis encore, nous verrons que cette valeur ainsi définie (et contestable) rétroagit avec son environnement.

LES IMPERFECTIONS ET CONSÉQUENCES DU CONCEPT

Comme nous l'avons souligné, sur le plan méthodologique, la juste valeur ne reflète pas fidèlement la réalité, même dans le cas des marchés liquides (en raison notamment de la volatilité), et s'avère plus encore contestable dans le cas des évaluations d'instruments non négociés. Qui plus est, la construction de modèles de substitution (en l'absence de marché) peut s'avérer onéreuse au regard des objectifs atteints.

Suivant la nature des activités, cette affirmation a une portée différente. Dans les activités financières de marché, s'agissant de titres homogènes et bien définis juridiquement, l'adhésion au concept de juste valeur est possible, sous réserve de cette régulation, de sa solidité en général et de l'admissibilité des contreparties en particulier. Elle bute toutefois pour les entreprises non financières sur l'obstacle déjà évoqué de la variation des taux qui ne doit plus affecter l'entrepreneur après la prise de décision. En matière industrielle et d'innovation, l'évolution des prix de revient de l'investissement est lente et faible (nucléaire, pouvant être affecté par l'élément de substitution le plus abondant, le gaz…), et surtout imprévisible (aléas du succès d'une innovation ou de l'adoption du produit au marché). Il faut aussi intégrer les facteurs exogènes : le marché concurrentiel des innovations qui peuvent à tout moment rendre un produit dépassé ou l'évolution de valeur d'une matière première en rendre le coût de production excessif par rapport aux alternatives du marché, interdisant toute actualisation sérieuse. Cette idée d'un modèle entrepreneurial figure bien désormais dans le projet de révision de la norme IAS n° 39.

La « main invisible » du marché existe bien[1] mais c'est pour attester de son existence ou de sa disparition. Lorsque la valeur n'est plus adaptée à la situation dont les échanges dépendent, ce qui arrive (par exemple le nombre de transactions immobilières va dépendre des prix affichés et de l'idée que se fait l'investisseur ou le vendeur de ceux-ci par rapport à ses capacités et anticipations notamment à l'égard des taux d'intérêt sur la dette), dès lors, le marché disparaît. Le concept de juste valeur a été développé pour un contexte précis où les créances sont homogènes et leur débiteur domicilié sur un territoire défini.

L'erreur a été de croire que tout bien économique pouvait être négocié sur un marché financier, et que tous les instruments qui y seraient traités deviendraient interchangeables, liant ainsi entre eux ces marchés. Ainsi fallait-il généraliser la transformation des biens en titres incorporels interchangeables pour les traiter sur des marchés financiers régulés ou non, quelle que soit la nature des biens échangés, leurs caractéristiques ou leur durée d'existence. Au-delà des caractéristiques objectives propres à chaque bien (foncier, créance, machine…), cette démarche faisait fi des problèmes juridictionnels et des règles territoriales. Elle véhiculait l'idée novatrice séduisante, mais fausse, que tout bien pouvait se transformer en flux financiers. Elle portait à croire que le marché faisait la valeur. Or celle-ci est le résultat de ses compo-

---

1. Voir Adam Smith, *La Richesse des nations*, et l'intervention de Gary Gorton, professeur, Yale school of management, lors de la conférence de la banque fédérale d'Atlanta le 11 mai 2009 : « Slapped in the face by the Invisible Hand: banking and the panic of 2007 », Jackson hole conference, août 2008.

santes, la nature des biens sous-jacents, mais aussi la qualité des parties à l'échange et leur évolution dans le temps.

À cette erreur générique s'est ajoutée une erreur conceptuelle du normalisateur sur la possibilité de segmenter les bilans en leur appliquant des méthodes d'évaluation différenciées, dont les conséquences sont à l'opposé de l'objectif recherché par la FED et la SEC dans les années 1980.

La juste valeur n'a de sens que si elle s'applique à tous les éléments du patrimoine. Si elle se limite à certains d'entre eux (par exemple les instruments financiers indépendamment de la capacité du porteur à les conserver, contrairement à la situation qui prévalait avant la crise des Savings & Loans de 1981), se pose immédiatement le problème du classement des instruments financiers selon ce critère de la capacité de portage auquel le normalisateur voulait mettre fin. Ce classement donne au chef d'entreprise ou à l'arrangeur financier la possibilité de donner au sein d'un même bilan des valeurs différentes à un même élément de patrimoine, en fonction de son adossement et de sa durée de conservation. C'est précisément ce qui avait permis la dérive des années 1980, lorsque les taux d'intérêts ont connu des variations de grande amplitude, d'abord à la hausse pour protéger le dollar et ensuite à la baisse pour relancer l'économie. Si seuls les éléments actifs d'un bilan sont soumis à variation, le sort de l'entreprise est scellé et sa perte déterminée. Toute baisse réelle ou anticipée va détruire les capitaux propres, puisqu'à un ajustement des valeurs à l'actif ne correspondront pas une évolution des passifs. Le seul effet d'anticipation des marchés, comme dans le cas d'une hausse des taux, va balayer la confiance dans les comptes. C'est ce qui s'est passé en 2007 avec pour conséquence le gel du marché interbancaire et le rasage (*hair cut*) de certaines banques à qui le système non bancaire a demandé le remboursement de ses avances de trésorerie sans risque garanties par des gages. Ce faisant, le système bancaire, à court de liquidité, a lui-même réduit ses avances à l'économie.

Les conséquences systémiques de la juste valeur apparaissent ainsi en filigrane de la revue des problèmes méthodologiques. Il se révèle faux de croire à la vertu de neutralité de la juste valeur à l'égard de son environnement. Le caractère instantané de la prise en compte de résultats par la valeur de marché peut rendre impossibles tant les investissements en équipements et en recherche que les montées en puissance des volumes. En effet, dans un premier temps les seuils permettant de faire apparaître des profits ne seront pas atteints : les investissements sont préalables à la production et à la vente d'un produit. La méthode dissuade les prises de risque et favorise le « courtermisme ».

Nous avons déjà indiqué que la valeur du temps diffère selon les agents économiques. La vision à court terme de la juste valeur joue au détriment du monde industriel dont le cycle s'inscrit dans la durée (liée à l'amortissement de ses investissements qui peuvent atteindre plusieurs dizaines d'années dans l'infrastructure). Il peut ainsi tuer une économie par ses effets indirects. C'est l'origine de la création d'agences spécialisées et de mécanismes bonifiés de financement, pour assurer dans des conditions non fournies par les marchés financiers les ressources en capitaux longs nécessaires à la conception, la construction et l'exploitation de grands ouvrages et de grands investissements scientifiques et industriels. Les caisses de garantie des créances immobilières (Fanny Mae, Freddy Mac…), mais aussi les fonds stratégiques d'investissement dans le domaine industriel relèvent de cette logique.

LA « *FULL FAIR VALUE* », RÉFORME DE LA *FAIR VALUE*

Pour répondre à ces dysfonctionnements, les normalisateurs de l'IASB ont qualifié la juste valeur d'étape vers la « *full fair value* » avec le projet d'IAS n° 157. Une entreprise pourrait reprendre dans sa situation nette la dépréciation de sa dette sur les marchés. En simplifiant, toute dégradation de la situation d'une entreprise (par la notation de ses instruments de dette) ou toute hausse des taux généreraient des profits. Ainsi, à une dégradation des marchés affectant les actifs d'une entreprise, la dépréciation de ces actifs dans les comptes s'accompagnerait d'une diminution corrélative de la valeur de ses passifs et ainsi la situation nette de l'entreprise serait préservée.

Une entreprise en situation difficile pourrait afficher une bonne santé comptable par ajustement à la baisse de sa dette aux valeurs de marché dans son bilan. S'il devait prospérer en l'état, ce projet mettrait définitivement un terme au financement des activités à cycle long comme l'industrie ou les infrastructures. Ses défenseurs argumentent que le projet permet *a minima* d'éviter la production généralisée de bilans à capitaux propres négatifs, dans le cas d'une chute brutale des marchés et donc de la valeur des actifs, comme cela a failli être le cas à l'automne 2008 avec l'application de la juste valeur sans variation corrélative de la valeur des passifs. Mais on ne saurait justifier l'application d'une norme inappropriée la plupart du temps par la nécessité de pouvoir « gagner du temps » dans des situations ponctuelles de crise aiguë. Au demeurant, le normalisateur a choisi pendant cette crise une voie tout aussi efficace en suspendant simplement pour une durée limitée l'application de la juste valeur (FMV, *fair market value*). Cette exemption temporaire autorisait le reclassement de certains actifs devenus non négociables, pour en permettre le transfert dans les actifs à comptabilisation classique (selon le statut du débiteur et le flux déterminé à l'acquisition) et ainsi arrêter la procyclicité du dispositif. Il n'envisageait nullement de revenir sur le concept lui-même[1].

Les normalisateurs souhaitaient toujours en août 2009 faire aboutir leur projet d'application généralisée du concept de la *full fair market value* (FFMV) comme pour affirmer à nouveau leur indépendance[2]. La déclaration du FASB/FAC du 1er août 2009 précisait même que l'objectif était d'étendre son application aux portefeuilles de créances[3].

L'imagination a trouvé ses limites et cette idée est heureusement restée dans les cartons[4]. Ce n'est que le 12 octobre 2009, et sous la

---

1. « *Challenge in auditoring fair value in the current market environment* », *Staff audit practice alert*, octobre 2008.
2. Florence Guedas, « La juste valeur critiquée mais consacrée », *AGEFI*, 18 novembre 2009.
3. Site Web du FASB.
4. Un projet soumis à discussion a recueilli des avis très partagés mais surtout a généré une casuistique non viable distinguant entre les causes de changement de valeur pour comptabiliser ou non celle-ci (changement du crédit de l'émetteur, changement des taux) et mis en évidence la problématique des variations de valeur intervenues avant l'entrée dans le bilan et après.

pression des gouvernements européens et notamment de la France, que l'IASB proposera dans son projet de réforme de l'IAS n° 39 (1re phase instruments financiers[1]) d'ouvrir la possibilité pour les détenteurs d'instruments financiers pouvant être portés jusqu'à leur échéance de revenir à une évaluation en coût amorti (nouvelle dénomination du coût historique moins dépréciation pour risque de liquidité et perte). Alors que l'IASB cherchait sous la pression de négociateurs à résoudre les problématiques en autorisant simultanément deux systèmes entre lesquels les entreprises choisiraient, le FASB a heureusement innové en suivant une approche semblable à celle que nous avions proposée d'un double système simultané. Le 26 mai 2010, le FASB a publié un projet prévoyant que les établissements bancaires présentent leurs comptes à la fois en coût amorti et en valeur de marché.

Ainsi, le FASB, désormais en présence du Trésor et de la SEC divergeait-il définitivement des accords de convergence (dits de Norwalk) en soutenant les projets (sujets 220, 815 et 825) concernant le traitement des instruments financiers, des dérivés, des activités de couverture et du résultat global du 26 mai 2010. Ce projet appréhende la question de l'opacité créée par une juste valeur réduite comme celle du projet IASB et admet la nécessité de garder le coût amorti. Le raccordement entre les deux concepts est réalisé par un « *comprehensive income* » rénové (sujet 220) qui distingue résultat net et résultats non réalisés correspondant aux effets de change et aux changements de valeur des portefeuilles d'instruments financiers par la juste valeur. À ce titre, le projet apporte une vision plus claire des bilans bancaires puisque tous les instruments y sont traités de manières homogènes en ne laissant ouverte que la question de la définition de ces derniers. De plus l'approche adoptée permet de comparer « l'altitude » de la valorisation en juste valeur avec les valeurs historiques. Comme le parachutiste, informé à la fois sur son altitude et sur les résistances de son parachute, cette vision est indispensable aux marchés et ne doit pas rester réservée

---

1. Qui en comprendra encore deux autres d'ici fin 2010, d'abord sur le provisionnement des risques de crédit puis sur les instruments de couverture.

aux seuls organes de surveillance. Néanmoins, ce projet reste inacceptable tel que car il place les valeurs « évaluées » au même rang que les valeurs historiques, ou au « coût amorti » alors que leur nature, leur sécurité et leur stabilité sont différentes. Le lecteur doit donc les interpréter sans nécessairement en comprendre la portée.

Chapitre 8

La désintermédiation
et la couverture des risques

Étendue au-delà de ce pourquoi elle avait été conçue (tout flux futur est susceptible d'être titrisé), la titrisation a été victime de son succès. Par la segmentation, les détenteurs étaient isolés les uns des autres et nullement ou très peu concernés par les évolutions financières des gages sous-jacents et de leur propriétaire, un citoyen. La titrisation permet en effet de transformer un portefeuille de créances en un instrument financier dans la mesure où il devient négociable, et ainsi de lui faire subir des variations de valeur sans qu'elle soit liée à des facteurs multiples comme est liée l'économie. L'avidité du monde financier et les carences de la norme comptable ont fait le reste.

LA TITRISATION

La titrisation procède tout d'abord de l'idée ancienne qu'une créance est susceptible d'être cédée. Elle se conjugue donc avec la juste valeur car la cession d'une créance ne peut en droit se faire qu'au prix équitable : la juste valeur.

Pour opérer non pas la cession d'une créance mais d'un portefeuille de créances, il faut d'une part en déterminer le prix, et d'autre part réaliser un montage juridique permettant les cessions de créances et l'encaissement des flux d'intérêts et de remboursement au profit de l'acquéreur.

Le processus de titrisation transforme une créance en un droit à recouvrer un capital et à percevoir une rémunération sous forme le plus souvent d'intérêts et de flux financiers futurs. En conséquence, selon son degré de certitude lié à la capacité du débiteur à l'assumer dans le temps et à la qualité des garanties en cas de défaillance (exécution du gage), ce flux est quantifiable. Pour le valoriser, il suffit de calculer la moyenne statistique des risques de défaillance et de ceux liés à la valeur du gage et à ses coûts d'exécution. On doit également prendre en compte la probabilité de remboursement anticipé par les débiteurs en cas de baisse des taux. Ceci est rendu possible par le rassemblement d'un nombre suffisant de créances homogènes dans leurs caractéristiques juridiques. À partir des constats faits sur les défaillances et autres événements passés, il est possible d'en extrapoler la survenance future dans le temps. L'appréciation des risques permet aussi après quantification d'en assurer la couverture, soit par des dépôts, soit par l'achat d'une prime auprès d'un assureur.

Ainsi, une entreprise financière ou industrielle peut-elle céder à un prix convenu mais immédiat ses créances auprès de tiers. Par le biais d'un « arrangeur », celles-ci auront généralement été mises dans un fonds commun de créances (FCC), dont des parts seront négociables. Ces fonds comportent le plus souvent des parts garanties et des parts en risque, avec en interne une réserve de garantie, calculée pour faire face aux défaillances et aux remboursements qui pourront affecter le rendement et ainsi protéger dans une certaine limite les deux catégories de parts. Le cédant des créances se trouve en conséquence déchargé du risque de recouvrement, délégué à d'autres spécialistes. Évidemment, ces opérations sont génératrices de commissions, d'honoraires et de marges qui sont d'autant plus importantes que les risques sous-jacents et la complexité des montages sont eux-mêmes importants.

Les marchés des créances titrisées portent essentiellement sur le financement immobilier (*mortgage backed securities*) mais existent également dans le champ du crédit à la consommation et toutes sortes de produits gagés (ABS), permettant aux opérateurs de mobiliser immédiatement leurs créances. Les divers processus de cession de créances (la titrisation n'est que l'un d'entre eux et chaque pays important possède en outre ses propres mécanismes, tout spécialement en matière immobilière mais aussi de crédits d'équipement) ont apporté une contribution utile aux opérateurs financiers et aux industriels en permettant une circulation monétaire plus sécurisée et plus rapide.

Mais la titrisation a également été utilisée comme un produit de défiscalisation. Les excédents financiers des années 1980 ont été reclassés dans des cadres juridiques évitant les prélèvements fiscaux auxquels sont normalement soumises actions et obligations (retenues à la source prévues par les conventions fiscales bilatérales). Des structures sous forme de fiducies localisées dans des pays *ad hoc* améliorent la sécurité juridique pour le bénéficiaire des gages. L'important ici est que le paiement des intérêts ne supporte pas de retenues à la source par la fiscalité qui affecterait la rentabilité.

Le financement de la titrisation par les déficits commerciaux

Un importateur américain reçoit une marchandise d'Asie. Il crédite le compte de l'exportateur en Asie du montant prévu – par exemple 100 dollars – enregistrés par la banque centrale de l'exportateur. Tous les mouvements en dollars sont centralisés pour le compte du FED dans une banque de clearing aux États-Unis, de même que la BCE centralise tous les mouvements en euros.

Dans la comptabilité nationale américaine, le compte des paiements va désormais avoir une dette à l'égard du système Asie. La créance de 100 dollars peut librement circuler. Elle pourrait cependant, suivant la législation de l'exportateur, rester sous son contrôle s'il n'avait pas d'obligation de cession de ses devises. Dans ce cas, sa banque commerciale en disposera.

Lorsque l'importateur dispose d'un compte en dehors de la juridiction où il est localisé, à Dubaï, à Londres ou à Hong Kong, la banque concernée va pouvoir opérer ce compte « non résident », et utiliser les 100 dollars déposés qui sont fongibles. Ils peuvent être échangés entre agents non résidents, ou cédés contre d'autres devises entre non-résidents des États-Unis. Rien ne se passe vraiment dans les comptes nationaux américains car le solde à cet égard reste inchangé :

– soit, ils sont utilisés pour investir dans des instruments financiers et de dette américains achetés sur les marchés américains auquel cas ils reviennent par le système bancaire pour compte du FED ;
– soit, ils sont utilisés pour investir en biens corporels ou en entreprises aux États-Unis auquel cas les 100 dollars reviennent également ;
– soit, ils sont utilisés pour une transaction d'importation des États-Unis.

159

Ainsi, le déficit commercial accumulé américain a nourri la possibilité pour les banques de lever des fonds de financement, par ailleurs nécessaires aux grandes opérations d'exportation libellées en dollars émanant d'autres zones monétaires.

L'adage, « la mauvaise monnaie chasse la bonne[1] » s'applique, car la « disponibilité » de la devise va pousser les opérateurs à l'utiliser et autoriser l'émetteur premier à l'émettre pour combler ses déficits opérationnels.

En fait, dans un système de change libre, les 100 dollars sont volatils car leur sort dépend des décisions soit d'une banque centrale à laquelle ils ont été cédés, soit d'un agent économique non résident de la zone dollars qui pourra en faire ce qu'il veut y compris s'ils ont été investis en dollars aux États-Unis les en retirer.

Leur sort dépendra notamment des taux d'intérêts sur les marchés du dollar. Il dépendra aussi de la capacité des banques centrales d'autres zones à en décider. En particulier, la Banque centrale de Chine dispose d'un stock de 2,2 trillions de dollars qui n'est que la partie déposée dans le système chinois du déficit accumulé américain.

Du fait de la libre vie du solde, la connaissance de ses détenteurs n'est qu'hypothétique. Du fait de la globalisation, le pouvoir financier sur ces dollars est inconnu.

LE REMPLACEMENT DES CRÉDITS PAR LA TITRISATION À L'EFFET PROCYCLIQUE

Le développement de l'ingénierie financière et des marchés de capitaux a fondamentalement modifié la structure de financement de l'économie depuis vingt ans. Historiquement, source quasi unique de crédit, les banques commerciales ont été progressivement supplantées par les institutions de marché, notamment au travers de la titrisation.

Aux États-Unis, les acteurs les plus actifs sur ces marchés ont été les institutions de marché dont le total des actifs dépassait celui des institutions bancaires au deuxième trimestre 2007[2].

---

1. Dite loi de Gresham, du nom de son auteur Thomas Gresham dont un auteur de l'encyclopédie Wikipedia indique (voir historique de la monnaie) sans que nous ayons pu vérifier ce point, qu'elle aurait été déjà énoncée par l'astronome germano-polonais Copernic (1473-1543) : « La monnaie se déprécie quand elle devient trop abondante. »
2. Institutions de marché : 17,6 trillions de dollars (dont 4 pour les émetteurs d'ABS), institutions bancaires 12,6 trillions (source : FED).

160

Cette première étape a donné aux acteurs économiques le sentiment d'une offre de liquidités abondantes. L'histoire économique a montré que ce sentiment constituait en général le signal d'une crise proche, ce que l'endettement croissant des ménages laissait également présager, avec des créances hypothécaires qui atteignaient 11 trillions de dollars mi-2008 aux États-Unis.

Dans la phase de déclenchement de la crise, l'assèchement du crédit sur les marchés de capitaux depuis mi-2007 serait passée inaperçue dans une analyse limitée aux crédits bancaires traditionnels (M2). Tous les intermédiaires, y compris les banques commerciales dont les dépôts ne couvrent pas la totalité des besoins de financement, doivent emprunter sur les marchés. Mais au contraire de celle des courtiers, asséchées en période de crise, les ressources financières propres des établissements bancaires leur permettent de poursuivre leurs activités. Les banques commerciales jouent un rôle d'amortisseur et la taille de leur bilan masque les effets marginaux de défaillances de crédits, du moins pour celles qui n'ont pas succombé aux sirènes des activités de marché.

L'effet procyclique du financement de l'économie par les marchés explique le resserrement brutal du crédit et le caractère nouveau de la crise de 2008. Avec la titrisation, le financement d'infrastructures lourdes, ferroviaires ou maritimes, d'avions, se trouvait facilité dans le contexte de réduction du champ d'intervention des États. Le financement industriel était allégé par la cession des créances dont la gestion pouvait même être déléguée. Le financement bancaire était augmenté par la cession de portefeuille de crédits et la libération des capitaux propres mis en regard (ratios Cooke) affectables à de nouveaux crédits. En limitant le rapport des engagements par rapport aux capitaux disponibles, la régulation Bâle II favorise de fait le développement de la titrisation. Ce modèle n'est en fait pas nouveau puisque la croissance du secteur immobilier aux États-Unis a été encouragée par la création d'agences de garantie des créances permettant leur cession sur des marchés organisés.

On notera que cette évolution accélère la désintermédiation puisque l'activité même de crédit se trouve ainsi réduite à la distribution et non au financement. Ceci aura des conséquences sur les interventions des banques centrales, qui dépendent directement de la capacité des banques commerciales à financer elles-mêmes leur distribution. Les *spreads*[1] sur les taux sont déterminants. Si les marges sont élevées et couvrent les pertes statistiques, les banques prêtent. À défaut de refinancement *ad hoc,* elles s'abstiennent.

LA CRISE ANNONCIATRICE DES SAVINGS & LOANS

Au lendemain de la Seconde Guerre mondiale, les États-Unis avaient été confrontés au défi de la reconversion industrielle et humaine avec le retour d'une classe d'âge à la vie civile. L'accueil des anciens combattants passait notamment par le financement et la construction de logements pour leur permettre de fonder des foyers. Le gouvernement avait donc garanti les dépôts des particuliers dans les Savings & Loans (caisses d'épargne), leur permettant d'accéder à des ressources moins chères. En contrepartie, ces établissements accordaient des crédits immobiliers à long terme aux particuliers, en bénéficiant des dispositifs de caution des crédits éligibles en raison des caractéristiques des emprunteurs. Au début des années 1980, le Congrès vote deux lois d'assouplissement du fonctionnement des Savings & Loans pour dynamiser leur politique de prêts dans un contexte économique en stagflation depuis le premier choc pétrolier.

L'assouplissement des facilités de crédit autorisées (ouverture de comptes et distribution de cartes de crédit aux particuliers) et l'entrée en vigueur d'incitations fiscales pour le traitement des crédits défaillants conduisent de nombreuses caisses d'épargne à adopter des politiques agressives. En 1985, la Home State Saving Bank de Cincinnati est la première à faire faillite, suivie rapidement par de nombreuses autres caisses d'épargne.

La FED demande que les comptes lui soient présentés en distinguant les prêts actifs de ceux défaillants (*non performing*) avec une estimation en prix de marché des gages. Elle réclame que les portefeuilles soient détaillés et classés par région selon de multiples cri-

---

1. Différence entre le taux fait aux prêts et le taux de refinancement.

tères mais en l'espèce, ceux-ci ne concernaient que des créances fongibles, dans une seule devise, avec des voies d'exécution similaires qui permettaient des évaluations homogènes (ce qui ne sera pas le cas des produits titrisés avec la crise de 2008). Ainsi, avec un processus *ad hoc,* il a été possible de faire racheter les portefeuilles des Savings & Loans dont l'activité devait être arrêtée par une administration à durée de vie limitée créée à cet effet pour porter ces créances, et de les revendre ensuite au plus offrant, la Resolution Trust Corporation (RTC). Au total, sur les 3 200 établissements existant en 1986, un quart seront liquidés (714 banques), un autre quart absorbés (ils ne seront plus que 1 600 fin 1995), et le coût pour le contribuable s'élèvera à 154 milliards de dollars.

L'expérience coûteuse de la crise des Savings & Loans avait démontré que le système d'adossement à des dispositifs de garantie trop larges et étatiques favorisait les dérives, sans pour autant constituer un avertissement suffisant à éviter la crise de 2008.

La garantie de créances, amplificateur de la titrisation

Les mécanismes de garanties de créances améliorent structurellement la valeur de cet instrument financier en réduisant son risque et par conséquent le transforment en un instrument plus liquide. La garantie d'un tiers (État ou agence fédérale, CDS...) a sur le gage l'avantage fondamental de permettre une coupure totale entre cédant et cessionnaire. Elle permet ainsi de rendre les produits titrisés extrêmement liquides, puisqu'ils bénéficient comme la monnaie d'une garantie supérieure (État ou marché). Ainsi, par exemple, peuvent-ils servir de gage dès lors qu'ils ont été souscrits par des investisseurs non nécessairement bancaires afin de refinancer le système bancaire au risque de ce dernier de se voir réclamer un remboursement partiel ou total en cas de changement de valeur du gage.

Garantie et titrisation trouvent leur origine dans la création préalable d'une dette. Celle-ci est vertueuse si elle est destinée à financer des investissements créateurs de richesse.

Compte tenu du faible taux d'épargne des ménages, le gouvernement américain a créé des agences de garantie des créances hypothécaires (Fannie Mae et Freedie Mac[1]) permettant une bonification des taux prêteurs du fait de leur seule garantie. Ces créances bénéficiaient déjà d'un système juridique garantissant un recours facile contre le débiteur défaillant par la saisie du bien financé. Le Crédit Foncier a eu la même mission en France.

Comme pour les Savings & Loans, l'une des critiques portées à l'encontre de ces institutions a été de nature comptable. Tenant leurs livres en valeur historique, la dépréciation des créances n'a pas été faite en temps voulu pour constater la défaillance des débiteurs, pendant que la valeur de leur gage s'était affaissée.

Les dettes homogènes, nombreuses, et de volume très élevé ne posent pas de problème tant qu'une crise immobilière n'affecte pas la valeur des gages. Mais les créances hypothécaires, éligibles ou non au réescompte d'organismes spécialisés ou à des garanties (de Fannie Mae ou de Freddie Mac par exemple) ne sont qu'une catégorie de dettes. Pour que les marchés puissent avoir une vision globale intégrant notamment les autres éléments comptables se sont développées les agences de notation qui évaluent les créances et les véhicules juridiques dans lesquels elles figurent. Nous y reviendrons.

Au final, grâce à ces dernières, la dette proposée au particulier s'est diversifiée en durée (dette « ballon » sans remboursement avant terme, avec franchise, avec des taux variables et plafonnés et toutes les combinaisons possibles), et en nature des biens financés toujours plus élargie (cartes de crédit). Elle a en outre

---

1. Fannie Mae (Federal National Mortgage Association), créée en 1938 dans le cadre du New Deal totalisait en 2007 un bilan de 882 milliards pour une situation nette de 44 milliards. Cotée en bourse, Fannie Mae, a été placée sous tutelle de la Federal Housing Finance Agency (FHFA) en septembre 2008 suite à la crise des *subprimes*. La Freddie Mac (Federal Home Loan Mortgage Corporation) est sous la même tutelle mais était restée cotée en bourse. Les deux institutions détiennent ou garantissent environ la moitié du marché hypothécaire américain, soit 14,5 trillions (Q2 2009 source FED), équivalent au PIB américain.

offert au citoyen la possibilité de réduire son épargne sur la base d'un effet microéconomique simple, l'enrichissement par la hausse des valeurs de l'immobilier à caractère incertain, mais en même temps d'accroître son endettement, ce qui constitue un effet « macroéconomiquement » déterminant et certain. En cas de difficulté, le consommateur devra céder sa maison. Ainsi s'explique le déclenchement de l'effet de seuil en cas de mouvement généralisé. L'exécution juridique du gage accélère l'effet de baisse des valeurs, qui elle-même a pour conséquence de mettre également à mal les notations. Dès lors, les créances hypothécaires chutent par effet de seuil global puisque les gages seront en vente et n'ont plus de valeur instantanée, les acheteurs eux s'abstenant par anticipation de cet effet.

L'EXTENSION DU CHAMP DES DETTES ET DES GARANTIES

Même si elles n'ont pas le même débiteur, les dettes des ménages, des entreprises et des États peuvent un jour se confondre dans l'hypothèse où l'État devrait agir en prêteur de dernier recours. C'est ce qui s'est passé en 2008 lorsque les États ont dû rétablir la solvabilité des banques en rachetant leurs actifs par le TARP (*troubled assets recovery program*), en garantissant des émissions nouvelles de dettes, et en souscrivant à des augmentations de capital (Royal Bank of Scotland, ING, Dexia, BPCE).

Ainsi, le concept de créance sur un débiteur ne suffit-il plus à rendre compte des situations. Le statut du détenteur et du débiteur, notamment vis-à-vis de leurs banques centrales respectives, doivent être pris en considération. C'est ainsi que le sauvetage d'AIG par le contribuable américain a permis à la Société Générale de percevoir 11,9 milliards de dollars au titre de ses couvertures CDS qui auraient été perdus en cas de faillite de l'assureur. C'est ce qu'essayent d'apprécier les agences de notation en reclassant les créances et dettes au sein des entreprises émettrices. Ces dettes seront jaugées par rapport à d'autres types d'émission et par rapport aux engagements pris ou à prendre par l'émetteur. La dette de l'industrie automobile américaine n'est pas de même nature que celle de l'industrie allemande. La première a besoin de reconstituer une marge de manœuvre industrielle et technologique dont dispose déjà la seconde. Les engagements nécessaires à la survie d'une entreprise ont un effet sur sa valeur en fonction de leur importance (investissements qui affectent le *cash flow* des industries dites lourdes mais aussi celles ayant des besoins technologiques permanents d'où la notion de *cash flow* libre).

LES AGENCES DE NOTATION

Pour pouvoir rendre les créances ou les instruments comparables, qualité nécessaire pour accroître le nombre d'intervenants, d'investisseurs et de spéculateurs sur les marchés, un dispositif de notation s'est développé et a été adopté. Ce sont les agences de notation, dont les trois principales sont Standard & Poors, Fitch Ratings et Moody's. Le rôle de ces agences, organismes privés, a vite été reconnu pour noter les émetteurs, leurs émissions, et les produits. Pour l'émetteur comme pour l'acheteur, la notation apporte le confort d'une caution morale, ce qui facilite la transaction et réduit la portée des critiques en cas de déconvenue ultérieure. Le développement de bonnes pratiques au sein des entreprises a conduit à une généralisation de la notation des placements. Pour céder des actifs et réduire le coût de leurs ressources financières, les émetteurs ont progressivement été obligés de faire noter leurs émissions.

On ne manquera pas de noter que la notation ne confère pas de qualité supérieure ou inférieure à un papier autre que sa notation elle-même. À l'inverse, elle permet aux investisseurs de profiter de meilleures conditions s'ils sélectionnent une émission non notée bénéficiant d'un taux de rendement plus élevé.

Comme d'autres agents de la chaîne financière (les auditeurs externes par exemple), les agences de notation sont accusées d'être en conflit d'intérêts car leur rémunération provient de l'émetteur dont elles notent la dette.

Mis à part la Coface en France, les principales agences sont anglo-saxonnes. Cela n'aurait aucune importance si elles ne bénéficiaient pas d'un privilège judiciaire spécifique aux États-Unis : le principe constitutionnel de la liberté d'expression permet en effet à chacun d'exprimer une opinion sur un tiers sans risque de poursuites judiciaires, si celle-ci devait avoir des conséquences négatives pour ledit tiers. Cet avantage conforte l'indépendance de ces agences à émettre une opinion sans risquer les foudres de l'entreprise, collectivité ou État noté. Cependant, cette immunité pourrait prendre fin en raison de plusieurs procédures en cours notamment par le très éthique fonds Calpers qui représente les intérêts (retraites) des fonctionnaires de Californie.

Cette dernière procédure, qui vise les trois grandes agences, porte sur l'absence de mise en garde sur la notation des fonds de titrisation avant la crise, et illustre l'évolution de la réflexion sociétale et sa transcription juridique vers un partage des responsabilités entre tous les acteurs d'un événement. Cette notion de responsabilité partagée apparaît comme un facteur modérateur. Un certain nombre d'économistes et de législateurs défendent ainsi l'idée selon laquelle ces acteurs, bien que couverts par des assurances professionnelles, devraient conserver une partie des dommages à leur charge pour mieux réfléchir à la portée de leurs actes (certification des comptes pour les auditeurs, décisions des membres des conseils d'administration, etc.).

La loi de réforme du système financier américain adoptée mi-juillet 2010 met en principe fin à cette immunité.

On peut aussi se poser la question de la légitimité des agences de notation à noter les dettes souveraines indépendamment de la monnaie de la banque centrale. En effet, il s'agit là d'un domaine où le soupçon de partialité existera toujours en raison de l'impossibilité de qualifier la valeur temps, différente pour chacun pour chacun des États comme nous l'avions relevé pour les sociétés. De surcroît, le lien entre le budget des États et leur banque centrale est difficilement qualifiable dans une situation de crise. Il ne nous semble pas souhaitable d'abandonner cette fonction à des acteurs de marché sans définition des règles du jeu. L'attribution par la nouvelle loi américaine de la tutelle des agences de notation à la SEC, un organe juridictionnel et réglementaire territorial, ne résout aucunement cette question en raison de la diversité des structures financières de chaque pays ou zone monétaire. Elle n'aura qu'un effet de rejet par les États et créera un risque de divergence de réglementation qu'il faut éviter. Nous recommandons vivement la mise en place d'un traité international sur le sujet.

L'EXCÈS DE DETTES

La dette accumulée du système financier et des États[1] constitue le principal ferment de la crise.

Tableau 8.1 – Dette brute exprimée en pourcentage des PIB (anticipation pour fin 2010)

	Ménages	Entreprises	Publics	Total
États-Unis	97,3	78,1	97,5	272,9
Royaume-Uni	64,3	33,4	81,7	179,4
Zone euro	53,8	53,2	83,8	190,8
France	46,8	38,8	86,0	171,6
Japon	66,6	72,0	177,0	315,6

Source : Société Générale (pour les trois agents économiques[2]).

L'Allemagne affiche un taux d'endettement de 180 % comparable à celui de la France, dans le bas de la fourchette de la zone euro. Nous ne faisons pas figurer les petites économies comme la Grèce et le Portugal déjà dégradés mais dont les économies très touristiques seront aisément soutenues par des dispositifs analogues à ceux déclenchés par la crise grecque dès lors que des plans budgétaires drastiques seront mis en place. En revanche, l'Italie qui se situe à 200 % et l'Espagne à 230 % peuvent générer des risques plus importants sur la zone et ainsi affecter mécaniquement la parité de la devise, ce qui ne manquerait pas de déclencher une

---

1. Un article du *Monde* daté du mardi 1er septembre 2009 donne des statistiques fournies par la Société Générale pour 2010 qui sont différentes : 272,9 % pour les États-Unis et 179,4 % pour la Grande-Bretagne.
2. Le total constaté ne correspond pas à une consolidation des trois catégories, car les ménages peuvent souscrire à la dette publique nationale ; en revanche il constitue un bon indicateur du risque.

guerre monétaire dangereuse pour tous. Contrairement aux anticipations des opérateurs, un retour à la réalité des déséquilibres qui affectent l'économie américaine et des exportations européennes ne pourrait que peser sur le dollar sans entraîner le moindre redressement. Bien au contraire, du fait de la rigidité des exportations américaines de produits manufacturés dans un contexte déflationniste où le prix des produits de base n'évolue pas à la hausse, une dégradation de la parité n'aurait que des effets pervers.

Les endettements ont été financés par des capitaux extérieurs et par l'épargne intérieure (voir chapitre 12). Pour les États-Unis, le financement de la dette publique a été rendu possible par les balances dollars externes, qui sont de la monnaie au sens des définitions des banques centrales (voir chapitre 2) mais que ces dernières ne contrôlent plus. Ces balances dollars n'ont pas de réelle contrepartie et n'ont été rendues possibles que par le caractère dominant de la devise américaine. Cette situation reste instable (surtout en cas de hausse de taux) malgré la reprise modeste de l'économie en 2010 : les volumes considérables de dette ne pourront être résorbés que sur le moyen et le long terme, exigeant des politiques économiques rigoureuses sur la durée.

Pour l'Europe, le financement d'une dette plus réduite a été assuré par des taux d'épargne élevés (plus de 15 % sur longue période selon Eurostat*) réduisant le risque systémique d'une rupture de refinancement.

Chapitre 9

La rencontre des marchés et de la norme comptable

LA MISE À DISPOSITION DE LA NORME COMPTABLE, SOURCE DES DÉRIVES

La dérive a d'abord été opérationnelle, sur la base de l'hypothèse que tout flux futur pouvait faire l'objet d'une titrisation. Elle présupposait qu'un actif pouvait systématiquement être transformé en instrument financier. Les grandes institutions financières américaines se sont lancées à l'assaut de ce nouvel Eldorado : Bear Stearns, Goldman Sachs, Lehman Brothers... La banque Drexel les avait précédées. Les ventes futures de billets de match de football, les recettes à venir d'une concession de service public, les créances bonnes ou mauvaises, mais surtout les mauvaises, toutes devenaient susceptibles de titrisation. La mécanique s'est enrayée sans considération de la nature hétérogène des créances visées et des risques de difficulté de recouvrement ou d'exécution des gages. Des refinancements en zones défiscalisées ont été multipliés afin de permettre la souscription des véhicules de titrisation à des capitaux internationaux dans des paradis fiscaux. Le travail de montage restait localisé dans les grands centres financiers et les bonus fleurissaient.

Les banquiers avisés cédaient en priorité leurs moins bonnes créances ou les plus volatiles. L'éloignement du souscripteur facilite souvent la déresponsabilisation, notamment en période de baisse des taux où les fonds vont être avides de rentabilité élevée, supérieure à leur propre rémunération pour continuer à offrir des rendements positifs. Chaque jour voyait apparaître de nouveaux concepts autour de catégories rapidement adoptées comme références, comme les MBS (*mortgage backed securities*), ou les CDO concernant des portefeuilles de créances plus variées.

La dérive a ensuite pris sa source dans l'idée que toute entreprise pourrait titriser l'ensemble de ses revenus futurs pour se concentrer sur sa seule activité de production. On atteignait grâce à la finance une sorte de pureté, un marché parfait. Les parasites liés à la situation financière de l'entreprise et cachant son efficience profonde étaient éliminés.

Parallèlement à cette approche s'est engagé un processus de *defeasance* caractéristique de l'affaire Enron. La désintermédiation du système bancaire se développait, les risques n'apparaissant plus dans les bilans, mais dans des entités *ad hoc*, les SPV (*special purpose vehicle*). Les SPV n'étaient pas consolidés dans les comptes de l'émetteur jusqu'à modification récente des normes.

S'il est facile de comprendre comment le mécanisme a pu accélérer la circulation de la monnaie, il reste à établir d'où provenaient les sources de liquidités. Comme nous l'avons indiqué au chapitre 2, l'argent disponible a largement été fourni par les déficits américains avec l'Asie qui, du fait de la désintermédiation, n'ont pas été totalement recyclés sur les marchés financiers réglementés traditionnels et pour la partie non rapatriée ont alimenté les *trusts* de *defeasance*.

Ces déficits commerciaux correspondent à des excédents équivalents qui ne se trouvent pas détenus sous les mêmes juridictions monétaires. Ils sont contrôlés par les banques centrales des entreprises exportatrices (principalement asiatiques). Leur caractère financier les prédispose à servir à souscrire à des dettes d'État (en particulier les bons du Trésor américain) ou à des instruments financiers attractifs (Sicav monétaires dynamiques comprenant une portion de produits titrisés). Les fonds de pension, notamment américains ont été une source considérable de ressources longues.

Une faculté de création monétaire désintermédiée et décentralisée

La juste valeur est d'abord un facteur de création monétaire puisque tout prix d'échange se retrouve au bilan, et peut être refinancé en théorie. À un prix d'échange de 100 correspond une créance du même montant susceptible d'être rachetée par un « conduit[1] » lui-même financé par des souscriptions provenant par exemple des excédents commerciaux chinois ou japonais. La difficulté réside dans l'absence de contrôle macroéconomique sur les totaux engendrés par cette désintermédiation au-delà de la solvabilité des parties[2].

Une fois le temps et le modèle économique disparus, une fois les risques disparus des bilans par la cession des créances, le principe de la juste valeur contraint l'agent économique à comptabiliser les éléments d'actif et de passif à la valeur de marché.

Tant qu'il était possible de transformer les bilans en instruments financiers, la question des capitaux nécessaires à leur détention ne se posait pas. Évalués au prix de marché (juste valeur) les instruments financiers sont cessibles, et les entreprises ayant accès à leurs marchés ne sont plus susceptibles de disparaître par manque de liquidité. La cession de ces instruments n'entraîne ni perte ni profit supplémentaire à l'entreprise que ceux dégagés par leur évaluation au jour le jour.

Or, on s'aperçoit que ces créances, reconditionnées au sein de fonds où elles ont été placées, ont déjà été améliorées par les traitements subis (fractionnement par qualité et effet statistique), puis allégées dans leur risque global de dépréciation (agence de rehaussement). Dans les comptes des détenteurs, leur valeur

---

1. Un instrument financier construit à partir d'une entité juridique spécialement créée à cet effet.
2. Voir Gary B. Gorton *et al.*, « Papier de travail 15787 » pour la U.S. Financial Crisis Inquiry Commission, National Bureau of Economic Research (NBER), février 2010, mais ne reflétant pas nécessairement les vues de cette dernière.

cumulée comme quasi-monnaie est devenue indépendante des évolutions macroéconomiques et de la valeur des gages sous-jacents. Cette valeur globale devient liée à l'ajustement de l'offre et de la demande sur les marchés financiers et bien sûr en même temps aux taux d'intérêts. Les garanties accordées contre les risques sont souvent accordées par des agents de la chaîne financière éloignés de l'analyse des rapports microéconomiques mais surtout qui ne peuvent pas se fonder sur des réalités, en raison de la fausseté des concepts comptables employés s'agissant d'établissements financiers.

On peut relever que la nécessité de rémunérer les opérations a pour effet d'encourager la juste valeur à la hausse, à l'occasion de la réalisation d'une titrisation.[1] La juste valeur rend la création monétaire non seulement possible mais même obligatoire. Ayant affaibli l'économie par son coût d'intermédiation et de circulation, elle va obliger à cette émission pour en compenser les effets, comme un corps humain cicatrisera les effets d'une plaie.

À la fin du processus, toutes choses égales par ailleurs, le système ne peut survivre à un PIB constant que soutenu par une baisse des taux. Le soutien de la dette et des bilans par une baisse des taux de la FED sans considération de la réalité économique est précisément le principal reproche adressé aujourd'hui à Alan Greenspan.[2] La baisse des taux encourage les réévaluations d'autant plus facilement que les valeurs comptabilisées ne sont plus liées à la valeur des biens sous-jacents, du fait de la norme. La chute n'est dès lors qu'une question de temps. À un instant donné, l'opérateur de marché estimera que les valeurs dans les comptes bancaires et dans les fonds alternatifs sont décalées par

---

1. Jean-François Serval, « Crise financière et information financière », *La Correspondance économique*, mardi 9 octobre 2007, page 29.
2. Alan Greenspan, né en 1926, a été président de la Federal Reserve Bank, la banque centrale américaine, de 1987 à 2006. « *He has been widely and extravagantly acclaimed by economic commentators* » (*The Economist*, 12 janvier 2006). Voir Jérôme Tucille, *The Life and Times of Alan Greenspan, the World's Most Powerful Banker*, Hoboken, New Jersey, 2002.

rapport à la valeur des gages. La suspension de ses interventions déclenchera immédiatement la disparition de la liquidité.

Dans une étude précitée de février 2010[1] destinée à la Commission d'enquête fédérale américaine sur les causes de la crise, un auteur reconnu, Gary B. Gorton écrit en conclusion : « *Repo is money.* » (Les dépôts en garantie auprès des banques sont de la monnaie.)

Il relève une dérive particulière – présentation différente du même phénomène – à savoir que les banques sous contrôle réglementaire vendent leurs prêts à un autre établissement financier, engendrant la formation d'un *shadow banking system*, le système bancaire occulte, système global mais essentiellement américain qui consiste pour une banque à trouver de la trésorerie auprès d'un autre banque en déposant en garantie des titres ; c'est le système du « Repo » précité. Évidemment, le prêteur surveille et anticipe le rapport de valeur entre le montant de son prêt et celle des titres qu'il a reçus en gage.

On notera, et ceci est très important, que comme il se doit, outre le fait qu'ils sont « sécurisés » comme on l'a expliqué, les titres gagés ne rentrerons pas en cas de défaillance de l'emprunteur dans la liquidation, ce qui a facilité le développement de ce marché intrabancaire au-delà du raisonnable, avec un sommet des émissions de titres hypothécaires aux États-Unis en 2002 à plus de trois trillions en rythme annuel[2].

La modélisation macroéconomique des comportements individuels

L'information a un rôle éminent puisque l'instant du doute est crucial. Sa détermination relève au moins autant de la sociologie que des modèles économétriques et constitue un problème complexe. À défaut de certitudes, il est *a minima* possible de calculer des probabilités d'occurrence. Certaines analyses classiques peuvent également être appliquées. C'est le cas par exemple de la « trappe à liquidités » keynésienne. À l'issue d'une période de baisse des taux, se propage le sentiment que la hausse des valeurs (qui en est la contrepartie mécanique) ne peut plus se poursuivre. L'inversion de la pente sera anticipée et se produira inexorablement.

---

1. Voir note 3, p. 85.
2. Source : U. S. Department of Treasury.

> Notons à cette occasion que le modèle de Keynes s'applique à l'épargne dans un modèle fini et non pas à l'économie contemporaine. Une erreur fréquemment répandue est de vouloir appliquer les modèles à des champs sur lesquels ils ne fonctionnement plus et d'en tirer par conséquent des conclusions fausses.

Ayant constaté son rôle dans la formation de la crise, on peut ensuite s'interroger sur l'impact de la désintermédiation pendant la crise elle-même. La véritable zone de fracture s'établit entre les instruments faisant partie du système (montages *on shore*) et les autres (*off shore*). Pour ces derniers, il y a fort à parier qu'ils ne seront pas honorés en l'absence de sécurisation et de l'ombrelle de la banque centrale de l'émetteur. C'est ainsi que les États-Unis ont pu faire payer une partie de leurs déboires par les souscripteurs asiatiques de leurs véhicules *off shore* ! Telle n'est pas la situation quand la création monétaire par la dette est restée dans le système. Les véhicules juridiques ont en général été mis en place par des établissements financiers qui leur accordaient des lignes de crédit. En cas de contraction des valeurs, les véhicules tirent sur la ligne, réduisant la liquidité de la banque ou au mieux réduisant sa capacité à distribuer d'autres crédits. Ce qui nécessite inévitablement l'intervention de la Banque centrale, pour éviter une faillite généralisée engendrée par la contamination de ces instruments au sein des établissements financiers.

On peut conclure que le début du cycle a certainement enregistré des gains de productivité, qui résultent probablement plus de l'apport des technologies de l'information et du Web[1] que de la finance en tant que telle. Ceci reste vrai aujourd'hui car cette innovation majeure a permis de méconnaître la localisation géographique humaine des déplacements de valeur et de compétence. En revanche, la juste valeur a bénéficié du fait que les acteurs du monde financier ont voulu croire à un enrichissement

---

1. Jean-Pierre Landau signale, à propos de la juste valeur, la déconnexion temporelle entre l'enregistrement immédiat des profits et l'identification des risques (conférence précitée du 4 mai 2009 à Madrid dans le cadre de Eurosystème, sur la « Procyclicité de la norme comptable, ce qu'elle signifie et comment la limiter »).

par des valeurs de marché croissantes alors que ces dernières n'étaient liées qu'à des variations de taux ou à une spéculation et non à des gains de productivité.

Le constat des effets pervers de la juste valeur

Comme nous l'avons relevé (voir chapitre 7), la juste valeur, au-delà des problèmes méthodologiques, pose surtout un problème systémique, par son impact sur l'économie. Elle joue en réalité un rôle central dans la création monétaire, qui n'avait pas été perçu à sa conception. Cette idée peut être décrite simplement de la manière suivante : en permettant la réévaluation des actifs d'une entreprise par l'application de la juste valeur, les comptables lui permettent d'accroître son endettement, autrement dit de créer de la monnaie. C'est un phénomène instable, puisque toute baisse ultérieure entraînera une réduction des dettes ou à défaut, la défaillance de l'entreprise. Il se distingue de l'effet d'inflation des actifs qui résulte dans les comptes de cessions d'éléments de patrimoine à des prix ayant varié par l'effet général du changement de valeur, que n'a pas une cession par nature d'effet individuel. La juste valeur va généraliser l'effet de prix et c'est à ce titre qu'elle est monétaire. Elle a un effet « directeur », celui des marchés de même nature que celui des décisions d'une banque centrale. C'est un monde inversé.

Illustrons dans ce paragraphe un mécanisme encore plus complexe et d'effet comptable mais affectant toutes les catégories d'acteurs : les banques ont pu reconstituer leurs fonds propres au détriment des intervenants de marché. Au cours de l'année 2009, anticipant un renforcement réglementaire des exigences prudentielles, de nombreuses banques ont émis des instruments financiers pour renforcer leurs fonds propres (Royal Bank of Scotland, KBC, ING…). Il s'agit en général de titres hybrides (actions de préférence à dividende garanti, obligations perpétuelles à coupon garanti, à taux fixe ou à taux variable avec pour référence les taux d'États). Ces titres ont été émis à des taux d'environ 8 % alors que les dettes d'État à dix ans avaient une rentabilité de 4 à 5 %, et que le marché monétaire à trois mois se situait en dessous de 1 %.

Ces papiers présentaient l'avantage d'entrer dans une catégorie de capitaux propres, selon la régulation européenne de Bâle (tiers 1) ou pour le moins procuraient des ressources sans terme (en général remboursable de la seule initiative de la banque émettrice), alors que les investisseurs fuyaient les actions de banque comme en attestent à l'époque le recours massif aux États en capital ou en garantie. Ainsi, en septembre 2009, la Société Générale et la Deutsche Bank émettent deux tranches, de 1 milliard et 1,3 milliard d'euros, avec des taux supérieurs (9,5 à 9,75 %) aux rentabilités des titres déjà émis dans cette catégorie.

La qualité de la signature des émetteurs concernés peut être considérée comme équivalente en raison de la garantie implicite des États. C'est pourquoi, très rapidement, les titres de tous les émetteurs s'ajustent à la baisse pour constater le nouvel indicateur des taux de la Société Générale et Deutsche Bank. Il en est de même pour les titres existants dont la cotation évolue pour atteindre ce taux de rendement effectif (voire un peu plus du fait de l'existence de phénomènes amplificateurs comme les ventes à découvert[1]).

Dès lors, les émetteurs anciens, du fait de la baisse de leurs propres titres, peuvent racheter (et non pas rembourser par anticipation) à un prix décoté leur propre papier et instantanément comptabiliser le profit. Ainsi, le 11 septembre 2009 des offres de rachats de titres[2] représentant un nominal total de 1,6 milliard sont faites par KBC à 70 % de leur nominal. Elles représentent une plus-value potentielle de 30 %, soit 200 millions après impôt, permettant à KBC d'améliorer ainsi ses fonds propres et ses ratios réglementaires.

Les titres perpétuels ont des vertus particulières pour les contrats d'assurance, car ils permettent de garantir à long terme des rentes

---

1. L'obligation ING 8 % décroche instantanément de 95 à 80 euros donnant ainsi un taux de rendement effectif de 10 %.
2. Titres émis par KBC Bank Funding Trust II pour 280 millions d'euros, par KBC Funding Trust III pour 600 millions d'euros, par KBC Bank Funding IV pour 300 millions d'euros et par KBC Bank pour 525 millions d'euros.

sans risque de baisse des taux auquel sont soumises les obligations remboursables. Ils dopent également les produits d'épargne à court terme d'une rentabilité élevée, alors que le marché monétaire, avec des taux très faibles, ne couvre pas les frais de gestion. La perte se trouve du côté de l'épargnant, entreprise ou particulier.

Cet exemple permet de comprendre que la gestion des taux par les émetteurs eux-mêmes leur permet de fixer et de gérer leur propre résultat et que la partie régulée de la courbe des taux (monétaire et emprunts d'État) a des effets aggravants. Les écritures comptables (les profits des émetteurs anciens) ne correspondent à aucune réalité productive pour une économie, mais elles facilitent des opérations qui se réalisent au détriment de l'épargne publique.

Nous ne tirons pas de morale de ces événements dont les détails et les motivations des décideurs ne sont pas publics, mais nous concluons que la généralisation de la juste valeur à la dette peut avoir des effets imprévisibles comme le caractère absurde de la segmentation des bilans. Dans le cas présent en effet, la norme comptable autorise bien entendu et même oblige à comptabiliser un profit réalisé, ce qui est le cas si le porteur accepte de céder ses titres d'un émetteur solvable à 70 % de sa valeur.

En revanche, le régulateur peut interdire les rachats de titres émis (des restrictions existent par ailleurs dans la plupart des droits aux rachats des titres de capital, dont la légalité et les prix sont encadrés).

La généralisation de la juste valeur peut générer une modification brutale des comportements et une gestion des taux irrationnelle pour l'économie et optimale pour les émetteurs. Ce phénomène macroéconomique aura un impact sur le PIB et le budget de l'État.

La segmentation ne résout pas la difficulté puisque rien ne peut interdire, mis à part dans le champ réduit du capital (légal) les cessions d'actifs et de passifs, sauf à revenir en arrière dans son principe sur un progrès qu'a été la titrisation.

L'IMPOSSIBLE MESURE DE CETTE NOUVELLE CRÉATION MONÉTAIRE

L'impact macroéconomique des normes comptables reste un champ d'analyse à approfondir. La Banque de France s'est ainsi penchée sur celui de la juste valeur sans apporter de véritables solutions mais plutôt un constat général : « L'un des problèmes le plus difficile à résoudre tient au fait que l'application généralisée de mesures individuelles raisonnables n'aboutit pas systématiquement à un cadre macroéconomique sain [...] Lors de la récente crise, la situation et les effets macroéconomiques se sont révélés pires encore, puisque la première répercussion de la crise a consisté en un retour forcé de l'intermédiation au sein des bilans bancaires en raison de la réintégration des véhicules hors bilans (SPV) ce qui en plus des pertes en juste valeur a exercé une pression considérable sur les ratios de fonds propres[1]. »

L'effet quantitatif de l'émission monétaire scripturale liée au simple changement des valeurs par la notation nécessite un raccordement macroéconomique des comptes des entreprises et des individus.

La contraction des valeurs a ainsi été estimée aux États-Unis en additionnant la baisse des valeurs mobilières et immobilières entre l'automne 2008 et septembre 2009 à 14 trillions, soit une année de PIB. Ce chiffre ne comprend pas l'effet induit sur la valeur incorporelle des entreprises lié à la baisse de leur rentabilité, pour celles qui ne font pas appel public à l'épargne. Il est en revanche probablement surévalué en raison de l'effet de balancier dans la liquidation qui peut aller au-delà du prix d'équilibre. On peut toutefois estimer par la stabilisation de certains indicateurs économiques que nous sommes désormais à ce point d'équilibre. L'ampleur des chiffres illustre la responsabilité qui pèse sur le normalisateur comptable.

Si l'on observe les chiffres américains du système bancaire, on a bien une valeur des prêts interbancaires gagés dite « Repo » mais

---

1. « La crise financière », *Bulletin* n° 2, Banque de France, février 2009.

justement, il s'agit d'une estimation construite non sur une juste valeur – d'ailleurs sous un contrôle régulier des agences *ad hoc* et des auditeurs externes – mais d'une valeur autoconstruite par tous les intervenants, celle à laquelle ils avaient loisir de prêter en corrigeant la juste valeur. Quand les prêteurs ont eu un doute sur les valeurs alors qu'ils avaient prêté sans risque – puisque garantis par un gage – ils ont réduit leurs prêts puisque la faillite de leur emprunteur ne les concernait pas. Selon le rapport à la Commission d'enquête sur la crise financière[1] manquaient en solde 2 trillions pourtant probablement distribués sous forme de prêts, somme insupportable par le système bancaire traditionnel. En ce qui concerne les particuliers, nous avons déjà souligné la hausse du patrimoine et le phénomène d'inflation des actifs. Il est plus difficile d'en mesurer la contraction des valeurs qui doit être segmentée selon les catégories d'actifs. Ainsi, la valeur du patrimoine non financier évolue de façon très différente selon les pays. Le patrimoine immobilier en France n'enregistre pas de dépréciations significatives, du fait du développement limité du marché hypothécaire et du faible niveau des taux d'intérêt en vigueur.

Faute de pouvoir préciser les chiffres (qui justifieraient des études complémentaires), on peut indiquer une tendance. Le système de la juste valeur a permis une création monétaire généralisée et non contrôlée à travers la réévaluation des actifs et passifs auxquelles elle s'applique.

L'importance de cette création monétaire amplifiée par la désintermédiation n'est pas directement connue car elle est mondiale. Du fait de la globalisation des échanges non nécessairement rattachés à un espace monétaire sous juridiction, elle n'est pas tracée par les banques centrales (les *defeasances* ayant constitué une composante importante de cette évasion comptable et fiscale). Celles-ci ne se mesurent que par la remontée des statistiques des

---

1. Gary. B. Gorton précise toutefois que la taille du marché des Repos était et est inconnue. Il en donne une estimation de 12 trillions, dont nous notons qu'elle est raisonnable car elle correspond aux volumes gérés par les agences de garantie hypothécaire.

banques placées sous leur juridiction, et celle des organes de surveillance étatiques. Les prêts aux banques commerciales et autres institutions admises ne constituent qu'une partie de la masse monétaire. Les balances monétaires internationales non réglées et notamment le déficit américain accumulé vivent leur propre vie, tout comme les valeurs qui résultent des ajustements aux prix de transactions dans les bilans privés et sont refinancés par des échanges désintermédiés.

Ainsi, seules les évolutions des PIB et des bilans des entités privées peuvent-elles donner une idée du contenu de la dérive sur la période observée. Pour pouvoir la mesurer, il faudrait que les comptabilités soient tenues en coût historique, et que les évolutions en dehors des débiteurs soient suivies jusqu'aux changements de valeur intervenant sur les créances ou les instruments, afin d'en comparer les montants. Si la juste valeur est une notion utile, elle ne peut être analysée qu'en la rapprochant du coût historique.

L'incapacité actuelle à mesurer la vitesse de circulation des créances ajoute une difficulté complémentaire.

Les conséquences macroéconomiques de l'absence de contrôle

Dans les années qui ont précédé la crise, l'économie mondiale a bénéficié d'une période de prospérité. Aux États-Unis, la création monétaire a dopé la consommation des ménages et les recettes fiscales, avec la hausse des recettes de l'impôt sur les sociétés et de la *sales tax* (taxe sur les ventes collectée au profit des collectivités locales), l'équivalent de la TVA européenne. Avec le recul, cette croissance artificiellement financée par la dette a eu des conséquences très négatives pour les États-Unis. Elle a non seulement creusé le déficit commercial, mais également encouragé la délocalisation des industries.

À l'inverse, elle a favorisé l'industrialisation des pays en développement du fait de l'acceptabilité du dollar par les créanciers. Nos critiques contre la juste valeur pourraient être contestées dans le cadre d'une analyse plus large sur le nouvel ordre économique international. Mais l'affaiblissement du dollar impacte négativement l'économie chinoise à plusieurs titres : d'abord, avec le ralentissement des exportations (et donc l'apparition de capacités de production inutilisées), ensuite à travers l'érosion inéluctable des réserves libellées en dollars, enfin, au regard des conséquences sur la stabilité politique interne chinoise que peut entraîner la chute de la demande mondiale.

Les conséquences dépassent le simple cadre d'une analyse des transferts monétaires en raison de l'absence de réflexion sur les rapports entre les nations. Le caractère brutal et excessif des phénomènes intervenus dans un contexte libéral n'a pas permis aux entreprises américaines de s'adapter à temps aux fluctuations financières. Cette question du temps est essentielle. Une entreprise fortement capitaliste (soit par ses équipements soit par la technicité de ses ressources humaines) qui disparaît parce que sa marge varie à la baisse de 10 %, ne renaîtra vraisemblablement pas, comme en témoigne le très faible ratio d'issues positives des procédures du « Chapter 11[1] ». La fluctuation des marges peut avoir des conséquences beaucoup plus graves que celle d'un produit financier.

De la même façon, si les États-Unis réduisent leurs importations de Chine, l'usine correspondante peut se trouver à l'arrêt et de surcroît les compétences transférées en matière d'encadrement et de mise au point des produits pourront être perdues. La perte de valeur se matérialise sur les deux rives du Pacifique.

On peut également s'attendre à voir une économie forte imposer sa parité monétaire progressivement dans le temps. Henry Kissinger évoque cette idée en citant le gouverneur de la Banque centrale de

---

1. Article du droit fédéral américain des faillites. Il permet à une entreprise en situation de détresse financière de suspendre provisoirement ses paiements pour présenter au juge de la faillite un plan de continuation qui, sur une période déterminée, doit lui permettre de poursuivre son activité et, avec les cessions d'actifs, les refinancements trouvés et les profits dégagés, reprendre le cours normal de sa vie financière.

Chine sur la nécessité de partager le pouvoir monétaire[1]. Il s'agit néanmoins d'un processus long de transfert des « cœurs » financiers et industriels d'une zone économique vers une autre[2].

Examinons à présent par leurs comptes le rôle des principales entreprises mondiales. Du fait de leur taille, on pourrait argumenter que leur impact sur l'économie et leur rôle public, à défaut d'être celui d'un service public, nécessite néanmoins une réglementation adaptée. La liquidation d'AIG, en dehors du risque systémique créé par les CDS que cette société émettait et qui aurait par le défaut mis en péril tout l'édifice financier mondial, aurait simplement pu priver d'assurance 40 % des automobilistes américains. Le chiffre d'affaires 2008 de WalMart (qui ne variera pas de manière significative en 2009), avec 405 milliards et ses effectifs s'élevant à 2,1 millions sont des images concrète des nouveaux rapports de force au sein des économies et entre États et agents économiques.

Les évolutions des totaux des bilans déjà évoquées, celle du PIB américain, celles des indices boursiers principaux et du prix de l'immobilier à Manhattan et à Londres sont supérieures à celles des indices d'inflation, dont la valeur s'établit entre 1,59 % en 2002 et 3,85 % en 2008, produisant un effet composé de moins de 30 % (inférieur du fait d'une déflation en 2010) en dix ans entre 2000 et 2010.

On constate au regard du tableau ci-dessous (sous réserve du caractère mixte de General Electric, à la fois société industrielle et société financière) l'énorme gonflement général de l'activité, la faible variation des capitaux propres ainsi que l'explosion de la dette pour les sociétés financières et la distribution.

---

1. Dans une interview accordée au *Figaro* en septembre 2009.
2. Décrit en détails par Jacques Attali dans *Une brève histoire du monde*, Livre de poche, 2008.

Tableau 9.1 – Éléments principaux sur 12 ans des 4 grandes entreprises mondiales américaines (publications officielles)

En Mds de dollars US	General Electric			EXXON			Microsoft			Walmart		
	1997	2003	2008	1997	2003	2008	1997	2003	2008	1997	2003	2008
Chiffre d'affaires	90,8	134,6	182,5	135,1	237,1	459,6	11,4	32,2	58,4	117,6	244,5	401,2
Marge brute	50,8	83,4	98,7	71,0	108,1	211,5	5,1	26,1	20,4	24,2	52,7	95,1
Résultat net	8,2	15,2	17,4	8,5	21,5	45,2	3,5	7,5	14,6	3,1	8,0	13,4
Total bilan	304,0	647,8	796,0	94,1	174,3	228,1	14,4	81,7	77,6	45,4	94,7	163,2
Dettes à LT	46,6	172,0	330,1	7,1	4,8	7,0	NS	1,8	11,3	7,2	16,6	31,3
Capitaux propres	34,4	79,6	53,3	43,7	89,9	113,0	10,8	39,6	39,6	18,5	39,3	65,3

Les données sur douze ans des principales sociétés américaines mettent en lumière l'évolution respective des secteurs essentiels de l'économie américaine, des industries de base avec le pétrole, de la grande distribution avec Walmart, de l'informatique avec Microsoft et d'une très grande entreprise présente à la fois dans la mécanique et la finance, General Electric. Les chiffres d'affaires comme les capitaux propres varient dans des proportions similaires sauf en raison d'une activité à essence immatérielle pour Microsoft. Plus spectaculaire est le formidable développement de la distribution que l'on voit au travers de Walmart avec un quadruplement de son chiffre d'affaires à 400 milliards.

Ces chiffres sont à comparer au PIB américain actuel de 14 trillions de dollars dont la croissance relative a été plus faible (voir Introduction).

La liste des plus grosses capitalisations boursières fait ressortir le poids grandissant de la Chine et de l'Asie.

Tableau 9.2 – Les plus grosses entreprises mondiales par capitalisation boursière milliards de dollars (30 juin 2010)

Rang (juin 2010)	Rang (mars 2010)	Entreprise	Pays	Secteur	Prix de l'action ($)	Valeur de marché ($m)
1	2	Exxon Mobil	États-Unis	Pétrole et gaz	57,1	291 789,1
2	1	PetroChina	Chine	Pétrole et gaz	1,1	268 504,8
3	5	Apple	États-Unis	Technologie hardware et équipements	251,5	228 876,8
4	4	Industrial & Commerical Bank of China	Chine	Banque	0,7	211 258,7
5	3	Microsoft	États-Unis	Logiciels et services informatiques	23,0	201 655,8
6	10	China Mobile	Hong Kong	Télécommunications mobiles	10,0	201 471,2
7	8	Berkshire Hathaway	États-Unis	Nonlife insurance	120 000,0	197 356,8
8	11	China Construction Bank	Chine	Banque	0,8	189 170,7
9	7	Walmart	États-Unis	Grande distribution	48,1	178 322,7
10	14	Procter & Gamble	États-Unis	Household goods & home construction	60,0	172 736,5
11	12	Nestlé	Suisse	Alimentation	48,4	167 727,9
12	6	BHP Billiton	Australie/ Royaume-Uni	Mining	31,8	164 659,6
13	15	Johnson & Johnson	États-Unis	Industrie pharmaceutique et biotechnologies	59,1	162 891,4
14	20	HSBC	Royaume-Uni	Banque	9,2	161 160,4
15	21	IBM	États-Unis	Logiciels et services informatiques	123,5	158 344,1

Tableau 9.3 – Huit entreprises majeures

	Milliards de dollars					RMB millions	Millions de francs suisses	Millions d'euros
	AIG	JPM-Chase	Citi	Johnson	Gold-man	Bank of China	UBS	BNP
Date de clôture	Déc. 09	Déc. 09	Déc. 09	Janv. 10	Déc. 09	Déc. 09	Déc. 09	Déc. 09
Chiffre d'affaires	96,00	100,40	80,30	61,90	45,17	232 616	22 601	40 191
Résultat d'exploitation	− 13,60	48,10	32,46	15,59	19,83	110 608	− 2 569	16 851
Résulat net	− 10,95	11,73	− 1,61	12,27	13,39	85 598	− 2 736	5 832
Capitaux propres	69,80	165,36	152,70	50,59	70,70	511 226	41 013	69 501
Total bilan	847,60	2032,00	1856,60	94,68	848,90	8 748 177	1 340 538	2 057 698
Effectifs	96 000	226 623	263 000	115 500	38 500	262 566	65 233	201 700

Rappelons aussi la croissance des masses d'instruments financiers dont la juste valeur a autorisé la constitution du fait de la déconnection de l'endettement d'avec l'évolution des PIB.

Les chiffres de la pyramide financière globale publiés par *The Guardian* (voir chapitre 5), avec 290 trillions de bulles d'actifs, donnent une mesure de l'écart avec une évolution normale du patrimoine des ménages et des entreprises. L'écart constaté, avec des croissances moyennes de 3 %, a permis une nouvelle répartition des PIB entre les agents économiques au profit en Occident du système financier et de ses agents (voir Introduction) et en Asie un développement industriel sans précédent, que l'on voit au travers de l'émergence de grandes entreprises chinoises figurant désormais parmi les plus grandes capitalisations de la planète, devant les entreprises américaines.

QUATRIÈME PARTIE

LE NOUVEL ORDRE ÉCONOMIQUE, MONÉTAIRE ET FINANCIER

Chapitre 10

Le caractère inédit, la propagation de la crise du fait de l'absence de leadership mondial

LE CARACTÈRE INÉDIT DE LA CRISE DE 2008

Le cycle de la destruction des valeurs actives et des dettes correspondantes s'est développé en l'absence de contrôle efficace à l'échelle internationale. Dès lors que des instruments financiers sont cédés de par le monde, leur détention devient inconnue. En effet, leur distribution inonde des contreparties qui ne sont pas nécessairement sur le même territoire de juridiction et ne fonctionnent pas toujours dans un cadre réglementé. C'est ce qui distingue la crise actuelle des crises précédentes où la contagion se faisait par un biais réel, celui de la baisse d'activité sur une zone géographique identifiable. Par la réduction de sa consommation intérieure, de ses investissements et de ses échanges extérieurs, un pays en crise affectait progressivement les territoires avec lesquels il échangeait d'une manière significative. La baisse des prix des matières premières ou des produits industriels objets d'échanges impactait les pays producteurs.

La propagation n'était pas directement financière. Même si une telle crise advenait, le système bancaire pouvait être sauvegardé car les crédits étaient majoritairement intraterritoriaux. Jusqu'à la Seconde Guerre mondiale, lorsqu'il s'agissait d'échanges générateurs de soldes commerciaux, ceux-ci s'opéraient pour la plus grande part au sein des ensembles coloniaux. Il suffisait dans tous les cas à la

191

banque centrale de réunir débiteurs et créditeurs sous son autorité et d'annuler créances et dettes excessives ou d'en arranger le règlement. Enfin, la concentration bancaire n'était pas ce qu'elle est devenue, avec une organisation stratifiée verticalement par métier et horizontalement et internationalement par fonction et zones. De la même manière, la crise « d'État » pouvait se régler essentiellement par une banqueroute nationale (monarchie française) ou par un échange monétaire, comme celui du reichsmark contre du deutschmark intervenu en 1948 où *de facto* les dettes ont été effacées.

En août 2008, une partie des instruments avaient été traités en dehors de marchés organisés, leur nature et les garanties dont ils étaient assortis étaient nouvelles. De plus, les émetteurs perdaient la trace de ces instruments, notamment les swaps de garantie (CDS). Où étaient-ils logés ? Par qui étaient-ils détenus ? Quel était le solde de la position nette (en fonction de leur anticipation de la situation des banques, les opérateurs rachetaient leurs positions en dégageant d'ailleurs à chaque transaction des pertes et profits difficiles à suivre) ? Les acteurs prétendaient avoir gardé les bons papiers, mais savaient pertinemment pour les avoir vendus que les mauvais existaient. Jusqu'au dernier moment, des banquiers ont déclaré n'avoir aucun problème sur leur portefeuille. Pourtant, rares sont ceux qui n'ont pas eu recours à des aides publiques. Pris individuellement, les banquiers et leurs conseils avaient oublié que le risque est intrinsèque et nécessaire à l'économie et que si on le chasse par des mécanismes juridiques, on ne fait que le déplacer. Ces mécanismes rémunérant tous les agents qui y contribuaient ont engendré un aveuglement collectif.

La localisation des dettes et du garant ultime est dès lors importante à la solution des problèmes de défaillance des entreprises. Il faut que débiteur et payeur puissent se rencontrer pour négocier une solution. À défaut, le déclenchement des procédures de liquidation est automatique.[1] Dégagé de risques, les créanciers du sys-

---

1. Thomson (qui a depuis changé son nom en Technicolor), une entreprise du secteur de l'électronique placée sous procédure de sauvegarde en septembre 2009 pour traiter avec des créanciers inconnus.

tème bancaire, banques ou non, ont réduit leur concours sans avoir à négocier. La seule solution était le passage à une économie centralisée par l'intervention des États et des banques centrales.

Le chiffre des provisions comptabilisées par les banques s'élèverait au total de par le monde à 1,7 trillions, sans que l'on puisse déterminer à quoi elles se réfèrent en base, durée et quelles en sont les causes économiques et juridiques. Les montants des risques en cours et des engagements ont été une surprise pour beaucoup, comme la taille mondiale atteinte par certaines entreprises. Les sommes en jeu n'ont pas fait l'objet d'estimation, selon la démarche normale de tout entrepreneur, et le dispositif existant reposait sur des notations irréelles qui en dégageaient la responsabilité. De fait, les outils statistiques disponibles appartenaient aux banques centrales (ou eurogroupe*), aux États et aux places de marché. Mais le jeu n'était plus organisé ainsi. Les statistiques fondées sur les normes comptables n'étaient pas susceptibles de fournir les informations nécessaires à une bonne appréciation des risques engrangés.

S'agissant de marchés globalisés, les garanties accordées n'étaient pas facilement quantifiables car une partie d'entre elles – un peu comme les catastrophes naturelles – étaient de nature macroéconomique : phénomènes d'excès monétaires de valorisation par rapport aux PIB disponibles, d'excès de dette intérieure et extérieure et de déséquilibres macroéconomiques en général. L'inquiétude profonde sur les risques portés par les bilans bancaires a ouvert la voie vers la mise en place de stress tests systématiques.

Certains produits bancaires ou financiers dont le risque est mal qualifié ont été vraisemblablement trop généreusement distribués : les engagements par caution ou les engagements de découverts par ligne de crédit ouverte, comme les garanties de taux ou de nominal, assurent un rendement immédiat ; difficilement contrôlables, ils n'engendrent pas à court terme de provisions dans les comptes. Ainsi, comme l'écrit la Banque de France, les risques ont été sous-estimés[1].

---

1. « Les risques sont-ils correctement évalués par les marchés financiers ?», *Documents et Débats* n°2, février 2009 ; chronique de la *Revue de la stabilité financière* n°9, décembre 2006.

Cette tendance débute avec la déréglementation bancaire des années 1980 qui, poussant à la concurrence entre banques, les amène à distribuer, sous forme de prêts à faible taux aux particuliers, des proportions de plus en plus grandes de la valeur estimée des actifs à financer. Les offres jouent aussi sur l'allongement des durées : à défaut de hausse des prix, l'encours des prêts ne décroît que faiblement dans le temps par rapport à la valeur du gage. C'est ainsi que les réseaux mettent en place des offres qui financent 100 % d'une acquisition foncière, en y ajoutant même dans certains cas le coût des travaux complémentaires. Grâce à l'exécution efficace des gages, ce phénomène prend toute son ampleur aux États-Unis où les crédits atteignent une durée de trente ans et possèdent la qualité d'être « rechargeables ».

Pour maintenir la valeur des contrats adossés aux prêts immobiliers résidentiels, il convenait de garantir à la fois les lignes interbancaires et les obligations des grands émetteurs, mais aussi les divers véhicules juridiques (conduits) dans lesquels les créances étaient placées. Ces garanties relevaient largement d'un droit contractuel naissant (CDS contrat ISDA) dont de nombreux banquiers connaissaient les limites. La défaillance morale des responsables des centres financiers et de leur régulation à l'égard du public est patente, mais trop d'intérêts étaient en jeu pour que seuls les inconscients le disent publiquement. Les normalisateurs comptables ont été entraînés dans cette voie critiquée, comme l'atteste la cassure entre la « Cité », qui ne défend plus les intérêts de l'industrie Britannique, et la population.

La dérive du contrôle des risques : cas des CDS

Les CDS, contrats d'échange de risque de défaut, permettent à deux opérateurs de se transférer le risque de défaillance associé à un actif ou à un ensemble d'actifs (en général des obligations). Ces contrats, qui ne sont pas standardisés même si un contrat type domine (ISDA), se négocient avec une commission versée annuellement et exprimée en point de base, qui protège l'acheteur contre une défaillance de son débiteur. En cas de défaillance, le vendeur du CDS paie le porteur. De multiples variantes de protection existent mais ce marché des CDS, non régulé à temps, n'était pas éprouvé en matière juridique, et de nombreux contentieux sont nés de la faillite de Lehman Brothers en septembre 2008.

En outre, s'agissant d'un marché libre, le contrat est indépendant du sous-jacent, ce qui explique les montants faramineux et leur décroissance brutale du stock. Jusqu'alors, aucune explication finale n'a été donnée au stock, et notamment aux montants, qui auraient dû se présenter au titre de la substitution des garants à la compensation des CDS sur la dette Lehman, soit 240 milliards de dollars. Le montant présenté n'aurait été que de 10 milliards. L'une des explications est que la plupart des opérateurs, à la fois acheteurs et vendeurs, n'auraient présenté qu'un solde net, mais ce point reste à approfondir. Il est aussi possible que certains émetteurs aient racheté leurs papiers, mais aussi que des bénéficiaires aient disparu du fait de la faiblesse des montants à recouvrer ou de l'origine parfois occulte des fonds.

Comment, compte tenu de ces incertitudes, apprécier correctement le montant de l'exigible figurant dans les comptes des entreprises concernées ? Les bilans qui comptabilisent des valeurs sont nécessairement suspects même s'ils ont été établis avec les meilleures intentions. Ce n'est plus la valeur des « conduits » qui est en cause, mais la valeur des contrats (CDS) qui la garantissent, et notamment la solidité de sa contrepartie débitrice. Les dirigeants de certaines banques européennes ont ainsi tenu des réunions de crise quand la validité de CDS vendus par AIG sur Lehman Brothers a été contestée, il est vrai pendant une période brève.

Cette sous-estimation du risque et le décalage dans le temps entre prime et survenance de l'événement déclenchant conduit à d'immenses spéculations sur tous les marchés financiers liés à la liquidité[1].

---

1. Cercle des économistes, *Les Marchés financiers dans la tourmente*, PUF, 2010.

La microéconomie face aux réalités macroéconomiques

Les montants négociés ne sont pas de l'ordre de grandeur du bilan des opérateurs mettant ainsi en évidence les déviances et les abus d'une liquidité monétaire excessive à la base et développée par les opérateurs eux-mêmes. Lorsque la microéconomie se heurte aux réalités macroéconomiques, la contagion par ébranlement des contreparties est automatique.

Toute remise en cause de la valeur des actifs du total d'un bilan comme celui d'AIG (plus de 1 trillion de dollars) a des conséquences graves car les banquiers comme les assureurs doivent respecter des ratios de solvabilité, avec des fonds propres ne représentant qu'une faible fraction de leurs engagements. Le dépôt de bilan de Lehman Brothers le 15 septembre 2008 place au premier plan le risque d'une défaillance isolée sur l'ensemble du système par ses effets sur les contreparties. L'opérateur n'a plus le contrôle de ses créances lorsque celles-ci sont placées dans des véhicules perdant leur notation. Sa garantie devient incertaine car l'exécution du gage prendra du temps et sera coûteuse. Faute de mieux, il se repose sur la sécurité théorique des contrats de *swap* conclus entre grandes institutions.

Le système est donc devenu fragile à tous les niveaux, depuis l'emprunteur originel jusqu'à l'institution qui concentre les engagements. La couverture croisée entre institutions par les CDS a pour effet de donner au risque un caractère macroéconomique, non prévisible ou de montant trop important pour être traité par des opérateurs individuels. À ceci s'ajoute la question de l'intervention possible (et même vraisemblable) des États pour venir au secours de leur système bancaire.

Ne connaissant plus la situation réelle des établissements et autres opérateurs, une grande partie du marché s'abstient. Cette abstention a pour conséquence de dégonfler les portefeuilles d'engagements dont la sécurité n'est plus assurée et qui s'éteignent automatiquement par l'arrivée de leur terme.

La masse monétaire se dégonfle parallèlement aux valeurs de marché comme un ballon percé (la BCE, dans son rapport du

28 août, parle enfin de contraction), à la fois par la baisse des valeurs des actifs et passifs, et la disparition des engagements non répertoriés car liés à des contrats juridiquement complexes (documentations juridiques non transposables en comptabilité).

Comment alors, comme dans le cas d'un immeuble ébranlé par un tremblement de terre, celui d'une voiture réparée après un accident, évaluer le montant des dommages structurels ? Cette interrogation met d'abord en cause une nouvelle fois la norme comptable, car les valorisations des portefeuilles ont souvent perdu la trace des flux futurs attachés à chaque créance. Un calcul purement mécanique étant rarement mis en place (en raison du nombre des facteurs), elle pose ensuite la question de la confiance dans les intervenants humains (comptables, auditeurs) qui ont réalisé ces travaux dans le passé.

Comme toute mesure, il lui faut un point fixe qui ne peut être que la transaction d'origine dont on sait éventuellement dériver les variations, le montant emprunté, les caractéristiques financières de l'emprunteur.

Le cycle de fonctionnement de l'industrie manufacturière excède celui des marchés financiers, y compris des instruments qui y sont négociés, pour sa recherche, le développement de ses produits, leur mise au point et l'organisation de leur distribution. Leur garantie ne peut donc pas supporter d'être soumise pour ses instruments de couverture à la valeur de marché. Le normalisateur a fini par reconnaître ce point le 12 octobre 2009[1] en prévoyant que les entreprises pourraient, si leur projet de modification de la norme était adopté, traiter leurs instruments financiers selon leur modèle économique. Si un instrument financier peut être conservé par son détenteur jusqu'à son terme et que son refinancement, notamment, a été assuré à des conditions garantissant la stabilité dans le temps de la marge ayant motivée la transaction, il pourra par exemple en conserver inchangée la valeur, tout en comptabilisant les amortissements. Les notes donneraient les informations nécessaires sur les évaluations en juste valeur non comptabilisées.

---

1. IAS n° 9, 1re partie du projet de modification de la norme n° 39 sur les instruments financiers IAS.

LES EXPERTS TOUCHÉS PAR LA CRISE DE CONFIANCE

Les auteurs comiques, Molière au premier rang, n'ont jamais manqué d'exemples pour illustrer comment l'individu perd son sens critique lorsqu'il pense avoir identifié une opération financière attractive, commercialisée par un soi-disant expert !

Cette confiance aveugle excède le champ du commun des mortels pour toucher parfois les acteurs économiques établis. Combien d'entreprises, dont ce n'était pas le métier, combien de collectivités locales, combien de fondations se sont hasardés dans des crédits « toxiques » ?

Pourtant, les « ficelles » n'ont pas changé : plus le « jargon » professionnel est abscond, plus la victime se sent en sécurité. Plus un produit est complexe, plus il rend impossible sa compréhension et éloigne la concurrence. Plus la réglementation est prolixe, plus le décideur se sent protégé par les dispositifs et déchargé d'une partie de ses responsabilités. Il est donc aisé de comprendre pourquoi les émetteurs ont encouragé la création de produits de plus en plus complexes, parce que sans concurrence et donc plus rémunérateurs, en affirmant qu'ils étaient porteurs de performances supérieures tout en réduisant les risques de mise en cause.

On doit donc légitimement s'interroger sur l'organisation des dispositifs de protection de l'épargne et leur vocation. Il n'est pas déraisonnable de penser que la protection génère la confiance comme un cercle vicieux, et de ce fait les risques si elle n'appréhende pas la totalité des problèmes. La directive européenne sur les instruments financiers vise à assurer l'adéquation des produits financiers avec la compétence des souscripteurs. Cependant, les autorités concernées (par exemple chambres régionales des comptes pour les collectivités locales) devraient avoir un regard d'opportunité pour autoriser ou interdire des opérations qui enrichissent les intermédiaires et les marchés.

Plus paradoxal encore est le fait que les professionnels, y compris les rares escrocs comme Madoff[1], sont largement conscients des

---

1. Ancien dirigeant du Nasdaq et gestionnaire de fonds aux comptes falsifiés ayant engendré en 2009 une faillite frauduleuse de 50 milliards de dollars.

problèmes de complexité. Il peut cependant être réconfortant de constater que l'inégalité à l'égard de l'information joue parfois également contre eux. Un intérêt commun existe ainsi qui incitera aux réformes nécessaires.

L'affaire ancienne de la banque Drexel,[1] spécialisée dans les opérations de fusion acquisition hostiles avec de la dette à haut rendement, permet d'illustrer ce propos. Bien qu'en situation patrimoniale positive (les actifs excédaient les passifs), Drexel s'est trouvé confronté à des difficultés de refinancement auprès des banques commerciales. L'information de la dégradation a été anticipée par les salles de marché américaines. C'est pourquoi, lors de la faillite de cette institution, les instruments financiers émis par Drexel ne se trouvaient-ils plus aux États-Unis mais en Europe et en Asie où ils avaient été cédés, et pour partie placés dans des SICAV. Les détenteurs de papier dégradé ne pouvaient plus s'en défaire et ont donc dû attendre la liquidation. Dès qu'un produit financier apparaît suspect, les échanges disparaissent. Les opérateurs attendent des informations complémentaires. Les organes de gestion collective suspendent leurs transactions car leur gouvernance interne ne les autorise à détenir que certaines catégories de titres. Si une institution ou instrument d'épargne est habilité à détenir des papiers notés de AAA à BB +, un déclassement implique de comptabiliser une perte et de trouver une contrepartie à une cession obligatoire. Les titres émis par Drexel aux États-Unis ont largement alimenté les portefeuilles à l'étranger (en particulier France et Japon), illustrant la dissymétrie des opérateurs face à l'information.

La crise de confiance résulte aussi de la mauvaise perception des risques pris par les opérateurs du fait des nouveaux modes de gestion quantitatifs qui se généralisent. Ces derniers sont en effet soumis à la pression psychologique croissante du *benchmarking* (classement basé sur la performance et servant de repère) qui les

---

1. Drexel, Burnham Lambert était un des établissements les plus réputés de New York. Il a initié des prises de contrôle hostiles de sociétés non contrôlées ou mal contrôlées par leurs actionnaires avec pour conséquence la montée en Bourse des cours des actions des cibles. Il a sombré à la fin des années 1980.

incite à prendre des risques, notamment pour rattraper ou dépasser les performances de l'indice. Cette pratique avait le double mérite de faciliter la vente auprès du public et de générer des bonus liés aux résultats de la gestion des portefeuilles.

Enfin, la complexité des montages financiers crée une inégalité de perception entre banques, parfois au sein d'une même banque, voire d'un même département de *trading* ! Or une partie des instruments financiers complexes se trouve explicitement ou implicitement dans les instruments classiques d'épargne destinés au grand public (SICAV dynamiques par exemple), ajoutant à la confusion et aux déséquilibres d'un système.

Le produit complexe

C'est un contrat unique formé de plusieurs contrats (par exemple un achat à terme de devises non dénoué mais avec un taux d'intérêts stipulé, assorti d'un autre contrat de vente à terme d'une autre devise à taux inconnu avec troisième contrat, une option d'acheter cette même devise si sa parité est située à ce terme est comprise entre x et y... les combinaisons possibles sont infinies). La qualité des contreparties n'est pas nécessairement établie ou prise en compte.

L'évaluation d'un produit complexe est particulièrement malaisée. Il n'est pas comparable à des produits de référence, sans démantèlement de ses composantes, dont chacune à des contreparties de qualités hétérogènes. Son interprétation difficile entraîne la possibilité d'évaluations multiples propres à chaque détenteur et à chaque contrôleur. Il n'est pas susceptible de marchés liquides. Enfin, son suivi à l'entrée et à la sortie est difficile pour le contrôle interne comme pour l'audit externe. Il contribue au doute et à la suspicion dans la mesure où les anomalies et les fraudes sont difficiles à déceler, et donc plus fréquemment possibles.

L'ENJEU DE LA NORME COMPTABLE :
LE TEMPS DU RÉSULTAT

Les débats sur les normes (exposés dans le chapitre 6) peuvent être résumés en deux points :

D'une part, quand faut-il comptabiliser les variations de valeurs ou les profits et les pertes sur engagements actifs et passifs résultant des opérations non dénouées ?

D'autre part, les profits et les pertes non réalisés doivent-ils immédiatement passer dans le compte de résultat ou transiter jusqu'à ce dénouement dans un poste de bilan ? Comment présenter les variations de valeur liées à la variation des taux de marché, constatées à chaque arrêté après l'acquisition d'un actif ou passif financier ? En résultat net, au sein du résultat global parmi les variations, ou, selon la proposition de l'IASB (IAS n°9 précitée), en notes aux états financiers si l'entreprise choisit d'adopter le coût amorti comme norme correspondant à son modèle économique ? L'importance de la question n'a pas échappé au normalisateur et est posée dans l'exposé sondage du FASB du 26 mai 2010[1] qui en outre énumère les différences d'approche d'avec son collègue l'IASB (« Comment le projet se compare-t-il avec celui de l'IASB ? » page 5). Les hésitations du normalisateur américain se manifestent par 71 questions posées que l'important travail réalisé par ceux-ci leur a permis de découvrir.

En résumé, comment traiter les variations de taux d'intérêts après les acquisitions d'instruments, comment traiter les instruments complexes, comment traiter les risques de crédit sur la dette, puis le plus important, comment comptabiliser notamment les intérêts et

---

1. Question 22, page 11 de l'exposé sondage : « Croyez-vous que la constatation de changements de valeur à reconnaître dans le résultat global du fait de l'application de la juste valeur (pour mesurer les effets des changements de taux d'intérêts après l'entrée dans le bilan sur la juste valeur comme pour constater la variation de l'appréciation de la direction – de l'entreprise – en ce qui concerne le risque de crédit et celle des marchés) fournira une information utile sur les instruments financiers qu'une entité a l'intention de conserver pour recouvrement jusqu'au terme contractuel de ses échéances ou de son remboursement ? Si la réponse est oui, comment l'information influera sur votre analyse d'une entité ? Si la réponse est non, pourquoi ? » Question 23 : « Le projet tel que soumis fera apparaître toutes les variations de juste valeur des instruments financiers en résultat net en y comprenant et évaluant ceux en risque de défaut. Une entité peut choisir d'évaluer tout instrument financier rentrant dans la définition du présent projet en enregistrant toutes les variations de juste valeur dans le résultat net, à l'exception des dépôts (reçus) qui doivent faire l'objet d'une réappréciation. Croyez-vous que la création d'une classe "risque de défaut" devrait être créée pour les instruments financiers qui autrement répondraient aux critères permettant de reconnaître les changements de valeur dans le résultat global ? Sinon pourquoi ? »

informer au mieux, tels sont les thèmes principaux des questions. Leur complexité non perçue avant la crise de 2008 et omise par l'IASB lorsqu'il a adopté le concept de la juste valeur, n'est pas un signe favorable de pertinence quand on sait que le projet de base comporte 214 pages et qu'il ne comprend pas les méthodes d'évaluation (des projets [voir site] sont en cours de discussion).

Au demeurant, les choix normatifs doivent-ils être d'application générale et si ce n'est pas le cas, quelle classification des éléments du patrimoine doit-elle être faite pour en segmenter le traitement ?

On redécouvre ce que les professionnels de marché savaient : le taux d'intérêts est le résultat de la conjugaison du temps, du risque et de l'offre et de la demande. Comment découper ces facteurs d'une manière pertinente pour en rendre compte dans les états financiers ? Est-ce utile ?

C'est tout le débat sur la juste valeur et le résultat global (*comprehensive income,* qui comprend à la fois les résultats réalisés et ceux seulement latents).

À nouveau, la variable temps apparaît comme centrale. À terme, tout actif ou passif d'une entreprise sera consommé ou réalisé, de sorte que toute perte ou profit sera un jour transformé en trésorerie ou en défaut. Le dénouement, souvent sous forme de paiement, détermine la date à prendre en compte, mais sa caractérisation n'est pas toujours facile : s'agit-il d'un paiement monétaire liquide ou d'un paiement par instrument de dette, dont le propre dénouement est aléatoire ?

Ces questions sont substantielles, car contrairement à ce que pourrait faire croire la présentation simplifiée que nous en faisons, elles ont des impacts majeurs sur l'information et les effets de celle-ci sur les droits des associés, sur le rôle des intermédiaires de marchés et sur l'efficience même des marchés.

La question du temps ne se posait pas tant que la valeur historique était retenue comme un principe comptable universel[1]. Le lecteur

---

1. Michael A. Diamond, Eric G. Flamholtz, Diana Troik-Flamholtz, « The Historical Convention », *Financial Accounting,* seconde édition, PWS-Kent Publishing Company, Boston, mars 1990, page 18.

des comptes connaissait la règle et savait qu'à défaut d'usage d'un bien dont le produit de l'exploitation se retrouve automatiquement en compte de résultat, les valeurs doivent être analysées et éventuellement corrigées des pertes ou profits latents par rapport à un prix de cession envisageable. Dès lors que l'on s'interroge sur l'évolution de la valeur, quels principes retenir dans une réflexion allant au-delà de la juste valeur ? À quelles conditions enregistrer un changement de valeur d'une opération non dénouée ? Il nous semble que la sécurité de la contrepartie et la liquidité sont des critères de base, qui justifient une réévaluation fondée sur des valeurs liquides et assimilées (instruments de trésorerie, bons du Trésor…), mais en aucun cas sur les produits complexes qui ne remplissent pas ces critères.

L'erreur du temps et de la juste valeur

L'homme s'est mêlé au temps. Or, il ne possède pas les outils pour en apprivoiser la complexité. Tout au plus peut-il mesurer son écoulement. Mais s'il veut le valoriser par une loi générale, il fait fausse route. En effet, les éléments actifs et passifs des comptes écrivent une histoire du temps passé (les créances par exemple qui sont le solde encore impayé des factures, lesquelles ont une date d'émission, donc une ancienneté définissable lorsqu'elles restent impayées), et du temps futur avec des échéances pour les créances ou les dettes. En matière économique, le temps est celui des échanges, c'est-à-dire de rapports entre agents économiques qui sont des êtres humains ou des collectivités d'êtres humains. Il change de nature et donc de valeur en fonction des enjeux.

Prenons l'image de la douleur. Elle paraît longue quand il faut la supporter. Mais, quand elle est passée elle ne devient plus qu'une histoire dont on parle. En revanche, la douleur anticipée – à la veille d'une opération chirurgicale pour donner un exemple externe – est dans l'esprit un temps long, quelle que soit sa durée future, à l'inverse d'un moment de loisir trop rapidement passé. Les effets sont comparables en matière financière. L'argent nécessaire à une entreprise pour faire face à une échéance détermine l'importance de la période à couvrir jusqu'à cette échéance. Une autre entreprise n'aura pas les mêmes échéances et donc la même appréciation du temps. La première sera prête à accepter des conditions de refinancement plus drastiques que la seconde, du fait de cette différence. Nombre d'entreprises acceptent des taux exorbitants (par exemple dans l'encaissement de leur compte client) dans les jours précédant la clôture annuelle de leurs comptes pour améliorer leur bilan (pratique répandue et contestable du *window dressing*).

Le temps n'est pas le même pour tous, puisque chacun, soit par son âge, soit par les échéances auxquelles il doit faire face lui donnera un prix différent. Le mesurer par une équation uniforme avec le même étalon, qui serait le taux d'intérêts ou d'escompte, ne peut avoir de sens que pour l'évaluation d'options alternatives par un agent économique – par exemple la méthode du DCF (*discounted cash flow*) pour un investissement industriel. Il n'a pas en revanche de sens pour la lecture par des tiers de comptes dont la mission des normalisateurs est d'en assurer la comparabilité. La valorisation du temps au travers d'une opération de réescompte ne rend pas compte non plus de sa relativité, de son hétérogénéité, et surtout de son écoulement. Dès l'instant passé, même corrigée au prorata du temps écoulé, la valeur qui en tient compte devient à ce titre éminemment fausse puisque non universelle. Elle masque un temps volatil pour tous et hétérogène pour chacun.

C'est pour cela que la juste valeur est structurellement une notion sans signification. Elle ne correspond pas à la valeur contractuelle d'un échange réalisé, c'est-à-dire à la valeur historique. Rien n'y fera. Du fait du temps, ce n'est que par hasard que la juste valeur peut ne pas être un mensonge pour un observateur indépendant, voire – mais il n'existe pas toujours – pour un tiers concerné à un échange qui en observerait la constatation dans les comptes. Pire, de ce tiers qui ne serait pas en situation d'observateur émanerait l'idée que les comptes IFRS sont tous faux.

Comment alors rétablir une visibilité du temps dans les comptes pour en permettre la lecture aux agents économiques ? Pour comprendre correctement la situation comptable d'une entreprise, il faut qualifier son portefeuille de façon détaillée, et pratiquer une autopsie des marchés. C'est le rôle des stress tests. Ils sont inévitables à la visibilité et maintenant acceptés.

Comment transcrire la durée et la liquidité du temps : une proposition de réforme

Deux voies sont envisageables : l'une consisterait à innover en dégageant pour chaque poste du bilan un indice d'échéance moyenne et de taux de rotation. Cet indice serait explicité soit en notes annexes du bilan, soit directement en marge du poste auquel il se rapporte. Les entreprises sont déjà accoutumées à préciser ces échéances dans le cas des créances afin d'établir leur trésorerie prévisionnelle. Cette balance dite « balance âgée » fournit le rapport entre le solde du compte clients à une date de clôture et le flux attendu de paiements. Ainsi, connaît-on le taux de rotation du solde clients et le pourcentage habituel d'impayés provisoires et définitifs.

On pourrait aussi expliciter en notes étendues au bilan les échéances à recevoir ou à payer. Sur ce point, les IFRS pourvoient déjà à l'amélioration de l'information (IFRS n° 7). La généralisation de la méthode au système financier aurait également l'avantage de procurer au superviseur l'outil de suivi de la vitesse de circulation monétaire qui lui fait défaut.

L'une et l'autre de ces voies ne sont pas incompatibles. L'information requise est souvent déjà conservée par les directions et connue des agences de *factoring* ou des arrangeurs de titrisation.

Dès lors, chaque lecteur pourra calculer la valeur qui reflète le mieux ses critères, en faisant varier les composantes qui la déterminent comme l'échelle des taux d'intérêts. Les autorités monétaires pourront également prévenir les défaillances et fixer des règles précises dont l'application pourra être mesurée dans le temps.

Il en résultera une meilleure sécurité pour les directions générales, les auditeurs externes (signataires de comptes intégrant des valeurs volatiles), les autorités de surveillance… et une meilleure lisibilité tant pour les professionnels que pour le public. Le décalage entre les échéances de débits et de crédits au niveau d'une entreprise, tout comme la distorsion entre entreprises à cycle différent au niveau national, deviendront facilement identifiables.

La notion de *comprehensive income* (compte de résultat global), qui permet de raccorder « hors bilan[1] » les comptes et la variation de capitaux propres pour mesurer la performance d'une entreprise, retrouvera alors toute sa pertinence. Les déséquilibres attendus de valeurs de marchés trop élevées par rapport au sous-jacent que sont les échéances et l'évolution des PIB sectoriels, pourront être approfondis. Leur décryptage en permettra la bonne gestion, soit au niveau microéconomique quand il s'agit d'une entreprise, soit au niveau macroéconomique quand le constat est général.

Le projet précité du FASB du 26 mai 2010 visant à un système de *full fair market value* (FFMV) avec conservation du système du coût amorti et son raccordement par le *comprehensive income* va dans le même sens.

Cependant s'il répond à certaines de nos critiques à l'égard de la juste valeur, il n'aborde ni les problématiques monétaires qui résultent du rôle informatif des bilans, ni des effets et causes macroéconomiques des variations de valeurs qui ne trouvent pas leur origine dans l'action de l'entrepreneur.

À ce titre, si nous estimons les travaux du FASB utiles pour la mise en œuvre d'un nouveau système, les concepts de FFMV, incontournables pour l'information, donc pour les échanges de même que pour les autorités de surveillance, doivent cependant être soumis à la régulation monétaire. Elle seule devrait pouvoir en fixer les concepts, le normalisateur n'ayant qu'à les transcrire en règles destinées à l'homogénéisation des comptes des entreprises. Au-delà des *impairment tests* relatifs aux dépréciations durables, les concepts de FFMV doivent ne servir qu'à l'information et à la régulation et ne pas avoir de conséquences directes sur la conformité des comptes en dehors des situations de fraude.

---

1. Engagement actif ou passif qui, comportant une clause conditionnelle non encore réalisée à la date de clôture ou une date d'exigibilité non échue, n'est pas comptabilisé dans l'actif ou le passif mais hors bilan. Leur évaluation et comptabilisation du fait de nature très diverse porte souvent à discussion.

Pour cette raison, le projet du FASB dans sa présentation actuelle nous apparaît dangereux et susceptible de conduire à une réédition des dérives déjà observées quant au pouvoir monétaire.

Le niveau très faible des taux pour les meilleures dettes souveraines sur des durées longues correspond à un horizon de dix ans. Celui d'un entrepreneur qui investit dans la recherche, les équipements ou encore mieux dans les deux, se situe au milieu de l'été 2010 aux alentours de 2,50 %. Cette hétérogénéité des taux permet d'imaginer la difficulté d'évaluation et autorise tout type de transformation, spéculation et prise de risque au-delà de ce que certains appellent le risque d'éclatement de la « bulle obligataire ». Elle permet en outre de comprendre la bombe pour les bilans qui résulterait d'évolutions monétaires, notamment sur les changes, qui affecteraient nécessairement par leur anticipation ces taux dont on a dit qu'ils étaient le résultat de conjugaison variable dans le temps de facteurs divers (solvabilité, durée, risque de contrepartie, support monétaire…).

La transformation du temps par les instruments

La transformation des actifs et passifs en instruments financiers a des effets secondaires majeurs. Devenus instruments financiers dits « dérivés » (pour autant qu'ils ne soient pas *sui generis*) et s'agissant de contrats formatés, ils ont vocation en temps normaux à pouvoir être cédés. Dès lors, leur date d'échéance même infinie (ils sont alors dits « perpétuels ») devient une caractéristique mineure ou se trouve transformée pour le porteur, qui pourra en trouver le remboursement avec produit par simple cession. La transformation a pour effet de raccourcir le temps. Évidemment, ce constat d'évidence changera les effets des politiques monétaires par les taux. L'environnement des marchés, et notamment les volumes disponibles de liquidités en dehors du système bancaire, aura pour conséquence de favoriser la dette au détriment de l'investissement à long terme, de favoriser l'absence de risque au risque. Du fait des volumes et de la concentration de leur traitement constatés dont il a été question concernant les déficits commerciaux (voir chapitres 1 et 2), l'encadrement classique des systèmes spécialisés de crédit n'est plus en mesure de prendre en considération correctement l'intégration des facteurs « risques », » durée » et « liquidité ». La simplifications des paramètres dans un environnement unifié par les finances orientera les choix d'investissements vers des secteurs et des projets ne correspondant plus aux réalités industrielles. C'est une des causes substantielles des difficultés des pays hautement financiarisés sans système correctement contrôlé.

Chapitre 11

Politique monétaire, déséquilibres et sortie de crise

UNE INJECTION SANS PRÉCÉDENT DE LIQUIDITÉS DANS L'ÉCONOMIE

La politique monétaire de mise à disposition de liquidités illimitées au bénéfice du système bancaire a permis de compenser la disparition des ressources monétaires de marché, mais pas pour autant de retrouver des niveaux de liquidité suffisants pour le financement de l'économie.

Les banques centrales se sont substituées à la disparition des marchés interbancaires et ont apporté toute la liquidité nécessaire aux banques. Elles sont intervenues avec des taux directeurs proches de 0 et tendant vers moins de 50 points de base (Libor à trois mois). Elles ont pratiqué en même temps la prise en pension massive des créances bancaires admissibles en en étendant la définition. D'après les banques centrales, cette politique crée effectivement un risque d'inflation que leur mission institutionnelle leur impose de combattre[1]. La FED et la BCE considèrent que la reprise de la liquidité nouvelle sera automatique avec la reprise économique. Ben Bernanke indiquait ainsi que les crédits à court terme de la FED aux institutions financières s'étaient réduits à 0,6 trillions de dollars mi-juillet 2009 (ils étaient de

---

1. Ben Bernanke dans le *Wall Street Journal* du 21 juillet 2009.

1,5 trillions six mois plus tôt[1]). Jean-Claude Trichet déclarait en septembre 2009 que la liquidité distribuée sans limite pendant la crise a peu d'effet sur la masse monétaire (*broad money*), une partie de cette distribution se retrouvant déposée par les banques à la banque centrale. On voit ce phénomène en lisant les comptes consolidés produits par l'eurosystème[2].

Ces visions justes sont toutefois limitées par le champ des entreprises appréhendées dans les saisies statistiques des instituts d'émission. Il était logique que la FED récupère les excès structurels de liquidité qui étaient placés sur les marchés avant la crise, d'autant que dans une situation de défiance, les institutions financières préfèrent déposer leurs liquidités auprès de la banque centrale plutôt que chez un confrère. Mais là encore, il s'agit de masse liquide et non de la notion de liquidité qui se réfère à la vitesse de circulation monétaire. Du fait d'une faible activité industrielle et immobilière, la pression sur la demande de crédits et la croissance de ces derniers ne pouvait qu'être très modérée et limitée par la réduction des besoins en fonds de roulement des entreprises. Il était aussi prévisible qu'avec la stabilisation de l'environnement économique et la réduction de l'aversion au risque, le marché interbancaire auquel s'étaient substitués la FED et la BCE, redémarre.

Ces diagnostics d'évidence ne rendent pas compte de la contraction des économies dont les prévisions sont volatiles. De part et d'autre de l'Atlantique, le rebond de l'économie repose encore sur les plans de relance. Les équilibres existant avant la crise ont été perturbés. Ils ne seront pas rétablis en l'état et surtout ne joueront pas en retour comme ils ont joué par le passé – inflation comprise. Les données sur la diversité des actifs en cause, leur contraction en valeur, leur dispersion géographique, n'est pas vraiment connue. L'ensemble est maintenant dépendant de parités monétaires, c'est-à-dire de rapports de force entre États.

Le président de la BCE comme celui de la FED ne parlent pas de la baisse de valeur des actifs, notamment par la juste valeur, dans

---

1. *Ibid.*
2. Bilan consolidé de l'eurosystème au 25 juin 2010 (Source : Eurostat).

les comptes des entreprises. Générant des pertes, cette baisse réduit automatiquement le potentiel de prêts bancaires, comme en cas de baisse des valeurs immobilières. Ainsi, le phénomène de contagion que nous avons décrit et celui de l'inflation du prix des actifs qui s'est trouvé être indépendant de l'évolution des prix des indices industriels, ont aujourd'hui une contrepartie à effet déflationniste. La BCE constate le caractère limité des facilités ouvertes pour l'octroi de nouveaux crédits à l'économie[1]. Il est clair que sans le soutien des banques centrales, la contraction des crédits aurait été beaucoup plus significative et aurait pu entraîner une récession profonde.

LE GRAVE PROBLÈME DES DÉFICITS DES ÉTATS ET DES COMPTES EXTÉRIEURS

Ces commentaires qui se veulent rassurants sur l'inflation et la maîtrise de la sortie de crise laissent ouverts de graves problèmes.

Les déficits budgétaires[2] et l'endettement des États (notamment celui des États-Unis, première puissance mondiale détenant la

---

1. J.-C. Trichet, septembre 2009 : « *In current conditions, the link has been weakened, however. Today, banks – in the aggregate – tend to hold part of the central bank credit that they obtain in our refinancing operations not as a reserve against an expansion of loans and deposits, but in the form of excess reserves deposited with the Eurosystem. This attenuates the automatic link between the provision of central bank liquidity and Broad money. And as a consequence, it attenuates the inflationary potential of the Eurosystem outstanding credit to banks.* » (Dans des circonstances normales, le lien a été affaibli, cependant, aujourd'hui les banques, en général, tendent à conserver les refinancements que nous leur accordons non pas comme des réserves faites en contrepartie d'une croissance des crédits distribués et des dépôts reçus, mais comme des excédents qu'elles redéposent dans le système européen. Ce phénomène atténue le lien mécanique entre les réserves de la banque centrale et la monnaie au sens large et en conséquence cela réduit le risque d'inflation venant du système monétaire européen par les crédits qu'il distribue aux banques.)
2. Warren Buffet, « Le dollar menace le système monétaire », *New York Times*.

monnaie de référence[1]) ne sont pas tolérables à long terme. La Société Générale estime la dette extérieure des États-Unis en 2010 à 97,3 % du PIB (chiffre correspondant aux statistiques officielles, soit 14 trillons de dollars) et celle de la zone euros à 83,8 %.

Le déficit commercial des États-Unis, estimé à 405 milliards de dollars en 2009 (695 milliards en 2008), ne pourra s'atténuer que progressivement et vraisemblablement qu'avec la baisse du dollar après l'épuisement des effets pervers que cette baisse génère en période d'excédent de l'offre où les recettes recueillies par la cession des devises venant des exportations réduisent d'autant si les volumes ne croissent pas corrélativement.

En matière de dette publique, la plupart des pays développés vont devoir faire face à des montants croissants, dont les charges d'intérêt deviendraient insupportables en cas de hausse généralisée des taux :

Figure 11.1 – Les grands pays creusent leur dette

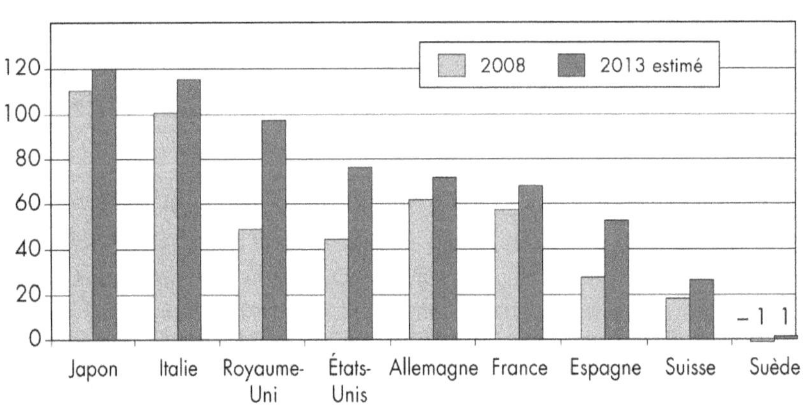

Source : d'après Standard & Poor's.

Ce tableau, pour intéressant qu'il soit, ne rend pas compte de l'importance du rôle du détenteur de la dette et de son financement. Les dettes européennes sont financées par l'épargne des ménages, ce qui crée une solidarité de fait entre l'État et les citoyens. Ce n'est pas le cas de la dette américaine largement détenue par des banques centrales, entreprises et particuliers asiatiques.

---

1. *Le Monde de l'Économie*, mardi 1er septembre 2009.

La purge de la dette des entreprises et des ménages

L'intervention des gouvernements dans un rôle de prêteur de dernier recours, qui n'était pas nécessairement formulé avant la crise mais s'est révélé nécessaire pour couper court à la déflation, a pour effet de réduire l'endettement d'un certain nombre d'entreprises et de particuliers, par transfert à l'État.

Ainsi, la dette des très grandes entreprises à vocation de service public (AIG…) est-elle devenue celle des États du fait de l'engagement de ceux-ci à les soutenir[1]. Les défauts des débiteurs immobiliers aux États-Unis se retrouvent dans les bilans bancaires et surtout dans les agences de caution et de refinancement auprès desquelles les créances ont été garanties. Les montants dont l'ampleur est déstabilisante pour les détenteurs de créances sont compensés par l'intervention des États (TARP aux États-Unis, qui sera rapidement démantelé) dans les situations les plus graves des établissements dont le poids sur l'économie est majeur (Fannie Mae et Freddie Mac par exemple).

En revanche, la situation des débiteurs particuliers se trouve rétablie par la baisse des prix de l'immobilier et la disparition de leurs dettes. En effet, compte tenu du nombre massif de défauts sur les crédits immobiliers et de la chute du marché, un parc très important a été mis en vente aux États-Unis sans trouver de demande. Parallèlement, des dispositions étaient prises pour limiter l'expulsion des propriétaires et ses effets sociaux. Dans de nombreux cas, le gestionnaire du crédit (acquis dans un portefeuille de créances) a accepté un compromis avec l'ancien propriétaire pour une fraction de sa valeur initiale. Dans d'autres cas, l'investisseur ayant acquis ce bien avec une forte décote, a accordé à l'ancien

---

1. AIG présentait un bilan de 1 058 milliards (ou 1 trillion de dollars) pour 78 milliards de capitaux propres et 99 milliards de pertes en 2008. L'État fédéral a apporté à AIG un total de 182 milliards de dollars. La première tranche de 85 milliards apporté par l'État fédéral avait largement servi à honorer les engagements vis-à-vis de banques étrangères (dont la Société Générale pour 11,9 milliards), suscitant des débats animés au Congrès pour la deuxième et la troisième tranche.

propriétaire un bail dont les conditions sont très inférieures au coût du remboursement de son emprunt avant la crise. Par ces mécanismes, beaucoup de ménages ont été resolvabilisés lorsque la baisse des taux ne leur avait pas déjà permis de ne pas se déclarer en faillite. Elle expliquera une certaine reprise de l'économie américaine par la contraction des bilans intérieurs dettes et créances s'annulant *de facto*, le particulier étant libéré, la banque garantie par les agences étant « débarrassée ». Cependant, les mécanismes de maintien des anciens propriétaires, conjugués avec un chômage persistant, permettent de conclure que la timide reprise enregistrée n'est ni durable ni ne marque la fin de la crise. La partie non comptabilisée de la dette des agences de garantie et la dette directe de l'État subsiste et s'est accrue avec désormais l'anticipation de sa croissance inexorable. Sa partie extérieure concernant les États-Unis s'est en revanche réduite du fait de la baisse de la devise, mais compte tenu des blocages monétaires, restera un défi mondial.

Un choc sur l'économie mondiale et une rupture de la pensée économique dominante

L'ampleur de la crise a conduit la quasi-totalité des dirigeants politiques à réviser leurs principes libéraux pour adopter des mesures interventionnistes d'urgence.

Il en « résulte » tout d'abord des atteintes au droit de la concurrence et à l'égalité entre les acteurs du marché. Ainsi, les taux bonifiés par les politiques monétaires et par des actions dites non conventionnelles, consistant pour les banques centrales à devenir des acteurs de marché en achetant des actifs, sont destinés à soutenir les entreprises endettées aux capitaux propres insuffisants, pour certaines d'entre elles proches de la faillite. Le plan de refinancement de l'automobile aux États-Unis atteste que les enjeux industriels et sociaux peuvent encore l'emporter sur les principes du libéralisme économique.

La seconde conséquence a été l'abandon provisoire de l'orthodoxie budgétaire. Cette remise en cause significative soulève la question

214

de la sortie de crise pour chacun des États, mais aussi celle des transferts économiques entre zones géographiques. La Chine, avec ses excédents commerciaux, devrait bénéficier des ajustements, ce qui à long terme n'est pas absurde, compte tenu de sa population et de son passé (en 1820 la Chine aurait représenté un tiers du PIB mondial[1]).

À l'échelle de l'entreprise, il paraît également difficile de mesurer les contractions en valeur. Une transformation tectonique s'est produite, et la compréhension de ses conséquences reste limitée. Ceci rend d'autant plus délicate la correction des erreurs financières qui ont entraîné l'appauvrissement de certains pays. Malgré une reprise de liquidité des marchés financiers adossés sur des taux monétaires administrés très faibles, l'incertitude à moyen terme subsiste et pénalise l'ensemble des décisions des entreprises, notamment en matière d'investissements productifs.

Imaginons pourtant un monde financier rétabli où les valeurs inscrites dans les bilans des entreprises et des États correspondront aux flux à attendre des économies concernées. Cette image permet de simplifier la voie à suivre pour y arriver. Voyons également les phénomènes qui peuvent être rencontrés sur cette route.

L'ÉQUILIBRE GÉNÉRAL DU BILAN DES ÉTATS ET DU SOLDE EXTÉRIEUR ACCUMULÉ

À ce stade, on peut revenir au théorème de l'équilibre général des choses (Lavoisier[2]) appliqué à la finance comme si les bilans et non la monnaie devaient tous s'équilibrer à un terme indéfini. À chaque créance devant correspondre dynamiquement une dette,

---

1. Anil K. Gupta, *The Quest for Global Dominance*, Jossey-Bass, 2008, p. 239.
2. Extrait du *Traité élémentaire de chimie, présenté dans un ordre nouveau et d'après les découvertes modernes* (1789) : « Car rien ne se crée, ni dans les opérations de l'art, ni dans celle de la Nature, et l'on peut poser en principe que dans toute opération, il y a une égale quantité de matière avant et après l'opération ; que la qualité et la quantité des principes est la même, et qu'il n'y a que des changements, des modifications. »

la seule question devient celle de la valeur dans les monnaies de référence. Imaginons aussi que l'effet valeur permette de rétablir les échanges comme si le prix des maisons avait suffisamment baissé aux États-Unis pour restaurer la solvabilité de la population au regard de ses revenus.

Pour faciliter l'exposé, construisons une comptabilité théorique. À une dette inscrite dans un bilan correspond nécessairement un actif. Les totaux actifs et passifs sont égaux puisque tout échange implique deux parties traitant, grâce au rôle d'intermédiation de la monnaie, sur un montant égal. À la comptabilisation en valeur historique d'un achat à 100 correspond un règlement fait ou à faire de même montant. Ensuite, le bilan vit de l'activité qu'il doit traduire ; des évaluations ont lieu du fait d'une transaction effectuée ou comme résultat d'une estimation, comme les inventaires à chaque clôture. De l'ensemble dérivera un résultat bénéficiaire ou déficitaire qui appartiendra au propriétaire de l'entreprise ou, s'agissant des États ou des nations, des citoyens. Dans un premier temps, nous ne considérerons pas la vitesse de transformation des actifs et passifs mais plutôt leur liquidité, dans l'interprétation qu'en fait Jean Tirole[1]. Si le passif excède les actifs réalisables, un ajustement doit être nécessairement fait. Soit l'actif doit être réévalué pour permettre le paiement de la dette, soit la dette doit être réduite. L'actif peut augmenter par une génération plus grande des flux dérivés de l'exploitation ou des prix. Le passif peut se réduire par la baisse des taux d'intérêts ou par un accord avec le créancier.

Comment, dans le contexte actuel, les déséquilibres résultant des changements de valeurs actives, celles notamment pour les créances immobilières un moment surévaluées, peuvent-ils être résorbés, est une question centrale dont seule la solution permettra la reprise de l'économie.

Évidemment, mis à part la croissance de l'exploitation et au-delà de la juste valeur (même si, cause du désastre, elle devait disparaître dans

---

1. Jean Tirole, directeur de l'École d'économie de Toulouse, « Fondements théoriques », Banque de France, *Revue de la stabilité financière,* n° 11, février 2008.

les projets de réforme), tous les événements de valeur sont perturbants. L'hypothèse d'un accroissement des flux positifs dérivés des exploitations doit d'abord être exclue dans un contexte dépressif (sauf pour les banques de transformation dopées par la faiblesse des taux de refinancement). De plus, nous ne croyons pas à une vague inflationniste permettant d'imaginer un effacement des dettes. La pression salariale a été dégonflée par des années de politique visant à rendre flexibles les coûts de production avec la délocalisation.

Dans une situation de chômage proche de 10 % en Occident, les ressources disponibles de centaines de millions de personnes en Asie sont trop grandes pour que les salaires ne soient pas orientés à la baisse. Les capacités industrielles restent insuffisamment employées aux États-Unis avec par exemple en juin 2010 un taux d'utilisation de 71,4 %, supérieur à celui de juin 2009 (65,4 %) mais qui reste très inférieur à la moyenne de 80,8 % enregistrée depuis 1948[1]. La part de l'énergie dans les PIB des grands pays décroît depuis le premier choc pétrolier de 1973, et les prix des autres matières premières ne semblent pas augmenter, bien au contraire, quand on observe les matières agricoles (le quintal de blé est monté à 150 euros au plus haut de 2007 pour descendre à 50 euros au plus bas de 2009 et remonter ensuite du fait d'événements climatiques en Russie).

Dans ce scénario en cours, la dette des agents économiques ne peut qu'être reprise et portée progressivement par les États, d'autant qu'ils deviennent transformateurs monétaires du fait, pour les mieux notés d'entre eux, du taux très faible de leur dette à dix ans (*supra*), dont tous veulent tirer avantage. Restera alors le problème de la dette des États. Celle-ci devra – paradoxe des paradoxes, mis à part celle des États-Unis (voir plus loin) – être résorbée car elle est insoutenable si elle doit être servie (remboursée et ses intérêts payés). Elle ne sera, pas plus que la dette privée, résorbée par l'inflation. Les optimistes peuvent penser que la reprise économique le permettra. Sauf à dire que l'on a trop construit, que l'on produisait trop de produits agricoles ou que

---

1. Source : Réserve fédérale.

l'on construisait trop de voitures, les biens et denrées existants ont leurs usagers et consommateurs potentiels. Du fait des déséquilibres financiers, les facteurs de production correspondants ne sont plus utilisés qu'à capacité insuffisante[1]. Leur réaffectation dans la perspective d'une meilleure utilisation aurait un impact macroéconomique positif. Évidemment, la clarification qui en résulterait pourrait ne pas plaire à tous. Elle modifierait les conditions de consommation mais aussi de production, et affecterait le champ de la production financière.

Les variables d'ajustement macroéconomique

Ayant exclu à court terme l'inflation directe (celle qui ne résulterait pas d'une dépréciation monétaire), le jeu des autres variables d'ajustements possibles pour réduire les déséquilibres monétaires n'en est donc pas moins inéluctable.

Du fait d'une moindre productivité réelle, la valeur des actifs corporels dans lesquels les déséquilibres auraient été investis peut disparaître. C'est ainsi que des capitaux japonais investis dans l'immobilier aux États-Unis ont disparu partiellement au plan financier lors de reventes pendant des périodes de baisse des prix.

La deuxième variable d'ajustement est la parité monétaire. Le détenteur des balances (soldes créditeurs) voit le pouvoir libératoire dans la monnaie d'expression décroître par rapport à sa propre monnaie de référence.

On peut aussi penser que la deuxième variable générera la création d'une monnaie de substitution au dollar. Monnaie nécessaire aux échanges, partant *de facto* sans dette (balance), elle pourra inspirer confiance à ceux qui créeront eux-mêmes de la monnaie par des contrats d'échange dont les soldes ne seraient pas dénoués et rechercherait une monnaie de référence.

---

1. Pour les usines automobiles, il est possible d'envisager que les usines construites soient remplacées par des usines produisant des véhicules de technologie différente.

LA RÉDUCTION DU RÔLE DU DOLLAR ?

Une monnaie de réserve ne perd pas son statut du jour au lendemain. Elle reste une devise clé tant que la liquidité de son marché monétaire reste supérieure à celle de tout autre marché monétaire. Cette liquidité s'autoentretient car elle induit une demande internationale d'emprunt, d'encaisse et de réserve. Depuis 1971, le dollar a perdu les trois quarts de sa valeur contre le yen sans que son statut ait fondamentalement changé. Il représente toujours 64 % des réserves de change fin 2008 (chiffre de 1973), le seul changement notable étant la montée de l'euro avec 26,5 % à la même date (contre 5,5 % recalculé en 1973), qui ne semble pas devoir le remplacer du fait de son inexistence politique. Comme l'écrit le prix Nobel Robert Mundell[1], seules « les grandes puissances ont de grandes devises », ce qui reste le cas des États-Unis.

En mars 2009, la Chine crée la surprise en appelant à un remplacement du dollar comme première monnaie de réserve, peut-être motivée par le souhait de faire évoluer les règles de fonctionnement du FMI où ses droits de vote sont inférieurs à son poids économique. Mais certains économistes[2] s'interrogent sur le rapprochement entre le Japon et la Chine dont l'addition créerait la première économie mondiale. Si la coopération économique se doublait d'une coopération monétaire, la nouvelle monnaie, que l'on pourrait baptiser yan, deviendrait alors la première devise mondiale par sa masse monétaire (au sens classique). On constate en janvier 2010 que la Chine achète de la dette grecque, laquelle s'exprime en euros, montrant ainsi, contrairement à ce que certains voudraient

---

1. Robert Mundell est l'auteur du triangle d'incompatibilité monétaire précisant qu'une économie ne peut atteindre simultanément les trois objectifs suivants : changes fixes, politique monétaire autonome et liberté de circulation des capitaux ; ainsi la mobilité des capitaux et les changes fixes entrainent l'union monétaire (cas de l'euro) c'est-à-dire la perte d'autonomie dans la politique monétaire.
2. « À quand la création du yan ? », *La Tribune*, 17 novembre 2009, dans *Problèmes économiques*, 20 janvier 2010 : le yan monnaie fictive issue de la fusion du yuan chinois et du yen japonais.

croire, la réalité nouvelle des équilibres et l'ordre des facteurs entre valeur monétaire et solvabilité des débiteurs et le lien indivisible entre ces facteurs. Ainsi, la Chine diversifie-t-elle aussi ses réserves et participe-t-elle sans risque au fractionnement monétaire en cours de la même manière que la Grèce contribue à ce mouvement par son endettement… À défaut de devenir la nouvelle monnaie dominante, on pourrait imaginer un fractionnement du globe en trois zones monétaires : le dollar en Amérique, l'euro en Europe (et une partie de l'Afrique), le yuan en Asie.

Vers un accord monétaire multilatéral ?

Pour notre part, nous croyons à des phénomènes de rupture plutôt qu'à une résorption des déséquilibres permettant un ajustement. Les dirigeants politiques ne maîtrisent plus les conséquences de phénomènes qu'ils ont laissé sortir de leur contrôle de souveraineté. Tous ont profité de la globalisation et de la création monétaire incontrôlée[1]. L'intervention politique est nécessaire, car elle seule bénéficie de la légitimité démocratique pour engager des réformes structurantes. La dette cachée par la juste valeur est largement liée au déficit extérieur américain, qui en a permis le financement et s'exprime en dollars. L'inertie des systèmes sociaux-économiques, ainsi que les handicaps du modèle démocratique quant à la perception par l'électeur de phénomènes macroéconomiques, nous portent à penser que ce n'est que sous la contrainte populaire et le *leadership* de certains dirigeants que les systèmes monétaires peuvent évoluer. En revanche, à défaut d'effondrement, cette évolution ne peut se faire que par concertation internationale, laquelle implique une réflexion préalable. La question théorique des zones monétaires n'entre pas dans notre sujet mais ne peut être de ce fait écartée car elle teinte notre débat. Curieusement, elle est soulevée par ceux qui ne croient pas à l'unification monétaire européenne de l'euro, sou-

---

1. J.-F. Serval et J.-P. Tranié, « La juste valeur », *AGEFI hebdomadaire*, 4 février 2010.

vent des auteurs de la presse financière anglo-saxonne. Certes, l'Union latine, qui a rassemblé sous une même monnaie entre 1865 et 1925, la France, la Suisse, l'Italie, le Luxembourg et la Grèce (32 pays soit en nombre le double de celui des membres de l'eurozone en comptant les nombreux pays associés et alignés) a été un échec relatif. Cet échec tout relatif a tenu d'abord à sa base d'abord bimétallique (or et argent dans un rapport fixe) dont les variations divergentes de valeur généraient mécaniquement une perte de disponibilité des pièces émises dans l'un ou l'autre métal selon le changement de parité du prix du métal dans lequel elles étaient frappées[1]. À la fin, du fait des guerres et de l'inflation, la valeur métallique des pièces était supérieure à leur valeur faciale, entraînant leur thésaurisation. L'Union ne couvrait pas à l'époque la monnaie scripturale, moins importante qu'aujourd'hui. Ces défauts ont été progressivement corrigés. Son arrêt effectif est en fait lié aux conséquences de la guerre de 1914-1918, qui a suspendu la convertibilité du franc. Ce n'est pas le cas de l'euro, monnaie non métallique[2] fondée sur une progression préalable de l'intégration économique et sur des niveaux de développement comparables entre les pays concernés ou d'une intégration économique suffisante,[3] de sorte qu'une parité unique est tenable.

---

1. Les États-Unis ont un moment envisagé (en 1873) un ajustement de la valeur de leurs pièces en argent (dime) à la monnaie de l'Union latine. Ce projet n'eut pas de suite, sauf des essais de frappe monétaire.
2. L'Eurosystème (Banque centrale européenne et les banques centrales nationales des États qui ont adopté l'euro) est l'autorité monétaire de la zone euro. Son bilan consolidé au 1er octobre 2010 présente un total de 1,9 trillions d'euros dont 0,3 sont constitués de réserves d'or (ou équivalent) qui ne sont qu'un placement (source BCE).
3. Pour imager la notion d'intégration, il suffit de porter un regard sur une grande ville et sa banlieue. Si l'on devait considérer chacune séparément, on constaterait des échanges déséquilibrés, les exportations se faisant de la banlieue vers la ville. Les coûts comme les prix seront plus élevés dans la ville qu'en banlieue. L'un ne fonctionne qu'avec l'autre en raison des mouvements de population et leur séparation n'est pas envisageable.

L'inconvénient d'une monnaie unique sur un espace politique et économique étendu est d'imposer une parité unique appropriée ou non aux agents économiques et tout spécialement à ceux qui échangent avec l'extérieur de la zone. Qui dit parité unique dit décorrélation des situations microéconomiques individuelles, et donc perte de la marge de manœuvre qu'offrent les parités flexibles. Les responsables économiques américains du Congrès et du gouvernement sont, depuis des décennies, favorables à une flexibilité des parités, évidemment à l'égard du yuan chinois considéré comme sous-évalué.

On ne débat pas de l'utilité de l'usage d'une monnaie sur un espace qui permet des échanges stables et surtout une offre aux entreprises de marchés dont la taille permet des gains de productivité liés à la longueur des séries. L'euro a été à cet égard non seulement indispensable mais une réussite. Nous n'avons pas trouvé trace d'idées qui prétendraient que le dollar doive être démantelé en tant que devise unique des États-Unis. Personne n'a évoqué que l'écart de revenu entre l'habitant du Mississippi et celui des centres financiers du nord-est (de 1 à 3), du revenu moyen du citoyen américain (de 1 à 2), ou la situation budgétaire très variable et mauvaise de certains États (Californie), puisse justifier un éclatement du dollar, par ailleurs constitutionnellement la monnaie des États-Unis. La liberté des échanges menant à la concurrence, source d'amélioration des produits, des services et de la productivité, est le fondement de notre système économique. L'unicité ou la stabilité monétaire en est la condition. En revanche, elle implique l'unicité politique et philosophique, de sorte que les citoyens soient tous dotés des mêmes atouts pour s'y inscrire, ce qui implique des systèmes législatifs, réglementaires et judiciaires pour y veiller.

Cette situation est la même dans les trois grandes zones monétaires et les récentes interrogations posées sur l'avenir de l'euro ne s'expliquent que par la nostalgie pour certains à l'égard d'un passé pourtant tragique ou par l'idée pour d'autres que les nouveaux équilibres leur portent tort.

La question se réduit donc et subsiste, du caractère adapté ou non des parités des devises entre elles alors que leur poids respectif dans les échanges est devenu majeur et que le lien avec les usages externes n'est plus directement en relation avec le niveau des réserves des banques centrales qui, à défaut d'or, ne peuvent plus être qu'en devises d'une autre zone.

Dans une situation de forts échanges internationaux et de grands déficits externes (voir premiers chapitres), les niveaux de parité comme leur variation peuvent avoir des conséquences extrêmes sur les entreprises et l'emploi.

L'analyse macroéconomique doit être complétée par un point de vue microéconomique sur les structures des entreprises et la réalité des flux. Les échanges de données immatérielles ont enregistré une croissance sans précédent grâce à l'informatique et au Web. Les échanges de biens corporels et les déplacements des individus se sont développés avec les capacités et la rapidité des transports. Dans cet environnement nouveau, la taille et le modèle économique des entreprises ont changé. Celles-ci incorporent des quantités de travail et d'investissement totalement divergentes selon qu'elles opèrent dans la technologie comme Microsoft, Google ou même Apple, dans la mécanique comme Wan (en Chine), dans le bâtiment ou enfin dans les services publics.

Bien que ces entreprises aient toutes des centres de coordination nationaux et une monnaie unique d'expression de leur comptes, leur sensibilité à la parité monétaire peut être très différente. Celles qui incorporent peu de travail et de matière dans leur coût rapporté au chiffre d'affaires, sans y être insensibles, ont des gains de productivité à la mesure de l'espace où elles peuvent exercer. Les parités ne constituent pas un facteur déterminant pour les entreprises dites de « la nouvelle économie ». En revanche, les entreprises de mécanique ou de matières premières, consommatrices de ressources humaines et de compétences, dont la formation est une longue histoire, sont très frappées par des parités inadaptées à la hausse comme à la baisse. De ce fait, toute fluctuation monétaire crée des distorsions graves et violentes entre ces entreprises aux modèles différents sur un même territoire.

Les réalités sociologiques, dont l'évolution se mesure en décennies, ont créé des différences structurelles majeures entre zones monétaires. Elles se heurtent aujourd'hui aux transformations économiques, qui ont été plus rapides du fait de l'informatique et des télécommunications. Les destructions de compétences peuvent être irréversibles et les rentes injustifiées une cause d'agitation sociale. Ainsi, le choc des modèles ne peut que se retrouver au plan monétaire puisqu'il n'y a plus de variables d'adaptation autres que l'inflation et les salaires, le reste des coûts étant soient transférables, soit structurellement variables. On voit dans ce phénomène la raison de la volatilité des prix des matières premières, mais aussi des marchés financiers.

Tableau 11.1 – Grandes données

	États-Unis	Chine	Union européenne
Superficie (millions de km^2)	9,6	9,6	4,2
Population (millions)	301	1 322	495
PIB (€)	14,3	4,8	16,4
Habitant par km^2	33 235	137 771	117 857

Sources : Banque mondiale, FMI, Eurostat.

L'usage international du dollar et son rôle de monnaie de réserve a déterminé un modèle économique (y compris microéconomique) comportant l'hypothèse de la domination politique et économique des États-Unis après la Seconde Guerre mondiale ; la guerre civile chinoise l'a prolongée à l'intérieur du continent asiatique, puis en Corée. Les États-Unis ont ainsi pu assumer un déficit extérieur pérenne, accompagné d'un transfert de leurs capacités de production manufacturière d'abord en Amérique latine puis en Asie, par l'effet de la décroissance des coûts.

Pendant ce temps « l'Europe reconstruite » dont parlait le général de Gaulle en 1965 s'adaptait depuis 1971 à un modèle de monnaie forte, peu sensible aux parités monétaires du fait de l'élargissement et de la technicité de ses ressources humaines, liée au niveau éducatif et à la qualité de ses produits. Le modèle vertueux d'enrichissement des classes moyennes a été plus tard suivi par la Chine et d'autres pays émergents comme le Brésil.

Dans cette situation, certaines entreprises ne sont plus représentatives de la situation économique des pays d'où elles émanent : les grands groupes cotés en Bourse (leurs résultats sont donc connus) de l'industrie, de l'informatique ou d'autres secteurs, souvent protégés de la pleine concurrence par leur taille sur le marché.

Ces groupes ont répercuté sur les consommateurs les effets passagers de leur perte de vitesse de croissance pendant la phase aiguë de la crise et leurs résultats additionnés sont supérieurs désormais à ce qu'ils étaient avant la crise[1]. Pendant ce temps, la reprise économique constatée aux États-Unis reste discutée et destructrice d'emploi. C'est le paradoxe souvent évoqué sans explication de « la microéconomie qui ne rencontre plus la macroéconomie ».

Les États-Unis ont des entreprises très dominantes dans les domaines des logiciels, de l'informatique et de la communication, dont la croissance est inscrite dans le moyen terme comme pilote mais qui, apportant productivité, sont plutôt destructrices d'emplois comme l'ont été par le passé toutes les révolutions industrielles.

Par leur modèle économique, consistant en une avance en matière de logiciels et une sous-traitance industrielle en Asie sans transfert de technologie, elles sont peu sensibles aux parités monétaires. En raison de leur apport en innovations, elles sont en mesure de répercuter sur le consommateur final toute hausse des prix manufacturiers qu'elles subiraient ou si tel n'était pas le cas, d'en supporter l'impact par une baisse de leur taux de marge qui sera défavorable à la balance commerciale américaine. Le développement inexorable de ces entreprises de la *high tech* dans l'ensemble du monde ne compensent pas les pertes d'emplois de

---

1. Reuters cite une croissance des résultats des sociétés du S&P 500 entre le premier semestre 2009 et 2010 de 47 % à 384 milliards de dollars, chiffre lui-même très significatif quand on le compare au PIB annuel américain de l'ordre de 14 trillions. Les résultats des grandes entreprises européennes enregistrés au premier semestre seraient sur une courbe ascendante encore plus marquée.

l'industrie manufacturière : 80 000 salariés chez Microsoft, 35 000 chez Apple, 23 000 chez Google (fin septembre 2010), tandis que General Motors passait de 618 000 en 1980 à 110 000 en 2008… Qui plus est, les entreprises high tech apportent par la révolution digitale une meilleure productivité du travail. Ainsi, il n'est pas sûr qu'une hausse du Yuan soit, à court et à moyen terme favorable à une reprise de l'emploi aux États-Unis ; et ses effet pervers (le renchérissement mécanique des importations) pourraient même être à long terme plus importants que ses effet positifs sur une relance.

L'évolution des parités sera-t-elle gérée d'une manière consensuelle par les grands États ? Probablement, mais la réponse tarde car il n'est pas assuré que la situation sociale reste partout maîtrisable.

De leur côté, les financiers, dans les cadres actuels de liberté où ils sont placés, n'attendront pas. Les détenteurs de dollars n'auront pas d'autre choix que de constater des pertes par une dévaluation par rapport à l'euro. Cette monnaie est moins soumise aux contraintes d'une pression démographique plus faible que dans les autres zones monétaires, moins soumise aussi au diktat d'un pouvoir politique : celui-ci n'existe pas encore vraiment et n'a ni les besoins, ni les ambitions et capacités militaires d'autres zones. On le voit déjà par le maintien des excédents de la zone par rapport à l'Asie qui est son principal partenaire (20 % des échanges mondiaux contre 17 % avec les États-Unis).

Les dirigeants chinois seront contraints de mener une politique monétaire propre pour éviter la surchauffe de leur économie qui draine déjà des flux de capitaux étrangers importants. Cela implique une hausse des taux qui, bien entendu, agira en pression haussière sur la devise chinoise et, comme celle-ci est encadrée, sur les devises des pays de la zone. Les dirigeants chinois étant préoccupés de façon prioritaire par l'impact de leurs décisions monétaires sur la situation intérieure du pays en matière d'emploi, ceci préjuge mal d'une flexibilité importante dans des négociations internationales.

Dans ce processus, ouvertement ou implicitement, l'Asie fixera le rythme des ajustements monétaires et de celui du prix des matières premières, à moins que des événements climatiques (feux en Russie) ou politiques (une guerre) ou sociaux (des grèves longues) ne perturbent ce schéma. Dans la première hypothèse, l'ajustement des dettes par l'inflation ne jouera que contre la devise américaine. Pour les produits de grandes séries, le renchérissement des biens importés n'est pas suffisant pour en relocaliser la production aux États-Unis. La rigidité de la demande aux prix se mesurera alors en vraie grandeur, comme la capacité d'innover. La seconde hypothèse, qui ré-enchérirait le prix des matières, jouerait dans un premiers temps en faveur du dollar mais ne contribuerait pas à terme à son redressement industriel.

Les questions monétaires qui influent sur la vie des nations ne peuvent être abandonnées à l'arbitraire des événements. Certains pensent que du fait de zones monétaires larges et intégrées depuis la création de l'euro et l'émergence de la Chine, les échanges entre zones (pour l'essentiel de proximité entre entrepreneurs de chaque nation intégrées dans leur espace douanier et monétaire – voir les échanges entre la France et l'Allemagne) ne sont pas suffisamment importants pour justifier un système monétaire international. L'histoire brève des systèmes monétaires contemporains ne leur donne ni raison ni tort. L'Union latine (chapitre 2) n'est en fait qu'une succession de traités adaptant le mécanisme aux réalités. Ce système a perduré un demi-siècle et aurait pu être celui des États-Unis (si notamment le Royaume-Uni et la Prusse ne s'y étaient pas opposés, ce qui n'aurait d'ailleurs pas allongé sa vie puisque c'est la guerre de 1914-1918 qui y a mis fin). Dispositif en constante réforme ou accords successifs, les différences ne sont que dans le vocabulaire. Ces derniers sont impératifs pour éviter les guerres économiques et monétaires ; c'est la vocation du G20 de les susciter dans un monde globalisé.

Les responsables politiques devront construire des cadres juridiques nouveaux permettant aux économies occidentales actuelles de reprendre leur croissance sur des bases assainies. Au milieu du XIXe siècle, le chancelier Bismarck[1] l'avait fait : ayant

---

1. Emil Ludwig, *Bismarck*, Édition française, 1929, réédité par Payot, 1984.

bénéficié des expériences de la France du XVIIIe siècle, il créa les structures juridiques et sociales à l'origine de l'émergence de l'Allemagne[1].

Il leur faudra non seulement préserver la valeur que représentent les entreprises et les hommes qui les composent, mais aussi construire le progrès scientifique et social qu'il est permis d'attendre des ressources humaines dont elles disposent encore, du fait du système éducatif et du référentiel moral. Ainsi les responsables politiques éviteront-t-ils que le désordre qui nous entoure ne conduise à des désastres comme ceux qui ont suivi la crise financière allemande d'après la Première Guerre mondiale.

Face au « mur » de l'endettement, les États doivent prendre des mesures. Le seul moyen pour résorber cette dette accumulée et accélérer la reprise économique est de conclure un accord multilatéral de souscription réciproque entre banques centrales à la dette des autres, à des taux très faibles. Cette situation, qui existe déjà car les réserves des uns sont les dettes non comptabilisées des autres, est instable sans accord. Il s'agirait d'arrêter ce que le langage commun appelle de la « cavalerie », en transformant les banques centrales en banque d'État, rôle qu'elles ont déjà tenu pendant la phase aiguë de la crise quand elles ont acheté des créances diverses. Ce rôle est en fait déjà dévolu à la BRI, dont un accord international pourrait accroître les moyens. Cet accord est cependant à déconseiller fortement si les prémisses d'un traitement à long terme des causes de la crise ne sont pas acquis, comme ne serait pas établie une vision commune du monde dans lequel nous voulons vivre.

---

1. Joseph Rovan, *Les Allemagnes,* Seuil, 1994.

Chapitre 12

Les constats – les questions

CADRE GÉNÉRAL : L'ÉLARGISSEMENT DE LA NOTION DE MONNAIE

Les définitions actuelles des banques centrales (voir chapitre 3) ne sont plus adaptées aux nouvelles réalités de la monnaie. Si l'on accepte l'immense phénomène de désintermédiation et la mondialisation de l'économie dont l'ampleur n'avait pas été prévue, le contrôle démocratique de la banque centrale ne peut plus s'opérer au niveau factice de la monnaie fiduciaire des banques centrales ni même de la monnaie scripturale des banques. Ce sont tous les instruments d'échange qui doivent être appréhendés pour permettre la survie des économies de marché. Pour le faire, il faut assurer la totalisation des bilans privés et en comparer le résultat avec les bilans des banques centrales. Du fait de leur financiarisation (voir chapitre 1), les échanges économiques sont comptabilisés par le système bancaire au niveau des entreprises pour les transactions faites avec les particuliers. La mise en place du système européen des paiements SEPA[1]

---

1. SEPA (*Single European Payment Area*) est une plate-forme unique de moyens de paiement en euros mise en place pour harmoniser les transferts financiers ; celle-ci entraînera une réduction des coûts (estimée à 50 milliards d'euros par an minimum selon la commission européenne), des délais (24 h à horizon 2012) et une plus grande fiabilité ; seul le chèque (dont la disparition est programmée pour 2014), qui représente 26 % des paiements en France contre 9 % en moyenne en Europe, n'est pas couvert par la plate-forme.

dès 2010 en France fournira des données agrégées en temps réel, la compensation se faisant directement avec la BCE.

Ainsi que nous l'avons dit, la désintermédiation du financement des entreprises et le refinancement bancaire par des entités non bancaires contribuent également à l'élargissement de la définition de la monnaie à tous les types d'actifs et de passifs. Ce n'est pas le principe de ces innovations qui est en cause, mais leur extension sous toutes les juridictions, sans limite d'usage quant à l'objet et aux montants.

Maurice Allais souligne[1] que « toutes les difficultés rencontrées (crise de 1997) résultent de la méconnaissance d'un fait fondamental. C'est qu'aucun système décentralisé d'économie de marchés ne peut fonctionner correctement si la création incontrôlée *ex nihilo* de nouveaux moyens de paiement permet d'échapper au moins pour un temps aux ajustements nécessaires ». Ainsi, justifie-t-il une vision de la monnaie que lui-même considère plus globale que la monnaie définie par les banques centrales, qui puisse être régulée. Nous reverrons comment suivre cette monnaie M5 et M6 (dont nous avons annoncé le concept au chapitre 3).

LA TAILLE DES BILANS, FERMENT DE LA CRISE

Au-delà de la croissance globale des engagements, les bilans connaissent en outre une concentration excessive[2]. Les États n'ont plus la possibilité de laisser les grands établissements financiers et les très grandes entreprises de service disparaître. La prise de conscience d'un risque systémique de défaillance généralisée a conduit le Trésor américain et la FED à soutenir AIG au lendemain de la faillite de Lehman, dans un plan qui aura nécessité au total 182 milliards de dollars. Le gouvernement britannique a recapitalisé dans l'urgence trois établissements, dont Lloyds et RBS, ce dernier ayant au total reçu 45 milliards de livres. Dans les

---

1. *La Crise mondiale d'aujourd'hui : pour de profondes réformes des institutions bancaires et financières*, Éditions Clément Juglar, 1999.
2. Voir à nouveau le rapport BCE du 28 août 2009.

deux cas, la dette privée à l'origine de la déroute est transformée en une dette publique.

En parallèle s'opère un mouvement de concentration bancaire alimenté par les changements économiques (les faillites de certains établissements) et la mise en place de règles de gouvernance. L'ensemble est cautionné par une idée communément répandue : la faillite d'un projet (de titrisation) est moins grave si elle est partagée avec d'autres opérateurs, et un gros bilan est sécurisant (selon le principe de *too big to fail*). Dans ce contexte, il est difficile d'imaginer que le mouvement de concentration puisse s'arrêter, malgré la sérieuse mise en garde de la BCE sur la concentration de certains marchés (cinq établissements, JP Morgan, Goldman Sachs, Morgan Stanley, Deutsche Bank et Barclays, sont contreparties de près de la moitié du marché des CDS). Celle-ci souligne que la concentration accroît le risque de perte de liquidité en cas de nouvelle faillite (« *This concentration has increased the liquidity risk in the event of another dealer failure* », rapport BCE août 2009).

Les montants des bonus et la crise procèdent des mêmes causes qui ont amené à cette situation de désordre monétaire et financier : une dérégulation excessive. La forte corrélation entre d'une part le niveau comparé des salaires de la finance avec ceux de l'industrie, et d'autre part l'indice de régulation apparaît clairement sur le schéma de la page suivante[1].

Le trader a un rôle. Il ajuste les flux et les valeurs. Mais tout désordre accroît ses potentialités de profit et pour s'en convaincre il suffit de constater l'explosion des profits bancaires.

On ne peut expliquer la dimension des bonus par la seule impéritie de ceux qui les paient. La signature des contrats d'emploi avec les traders repose sur des décisions rationnelles et des procédures qualifiées. L'irrationalité, toujours possible, relève de l'accident et non de l'incompétence individuelle, si l'on prend en compte la situation des traders dans leur ensemble.

---

1. Voir également « *Wages and human capital in the US finance industry* », Philippon & Reshef, décembre 2008.

Figure 12.1 – Niveau comparé des salaires de la finance avec ceux de l'industrie

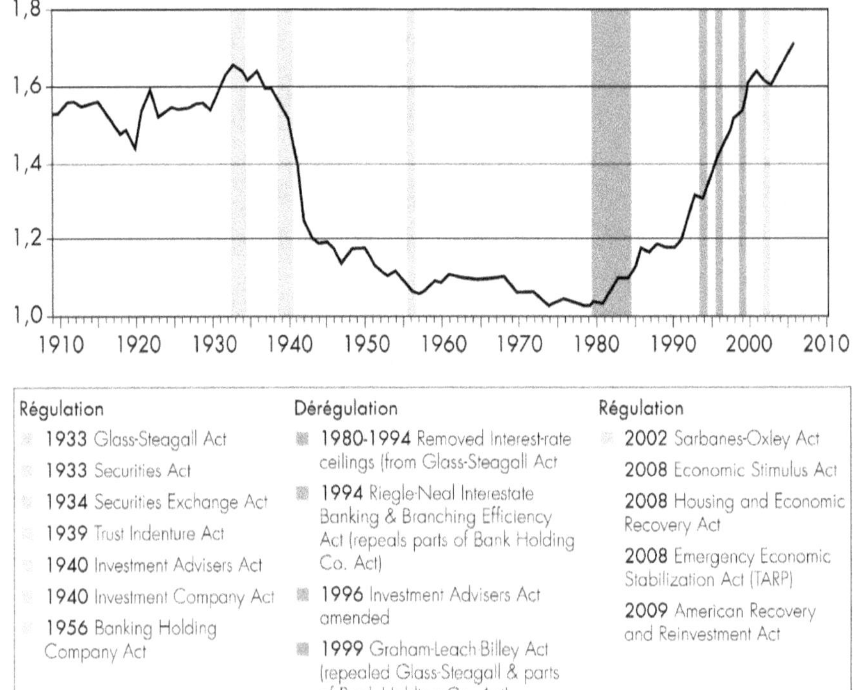

Source : d'après WSJ.

Les banques ne paient des salaires et des bonus considérables que parce que les activités de marché ont été très profitables. La concurrence générée par toute activité rentable amène les banquiers à rechercher les meilleurs éléments pour les secteurs déterminants des profits de la banque et la satisfaction des actionnaires qui les ont élus. Lorsque des pertes sont apparues, leur origine n'a pas toujours été clairement perçue. Une confusion s'est établie entre les pertes exceptionnelles et non récurrentes, venant de la défaillance des marchés financiers et la profitabilité intrinsèque des activités de *trading*.

Au demeurant, la concurrence dans l'embauche de traders et de responsables de ces activités a permis à ceux-ci de bénéficier de rémunérations et de contrats exorbitants. En matière de rémunération du risque et de la performance la situation du trader et celle de la banque ne sont pas équilibrées. Lorsqu'une opération est profitable, la banque enregistre un bénéfice, le *trader* touche un bonus et les deux parties sont satisfaites. Lorsque l'opération est déficitaire, les conséquences ne sont pas partagées, car les sommes en jeu sont couvertes par le bilan des banques et non par le revenu du *trader*, fût-il très élevé. Pour autant que son contrat contienne une clause de malus (ce qui n'était pas l'usage), l'opérateur n'était en général pas en mesure de participer significativement à une perte sur un salaire déjà payé, imposé et souvent consommé. Qui plus est, un *trader* ayant réalisé de mauvaises performances en début d'année pouvait être tenté d'augmenter son exposition et sa prise de risques en fin d'exercice, sur le principe du quitte ou double : les pertes seraient supportées par la banque, les gains donneraient lieu à un bonus. On a ainsi vu un certain nombre de traders cacher leur position réelle pour « se refaire », comme dans l'affaire Kerviel[1], ce qui illustre la nécessité de renforcer la pertinence des contrôles internes en complément de la révision des modes de rémunération.

Sur ce plan, l'action nécessaire a été engagée au plan national ainsi que dans le cadre du G20 de Pittsburg : les bonus seront étalés et moyennés entre exercices pour éviter l'effet d'aubaine.

Cette stratégie ne résout cependant pas le sujet de fond : la légitimité des montants en cause alors qu'ils sont liés aux désordres financiers à l'origine de la volatilité et à la dimension des échanges et leur concentration[2].

Il y a d'abord une anomalie à ce que les désordres financiers profitent aux traders. La volatilité des marchés financiers offre des opportunités aux traders tentés de procéder à des arbitrages permanents. Cette attitude est l'antithèse de celle des épargnants

---

1. *Trader* de la Société Générale à qui la banque impute 4,8 milliards d'euros de pertes en 2008 au titre de prises de risque non conformes au cadre opératoire qui lui avait été fixé. M. Kerviel a été condamné en première instance.
2. Les CDS sont essentiellement émis par les grandes institutions qui se concentrent au bénéfice des crises successives, créant un monopole de fait des émissions.

prudents qui, dans une période difficile, limitent leur prise de risque. Il est paradoxal de constater que les activités de marché ont atteint en 2009 des niveaux de rentabilité inégalés, ce qui explique le montant de 20 milliards de dollars de bonus que Goldman Sachs envisageait d'accorder à ses équipes. En réaction, Barack Obama a fait adopter par le Congrès une réforme profonde du système bancaire qui devrait considérablement restreindre dans le futur le champ des opérations qui resteront dans le secteur bancaire.

La concentration et l'ampleur des masses sous gestion contribue à l'explosion des bonus, faussement légitimés par la taille des bilans et des flux. Les échanges purement financiers ne sont plus liés à la réalité des productions de biens et services et, par rotation, atteignent des montants extraordinaires. Pour les instruments purement financiers portant sur des créances que l'on peut créer par circulation libre de la masse monétaire ou sur la garantie de ceux qui les émettent, il n'y a pas de limite. Nous avons déjà relevé que les montants des CDS en circulation sont encore, après la crise, du même ordre de grandeur que le PIB mondial.

L'utilité économique d'une rotation accélérée des instruments financiers reste encore à déterminer. À cet égard, les premières études faites, depuis la mise en place en novembre 2007 de la directive européenne MIDIF (Directive européenne sur les marchés d'instruments financiers, qui copie peu ou prou le système américain), montrent que le fractionnement des marchés et la concurrence n'ont pas permis de réduire le coût du capital pour les émetteurs. En revanche, ceux-ci[1] se plaignent du manque de transparence qui en a été la conséquence. Un rapport de février 2010, dirigé par un ancien directeur général de l'AMF (France), Pierre Fleuriot, recommande notamment pour corriger cette insuffisance la constitution en Europe d'une chambre de compensation unique[2].

---

1. Martin Bouygues, président du groupe éponyme en décembre 2009, parmi de nombreux autres chefs d'entreprises.
2. Le ministre français des Finances a commandé un rapport qui a été publié le 16 février 2010 et qui pointe les faiblesses de la MIF.

LA SÉCURITÉ DES DÉPÔTS, BASE DEVENUE PARTIELLE DE LA CONFIANCE DANS LE SYSTÈME

Les images de la file de déposants retirant leur argent lors de la déconfiture de Northern Rock ont fait renaître les souvenirs de la crise de 1929 et remémoré la sensibilité de la confiance dans le système bancaire. Ces clichés ont probablement eu un impact plus fort sur le grand public que la défaillance de Bear Stearns ou la faillite de Lehman Brothers, qui n'étaient pas des banques de dépôts. Malgré l'action rapide et énergique des États, les particuliers se sont mis à fuir les placements à risque et notamment les marchés boursiers. Ceci a eu un effet d'accélération de la chute des cours, conséquence mécanique de la panique.

L'intervention systématique des États et la garantie des dépôts bancaires ne peuvent pas constituer la base d'un système financier équilibré. Les défaillances observées sont le résultat de dysfonctionnements qui auraient dû être anticipés par des règles de contrôle appropriées. Ainsi, grâce à une recapitalisation en urgence de 6,4 milliards d'euros en octobre 2008, le groupe Dexia a été sauvé d'une faillite due pour partie aux pertes de sa filiale américaine de rehaussement de crédit FSA, dont il est difficile de comprendre le lien avec le métier de financement des collectivités locales européennes. Natixis procédait à la même époque à une augmentation de capital de 3,7 milliards d'euros, correspondant au montant de ses pertes sur les *subprimes*… Les difficultés de cet établissement ont eu un retentissement particulier en France du fait du projet de rapprochement entre les Banques Populaires (Natixis) et les Caisses d'Épargne (France) pour constituer la BPCE. La Caisse d'Épargne était considérée comme la banque de bon père de famille, dans laquelle de nombreux Français avaient ouvert des comptes sur livrets pour eux-mêmes et leurs enfants. La découverte par le public d'activités inconnues et difficilement explicables, hors du territoire national, mettant en risque leur épargne, a alimenté les inquiétudes du grand public. La découverte concomitante des rémunérations élevées des traders n'a fait que renforcer la cassure avec le monde financier.

La question du traitement spécifique des établissements habilités à recevoir des dépôts du public s'est donc trouvée clairement posée.

LA SOLIDITÉ DU SYSTÈME : LE RETOUR IMPOSSIBLE DU *GLASS STEAGALL ACT*

En règle générale, la monnaie est restée sous le contrôle direct des États jusqu'au milieu du XIXe siècle. Depuis cette date et grâce à son essor, le système bancaire a pris le relais de la création monétaire, avec l'octroi des prêts bancaires selon l'adage « les crédits font les dépôts ». Il a ainsi accédé à l'usage d'un bien public, celui de la création monétaire, et contribué à la mutation irréversible de la monnaie vers une nouvelle forme scripturale. On peut donc considérer que les banques n'exercent pas une activité commerciale traditionnelle, mais une mission de service public. Sur la base de cette analyse, le législateur américain a décidé de séparer les activités de la banque de dépôt (*narrow bank*) de celles de la banque d'investissement (*casino bank*) par le *Glass Steagall Act* de 1933, pour éviter la confusion entre les missions de services public et les opérations spéculatives.

Outre la transformation de la durée des ressources et des emplois d'argent sur des actifs et dettes de qualité équivalente (dépôt et prêts), les banques avaient contribué au développement des entreprises américaines par des investissements directs. Elles avaient ainsi pris un risque conjoncturel sur la situation économique, mais également un risque de liquidité en gageant leurs crédits sur la valeur de ces mêmes actions. Plus la valeur des actions augmentait, plus le potentiel d'endettement des acquéreurs augmentait parallèlement, y compris sur les portefeuilles déjà constitués. C'est pourquoi le *Glass Steagall Act* interdisait aux banques d'intervenir significativement au capital des entreprises. En cas de retournement de conjoncture, les entreprises ne pouvaient plus rembourser leurs crédits, et avec la baisse du cours de leurs actions, la valeur du gage disparaissait, amenant les banques à la faillite. Cet effet multiplicateur est tout à fait comparable à celui que l'application généralisée de la juste valeur a déclenché lors de la crise de 2008, avec le même risque de faillite en cas de non ajustement des prix à la variation des flux futurs.

Tant que cette réglementation est restée en vigueur, ce qui a été le cas jusqu'à sa suppression par le GLBA (*Gramm Leach Bliley Act*) et l'administration Clinton en 1999, le monde financier américain n'a pas connu de secousses majeures. À la lumière de la crise de 2008, la question s'est posée de rétablir une version modernisée du *Glass Steagall Act* à l'échelle mondiale, et d'interdire aux banques de dépôt toute prise de risque sur les marchés, ou de n'autoriser des interventions que sur la base de mandats clairs émis par les clients. C'est en tout cas la proposition de plusieurs acteurs éminents, dont lord Adair Turner, président de la FSA britannique et de Mervyn King, gouverneur de la BoE (Bank of England). C'est également le sens de l'intervention du président Obama le 21 janvier 2010, visant plus spécifiquement les activités de marché sur fonds propres. Le projet de l'administration Obama avait pour objet d'interdire aux banques de dépôts (qui sont par ailleurs garantis par le dispositif du FDIC) toute intervention sur fonds propres, ce qui impliquait une définition claire de la notion de *trading* sur fonds propres et leur séparation des autres activités. Cette idée, inspirée par Paul Volker, répond à une question que nous avons déjà évoquée et justifie en première analyse la proposition. Désormais adoptée, la loi de réforme du 21 juillet 2010 n'a pas retenu l'interdiction, qui manquait de sens du fait de la connexité de toutes les activités financières, mais celle d'une quasi-obligation de séparation, à laquelle les principales banques ayant des activités de marché semblent adhérer (Goldman Sachs projette de se séparer de ses activités sur fonds propres).

Le risque systémique n'a pas totalement disparu, mais il est désormais cantonné, connu et donc en théorie, traitable.

Un certain nombre de questions de principe n'ont toutefois pas encore été résolues. Est-il légitime de rémunérer les banques et leurs traders pour une émission monétaire privée fondée sur la garantie des États ? La même question se pose pour les opérations rendues possibles par l'accès à des taux d'intérêts faibles (et gérés par les Trésors publics, comme les rachats d'obligations). L'État n'est-il pas en droit de réclamer sa légitime contribution, sous forme d'impôts ou de réglementation pour en rémunérer ou en limiter l'usage ? À l'instar des sanctions pour contrefaçon de billets, l'émission monétaire privée devra être régulée et punissable.

Les activités des banques devront être individualisées pour mesurer et rémunérer les capitaux propres et les flux utilisés. Il est ainsi légitime de déduire une commission d'adossement pour utilisation du bilan de la banque sur les opérations de marché, calculer un résultat qui reflète mieux les risques pris par les différents départements bancaires, et réduire de ce fait l'assiette de la prime des opérateurs (*brokers*).

L'assurance du dénouement des transactions, base de la confiance intrinsèque dans le système

La confiance du public et celle des opérateurs financiers professionnels méritent une analyse distincte. Nous avons parlé des inégalités des citoyens devant l'information. La crainte d'un non-dénouement des opérations en cours est tout aussi importante. Le rapport Garry Gorton à la Commission fédérale sur les causes de la crise financière (cité à plusieurs reprises) souligne comment elle a présidé à l'arrêt de la circulation monétaire avec la perte de confiance dans la valeur réelle de dépôts d'instruments financiers pourtant fortement ou totalement garantis. Le système a rejeté massivement la juste valeur, réduisant d'office les valeurs acceptables en recoupant – tardivement – l'évolution des flux des porteurs sous-jacents (le citoyen américain) avec les valeurs refinancées. La rencontre de la microéconomie sur un marché concentré et de la macroéconomie a fait basculer Lehman Brothers et a failli emporter l'ensemble.

Comme aux législateurs américains et européens, il ne nous semble pas optimal d'organiser une séparation stricte et bilancielle des activités, ni d'interdire formellement les activités de *trading* sur fonds propres sur le modèle du *Glass Steagall Act* de 1933. Il est possible d'avoir une approche plus équilibrée sur la base des travaux de sondage engagés par les comités *ad hoc* (Bâle et Solvency) et les banques centrales. Cette démarche fine, adoptée fin juillet 2010 par le Comité de Bâle après étude d'impact, limite comme la loi américaine les activités par voie de ratio « à calibrer », avec une durée spécifique pour chaque établissement. En effet, le contexte qui avait prévalu à la mise en place du *Glass*

Steagall Act en 1933 a fondamentalement changé, du fait de la financiarisation de l'économie, de la numérisation de l'information, et du caractère fongible des flux. Une séparation arbitraire affecterait fondamentalement l'accès au financement des entreprises et des opérateurs d'infrastructures. Elle remettrait en question le mécanisme de transformation bancaire et de mobilisation de l'épargne vers l'investissement productif, qui est une des fonctions fondamentales de la finance (voir chapitre 4). La réglementation devrait donc porter sur l'encadrement des opérations sur fonds propres qui devraient à notre avis être motivées quoiqu'il arrive par une anticipation raisonnée des flux d'ordres, et soumises au contrôle des risques internes sur la situation des clients et des volumes à attendre. Les exigences posées en matière de fonds propres et d'effet de levier dans les dispositifs prudentiels européens de Bâle III et Solvabilité II auront à terme les mêmes effets que la loi américaine. Rappelons que les États-Unis, comme tous les pays membres, se sont engagés dans le cadre du G20 à y adhérer, ce qui ne préjuge en rien de la réglementation indépendante de la FED, qui après la loi de juillet 2010 aboutit à interdire les activités de trading sur fonds propres des banques. Mais il est à craindre que ces activités renaissent sous d'autres formes et surtout déjà prévu qu'elles se poursuivent avec simplement une structure capitaliste séparée ne changeant rien aux risques macroéconomiques générés.

En ce qui concerne la titrisation et les produits complexes en général, il nous semble souhaitable que l'émetteur conserve un risque afin de ne pas concevoir ou participer à la constitution de produits sans en assumer une partie des conséquences. L'idée d'une réglementation, actuellement dominante et adoptée dans son principe par la nouvelle loi américaine, est probablement mauvaise aussi longtemps qu'elle n'est pas spécifique à des créances dont la nature et le droit de l'exécution (réalisation par le créancier du gage remis en garantie par le débiteur) applicable sont définis. Il est envisagé que les cessionnaires de créance conservent obligatoirement une partie du risque. Cette vision légaliste n'est plus envisageable au niveau national. L'Europe devra donc se positionner. À défaut, le marché de la titrisation manquera de profondeur au détriment des marchés les plus étroits où l'épargne ne pourra pas se diriger. Selon nous, il serait nécessaire de développer au niveau international, comme pour les droits des instruments de paiement, des concepts juridiques par lesquels les cessions resteraient comme aujourd'hui définitives. En revanche, lorsque les taux de défaillance excèderaient certains pourcentages établissant une présomption contre les cessionnaires, un droit de retour financier serait appliqué sur le modèle de la rescision pour lésion[1]. On peut en attendre une plus grande prudence du législateur comme des institutions financières pour faciliter les développements de crédits à des débiteurs fragiles, comme cela a été le cas pour les crédits dits *subprime*.

De ce point de vue, et comme nous l'avons déjà souligné, il faudra mettre en place un ticket modérateur laissant obligatoirement une part de responsabilité aux opérateurs en même temps qu'un plafonnement de responsabilité pour en éviter le transfert aux plus prospères. Les pays qui n'ont pas encore adoptés ou réformé leur système juridique pour y insérer une obligation de proportionnalité aux fautes et erreurs commises devront le faire. Aujourd'hui en effet, les intervenants de la chaîne de valeur s'efforcent de s'exonérer des risques par leur transfert sur d'autres, soit par la signature de lettre d'affirmation de leurs clients (cas des auditeurs externes), soit par des couvertures d'assurance professionnelle qui correspondent à une collectivisation des risques. Il paraît souhaitable qu'une partie de ces risques restent à leur charge, même si ce montant doit rester raisonnable (en cas de matérialisation du risque) pour éviter de geler l'activité économique par des contraintes démotivantes pour ces intervenants[2].

---

1. Ce concept existe par exemple dans le droit français des cessions immobilières.
2. Voir rapport sur la responsabilité des professionnels de la chaîne financière Département APE CNCC 2004 et directive européenne sur l'audit.

La limite des politiques monétaires et budgétaires

Parmi la panoplie des traitements en cours avant que les États du G20 ne s'accordent sur des réformes de structure, figurent les plans de relance ainsi que la politique monétaire par les taux et l'injection de liquidités. Gordon Brown[1] l'estimait en septembre 2009 globalement à 5 trillions et déclarait qu'il était trop tôt pour commencer à en mettre en œuvre le retrait. Ainsi justifiait-il que si les structures du système bancaire et monétaire ne se sont pas effondrées, rien n'a été véritablement résolu et décidé pour en traiter les causes. Celles-ci ont évolué dans leur nature. Une partie des dettes a disparu avec la faillite des débiteurs ; la juste valeur dans son champ d'application est moins déconnectée des réalités économiques : des valeurs immobilières aux États-Unis se sont affaissées et les pertes déplacées sur les organismes de garantie comptabilisant en coût amorti. Les pertes définitives ne pourront qu'être supportées par le détenteur de « monnaie » et le contribuable.

D'autres traitements ont des effets toxiques à plus long terme, qui viendront s'ajouter à la gravité du constat. C'est d'abord la politique monétaire par les taux bas qui ne traite pas les causes structurelles de la crise, et retarde les ajustements nécessaires. C'est ensuite, en l'absence de contraintes réglementaires fortes, le comportement naturel des établissements financiers dans un contexte de crédits raréfiés et de concurrence quasi inexistante. Ils reconstituent leurs capitaux propres à marche forcée par des politiques de prêt sélectives et chères, afin de dégager les profits nécessaires aux remboursements des aides d'État, et s'exonérer du contrôle qui les accompagne.

Pris dans les nasses monétaires de l'injonction de liquidités (en cours de retrait en Europe) et la faiblesse des taux, particuliers et entreprises ont repris le chemin des marchés boursiers, à la faveur d'une amélioration des bénéfices engendrés par les politiques de déflation des coûts. Mais un nouveau choc créerait des dommages très graves. On peut en effet craindre la disparition définitive d'entreprises, compte tenu des limites à la réduction des coûts et des effets de seuil

---

1. Dépêche *AFP* du 5 septembre 2009.

quant aux tailles nécessaires imposées par la concurrence de marchés élargis par la globalisation et la concentration monétaire.

Au niveau des États, la principale contrainte est celle du désendettement dans un environnement économique stagnant. Celui-ci passe par des accords internationaux de rééchelonnement et des mesures d'économie budgétaires, ayant elles-mêmes un impact négatif sur la relance économique. La voie est étroite, du fait des contraintes économiques, politiques et sociales, mais possible, comme le laisse à espérer le cadre adopté pour le règlement de la crise grecque à l'été 2010.

LA DÉMATÉRIALISATION COMPLÈTE DE LA MONNAIE

La monnaie métallique est devenue marginale, et les banques ne contrôlent plus la monnaie fiduciaire, malgré des textes épars et désuets qui leur attribuent encore le monopole du crédit. La monnaie est portée par d'autres entités, au-delà d'un simple territoire ou d'une zone monétaire, de sorte que la perception de sa réalité est perdue des systèmes statistiques actuels fonctionnant dans le cadre de normes juridiques nationales ou européennes. C'est le phénomène de création monétaire, en dehors du système bancaire traditionnel, que nous avons décrit dans cet ouvrage.

Avec la numérisation de l'information se développent de nouvelles formes de comptabilisation des échanges. Celles-ci ne sont plus adossées directement à des références monétaires classiques (dollars, euros, yen), mais à d'autres unités de mesure dont la seule limite est celle de l'imagination (crédits carbone, indices, etc.), avec pour corollaire la prolifération de plates-formes d'échanges électroniques spécialisées. Ces instruments ont une composante transactionnelle, et constituent un actif liquide dont la création a totalement échappé aux banques centrales !

Ce mode de comptabilisation des échanges est une forme moderne du troc ancestral, à ceci près que les transactions étaient le plus souvent suivies d'un échange réel et non pas d'une écriture. Qui plus est, même pour ces monnaies d'échange, le prince pouvait jouer un rôle de banquier de dernier ressort. Aujourd'hui, comme dans le cas de la titrisation, le facteur amplificateur est celui de la multiplication des transactions sans échanges physiques, rendue possible par les technologies de l'information – plates-formes informatiques et réseaux interconnectés – qui parachèvent la dématérialisation de la monnaie.

Le développement des technologies de l'information et des réseaux contribue à l'explosion du volume des transactions financières sur un produit donné, sans réalisation d'une livraison physique. Ainsi, il n'est pas rare qu'un *container* change de propriétaire plusieurs fois avant son arrivée au port de destination. Les transactions sur les marchés peuvent être dénouées entre deux compensations avant même d'être comptabilisées, ce qui pose le problème connu depuis longtemps de ce qui se trouve dans les tuyaux en cas de défaillance et de l'affichage des volumes habituellement échangés. Le volume des transactions financières réalisées sur les seuls index des principaux marchés de matières premières (DJ, SP, S&P) est passé de 13 milliards de dollars fin 2003 à 260 milliards en mars 2008[1].

Désormais enfin, grâce aux CDS et autres contrats de garantie, les créances émises par les entreprises, constituées de simples factures virtuelles, d'un débit, ont les mêmes caractéristiques que la monnaie scripturale des banques et constituent de la monnaie fiduciaire. C'est pourquoi il est indispensable que les banques centrales ou d'autres organes de supervision puissent avoir connaissance des éléments de fonctionnement de ces instruments pour mettre en place les mesures de contrôle garantissant le bon fonctionnement et la sécurité des transactions. Ceci implique encore une fois que la notion de monnaie soit étendue à tous les instruments d'échange et d'épargne et à tous les émetteurs.

LA QUESTION FONDAMENTALE DU SYSTÈME D'INFORMATION

Les carences du système d'information rendent inopérantes les politiques monétaires. Le fonctionnement des outils accélère la circulation monétaire, fait disparaître l'appréciation des risques.

---

1. Témoignage de M. Master devant le Sénat des États-Unis en mai 2008.

Le phénomène a des conséquences exponentielles. On ne sait plus quelles sont les conséquences chiffrables des responsabilités résiduelles attachées aux bilans des opérateurs sur les transferts de propriété.

En cas de défaillance, on ne sait donc plus quelles seront les conséquences en chaîne et la critique apportée à la décision de ne pas sauver Lehman ne répond pas à la question.

Jamais les normes comptables n'avaient, avant la présente crise, été introduites dans le débat. Il était acquis que des agences de normalisation indépendantes allaient élaborer des règles transcendantales et neutres. Or, la question des équilibres et des facteurs de détermination des prix, de l'emploi, des investissements, de la consommation sont des indicateurs économiques trop complexes pour être enfermés. En donnant un rôle philosophique à la juste valeur (dite un temps de marché, terme maintenant évidemment banni par les promoteurs du concept), les comptables ont outrepassé et leurs droits, et leurs compétences. Ils ont enfermé « l'impulsion de la machine économique en perpétuel changement[1] » sans en comprendre le fonctionnement, les causes et les conséquences, et en ont fait disparaître les possibilités d'observation. La machine ne pouvait dès lors qu'exploser sous les tensions et revenir au plus bas des prix des échanges, celui résultant de ce qui est sécurisé. C'est ce qui explique le retrait des opérateurs des marchés interbancaires et l'épargne de celui des placements à risque nécessaires à l'innovation et au développement.

Ni la supervision, ni les banques centrales n'ont jamais réalisé que la juste valeur, par le changement des valeurs nominales ou historiques des instruments émis ou échangés, comptabilisées au moment des transactions premières, permettait au-delà de la simple émission de dettes, une création monétaire d'une nature nouvelle. La liberté des marchés, fondement de notre économie, ne doit pas interdire une régulation puisque comme nous l'avons vu, la juste valeur a un effet macroéconomique s'appliquant sans même l'existence de transaction.

---

1. Général de Gaulle, conférence de presse de 1965 (source : INA).

© Groupe Eyrolles

La gestion des taux dont dépendent les valeurs doit rester un privilège des banques centrales, et, à défaut, la gestion monétaire demeurer un privilège régalien puisque les crises devront être supportées par tous les citoyens.

LES EFFETS PERVERS D'UNE POLITIQUE MONÉTAIRE LIBÉRALE SUR LES FLUX ET LA CONSTITUTION DE L'ÉPARGNE

L'épargne est au cœur du capitalisme, du point de vue moral (Max Weber) comme de celui des dynamiques économiques. La constitution de l'épargne est la condition nécessaire du financement durable des investissements productifs et de l'enrichissement des populations. C'est pourquoi les distorsions apportées à la constitution de cette épargne en valeur nette (à travers des facilités d'endettement excessives) et à son orientation (vers des produits financiers risqués plutôt que des actifs industriels) ont un impact majeur sur l'économie et le financement des actifs à long terme. L'acquisition par les particuliers de leur domicile ainsi que la constitution d'une épargne mobilière font partie des fondamentaux d'une économie libérale où les efforts individuels contribuent aux succès collectifs.

Sans même regarder la question du détournement d'épargne constaté dans la période récente, la seule notion du temps pose un problème aux gouvernants. La hausse tendancielle de l'immobilier sur une longue période aux États-Unis a masqué le risque de retournement de marché[1]. Mais lorsque celle-ci est brutale, le citoyen au mieux perd son épargne de précaution avec la perte de valeur observée, et au pire l'intégralité de son épargne antérieure, si le montant de la dette restante excède la valeur du bien. L'effet de levier joue pour les ménages comme pour les entreprises. L'insuffisance de la réglementation sur le marché de la dette hypothécaire aux États-Unis a non seulement amplifié la prise de risque des ménages, mais également accéléré la hausse et la correction du

---

1. Robert Shiller, *Irrational exhuberance*, Princeton University Press, 2000. Traduction française : Éditions Valor, 2005.

marché immobilier, et donc directement faussé la constitution de l'épargne (faible dans l'absolu), la sécurité financière des citoyens et la capacité de financement de l'économie. Une fois encore, nous devons souligner que ce phénomène n'a pas eu la même ampleur en Europe continentale, du fait du développement plus restreint des marchés hypothécaires, du caractère plus frileux des banquiers et des épargnants.

**Figure 12.2 – Taux d'épargne net des ménages
(en pourcentage du revenu disponible net)**

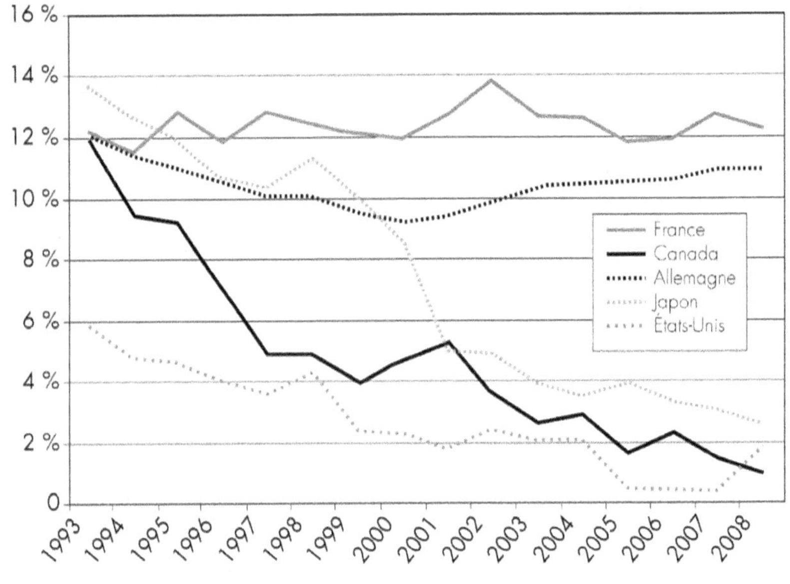

Source : Rapport d'information du Sénat n° 91 de M. Joël Bourdin, 12 novembre 2008.

Ce schéma illustre si besoin était, la formation de la bulle de l'endettement aux États-Unis, dont l'économie n'a pas été financée par l'épargne des ménages mais par les déficits commerciaux structuraux.

En laissant sans compréhension ces phénomènes se développer et affecter une population, le système perd la confiance de ses participants au risque de conduire à sa remise en cause. Enfin, il a des effets sociaux majeurs issus de la désindustrialisation dont la correction peut nécessiter plusieurs générations.

Chapitre 13

Les réformes

LE CADRE GÉNÉRAL

Comme l'indique son idéogramme chinois signifiant à la fois danger et opportunité[1], la crise peut aussi constituer un nouveau tremplin. La menace systémique qui a prévalu pendant quelques semaines à l'automne 2007 a alimenté une réflexion sur les fondements de l'économie de marché et du libéralisme dont il ressort plusieurs points. Tout d'abord, la crise n'a pas été assez grave pour justifier, aux yeux de la grande majorité, une remise en cause des principes fondamentaux de l'économie de marché et de l'ouverture des économies. Malgré les déséquilibres financiers, industriels et sociaux engendrés par la délocalisation des moyens de production au titre de la meilleure affectation des ressources, l'amélioration du niveau de vie des populations parties aux échanges semble perdurer comme le critère de référence.

Pour autant, les limites du système justifient des actions correctives fortes dans le cadre d'une coordination internationale qui a permis l'émergence du G20, nouvel organe de concertation associant enfin les jeunes nations en devenir aux pays industrialisés, pour une meilleure régulation mondiale de l'économie. Le succès des mesures correctives, en matière monétaire, mais également réglementaire ou fiscale, passe impérativement dans un système ouvert par une coordination forte. Sans elle, pas de lutte sérieuse

---

1. Crise : 危機
   Danger Opportunité

contre le *dumping* monétaire, les produits dérégulés ou les paradis fiscaux. Le G20 n'a pour le moment démontré son efficacité dans le domaine financier que pendant la période aiguë de la crise. On peut souhaiter qu'il se saisisse efficacement des autres grands enjeux économiques, notamment la finalité du système et sa durabilité. Les conclusions décevantes du sommet de Copenhague en décembre 2009 et l'absence de mesures d'aide à la hauteur des attentes des pays les plus pauvres de la planète (la demande était de 100 milliards de dollars, soit à peine quelques pour-cent des mesures de relance de l'économie) illustrent clairement la préférence des grands États pour des dépenses nationales face aux contraintes budgétaires. Les réunions successives du G20 ont confirmé la perte de l'élan qui avait suivi Pittsburg en septembre 2009. Les États-Unis ne lanceront plus seuls un nouveau Plan Marshall qui ne bénéficierait pas à leur industrie puisqu'une une grande partie s'est délocalisée dans les pays à faible coût de main d'œuvre. Sans le soutien des principales grandes puissances, dont la Chine, quels progrès espérer sur ces enjeux majeurs ? Le lancement d'un nouvel ordre économique international est plus que jamais à l'ordre du jour et, malgré les obstacles et la non-transformation à ce jour en réalités tangibles des objectifs ambitieux qu'il s'est fixé, la création du G20 peut en être considérée comme la première étape politique. Son objectif devrait être, au-delà du traitement des risques directs du système monétaire et du programme déjà établi des questions techniques, de s'entendre sur les aspirations sociales communes en matière économique, les champs de compétence de la régulation et de la surveillance qui pourraient être partagés ou concertés.

Au-delà de la question politique des partages de souveraineté et de la philosophie du modèle accepté, et si nous restons sur le plan monétaire, la surveillance doit permettre la régulation. Toutes deux doivent poursuivre plusieurs objectifs. Le premier d'entre eux est de définir le cadre approprié pour assurer la cohérence des produits, le caractère opératoire et efficient des marchés, et la réalité du contrôle des risques. Ce cadre est par nature évolutif et surtout, doit prendre en compte deux éléments importants : d'une part, les effets induits, un mécanisme de contrôle des risques pouvant faire naître des dangers systémiques bien plus graves (comme ceci a été le cas avec le déclenchement massif d'ordres de vente automatiques lors de la crise boursière d'octobre 1987) ; d'autre part le contrôle des agents eux-mêmes qui peuvent être tentés de détourner les procédures, voire les fonds gérés, sur des montants très significatifs (plutôt sur la base du renforcement des contrôles internes et des règles de déontologie).

Figure 13.1 – Diagramme du système international arrêté par le G20

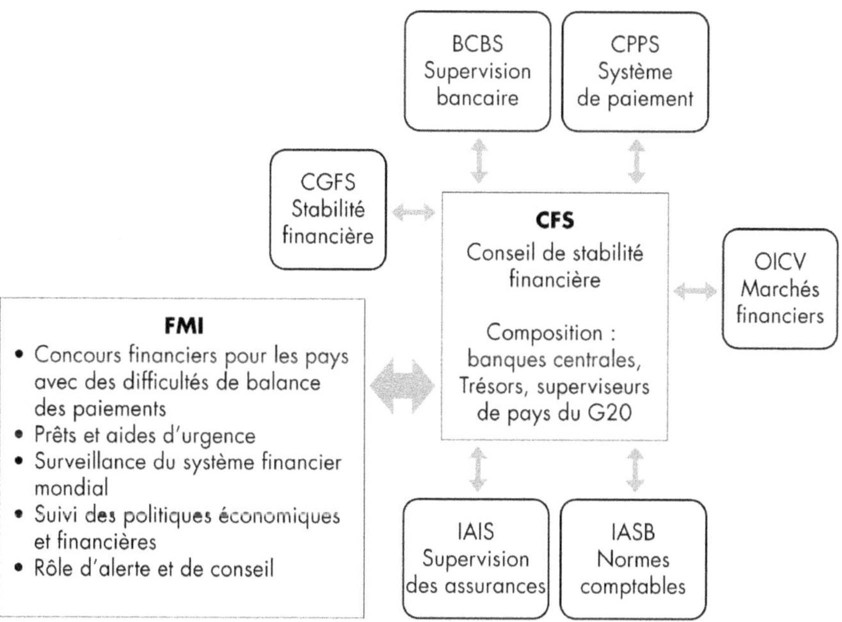

Source : Banque de France, *Documents et débats* n° 3, janvier 2010.

Si l'on devait faire une liste des sujets à traiter dans ce contexte, ce serait la suivante : amélioration de la surveillance et de la régulation au moindre coût au travers d'agences efficaces, révision des normes comptables (autour de l'idée qu'elles sont à la base du système d'information nécessaire aux marchés, à leurs opérateurs, mais aussi à tous les agents économiques et pas seulement aux investisseurs), refonte du système monétaire, réforme du système bancaire et de la fiscalité, réforme des droits, reprise en main du dispositif de contrôle des états financiers.

La création d'agences de surveillance des risques systémiques[1]

La création ou la réorganisation des agences existantes, déjà décidée dans l'Union européenne et aux États-Unis (loi *Restoring american financial stability* du 21 juillet 2010 précitée), est un premier pas utile. Il répond à l'absence de perception par les banques centrales, soumises le plus souvent à des cadres constitutionnels très restrictifs, des très fortes évolutions du système financier et des risques engendrés par l'inflation des actifs, les bulles et les dettes.

Pour répondre à cette insuffisance, le G20 a décidé au niveau international la création d'un organisme global, le Conseil de stabilité financière (Financial Stability Board[2]) qui succède à un organisme préexistant mais non opérant, le Forum de stabilité financière. En l'absence de cadre juridique correspondant, cet organisme n'a qu'un rôle d'alerte et n'est doté d'aucun pouvoir coercitif. Le dispositif est fort complexe et non systématique. Il distingue entre les banques selon leur dimension (moins de 10 milliards d'actifs, plus de 10 milliards d'actifs, plus de 50 milliards d'actifs), et entre compétences fédérales et étatiques, pour répartir les rôles par secteur et objet entre des agences multiples (création d'une nouvelle agence pour la protection de l'épargne financière des consommateurs qui est en dehors de la SEC). Sans réellement le remettre en cause, les États-Unis ont créé au plan

---

1. Déclaration du Conseil européen du 9 juin 2009, recommandant de créer une agence européenne des risques systémique (CERS) et un forum des agences existantes pour coordonner leur politique. Depuis lors l'Union européenne a décidé de son dispositif.
2. Il regroupe les instances de régulation et de supervision des pays membres dans les domaines de la banque, de l'assurance et des marchés, les institutions internationales monécernées (OCDE, BRI, FMI, Comité de Bâle, IASB IOSCO, IAIS). Outre la Commission européenne, il comprend les pays suivants : Argentine, Australie, Brésil, Canada, Chine, France, Allemagne, Hong-Kong, Inde, Indonésie, Italie, Japon, Corée, Mexique, Pays-Bas, Russie, Arabie Saoudite, Singapour, Afrique du Sud, Espagne, Suisse, Turquie, Royaume-Uni, États-Unis.

national le FSOC* (*Financial Stability Oversight Counsel*) ayant un rôle de surveillance systémique, qui a manqué lors de la crise. De son côté, l'Union européenne a mis en place le dispositif qui concerne sa zone et qui lui aussi manquait, le CERS, qui sera membre du FSF*. Ces nouveaux organismes sont déjà dotés de leurs têtes, chacune des autorités politiques voulant y placer au plus vite ses représentants. Malheureusement, ils ne s'appuient pas encore sur des stratégies résultant d'une analyse globale ou d'un *leadership* politique.

La question essentielle et préjudicielle des stratégies nationales des États est de savoir comment celles-ci inciteront les entreprises à investir, à inventer, et à fabriquer les produits que leurs citoyens consomment et les services qu'ils utilisent, dans un monde globalisé.

L'objectif des nouvelles agences pourrait être d'abord de supprimer les réglementations excessives et perverses qui caractérisent l'information financière et le système financier et judiciaire, pour fonctionner dans le cadre de principes uniques clarifiés. La généralisation du droit (instruments financiers et responsabilité des agents de la chaîne financière), des outils et concepts d'information (dont la comptabilité n'est que l'un des éléments) doit constituer le fil conducteur de ces agences, afin de réduire le champ nécessaire de la régulation. Des concepts clairs doivent en effet permettre aux opérateurs de connaître leurs devoirs et obligations pour engager leur responsabilité.

Cette création d'agences de surveillance des risques systémiques se justifie d'autant plus qu'aucun consensus n'existe véritablement, ni sur le fonctionnement de la surveillance et de la régulation et de leur champ respectif, ni sur la forme des agences : avec des métiers financiers aux risques et aux cycles différents, celles qui régulent et celles qui concernent banques et assurances. Doivent-elles être uniques ou spécialisées ?

La solution adoptée par exemple au niveau européen d'avoir trois comités (EBA pour les banques, EIOPA pour les assurances et fonds de pension, ESMA pour les marchés) est différente de celle des États membres, sans parler des États-Unis qui conservent des agences propres à chacun des métiers existants, tels qu'ils sont définis.

Figure 13.2 – Renforcement des fonds propres : quelle harmonisation des règles du jeu ?

Futur cadre réglementaire européen :

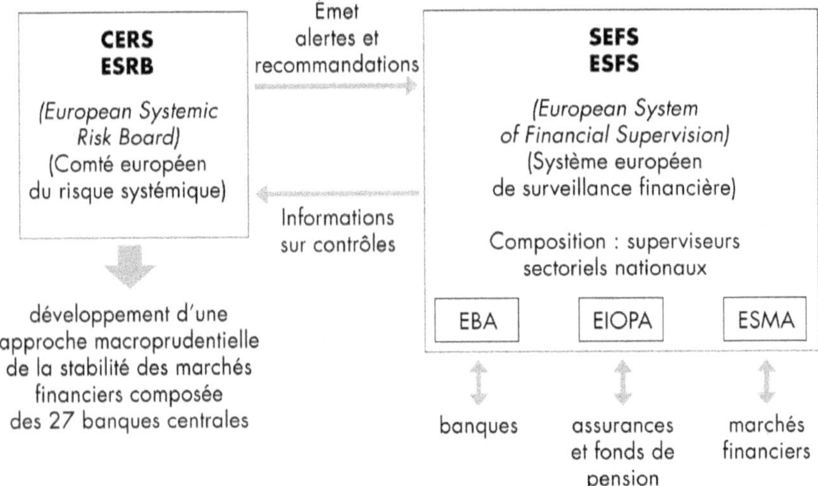

Source : Banque de France, *Documents et débats*, janvier 2010.

Reste la définition de la frontière avec la surveillance de la monnaie (voir M5 et M6). Comme la monnaie « restreinte » de M1 et M2, elle devrait également relever des attributions des banques centrales, pour la simple raison qu'il s'agit d'institutions constitutionnelles. Au-delà de la surveillance déléguée aux agences spécialisées, elles doivent pouvoir intervenir à la fois dans la prévention de la création des bulles et dans la mise en place de mesures de correction d'essence monétaire[1]. Cela étant, surveillance, régulation et aujourd'hui la monnaie dans son rôle d'outil d'intermédiation, ne peuvent coexister sans un système d'information à vocation microéconomique compatible avec les responsabilités constitutionnelles des banques centrales.

---

1. De nombreux textes et programmes d'intervention ont été adoptés pour permettre d'étaler les échéances des débiteurs et les maintenir dans les lieux.

Le dispositif de séparation entre monnaie fiduciaire et scripturale d'avec la monnaie globale telle qu'elle est encore comprise par les banquiers centraux doit perdre son caractère absolu.

LA RÉVISION DES NORMES D'INFORMATION FINANCIÈRE ET COMPTABLE

L'information économique n'a pas su intégrer les innovations financières en temps voulu et a ainsi permis la constitution d'une bulle d'endettement dissimulée par le référentiel de la juste valeur et une circulation monétaire effrénée permise par la création de fonds de titrisation (les « conduits »). Avec l'éclatement de cette bulle, le système financier a été ébranlé. Les responsabilités sont collectives, mais le contrôle au travers de la normalisation comptable fait partie des besoins, car la norme sert à l'établissement des bilans et concourt à la définition monétaire contemporaine.

Un des enjeux de la révision des normes est de les rendre adaptées à une décentralisation des responsabilités, tendance de fond de nos économies libérales. La dérégulation des années 1980, inspirée par Milton Friedman, ne doit pas être remise en cause dans son principe, ce qui implique de ne pas accroître les pouvoirs des banques centrales sur les économies et de probablement leur retirer les pouvoirs de régulation, pour ne leur laisser que le rôle de surveillance et d'intervention directe qu'elles ont bien heureusement assumé pendant la crise. Il faut en revanche moderniser les théories monétaristes à l'aune de réalités dont le libéralisme a permis l'accélération. Le libre-échange a profondément ébranlé l'Amérique. Ses exportations ne représentent plus que 9 % du commerce mondial ; ses déficits cumulés affaiblissent la devise. Un déséquilibre durable et structurel de la balance commerciale, ou plutôt de la balance des paiements, n'est pas souhaitable, et l'intervention de l'État semble se justifier dans ce domaine.

Les normes doivent également être simplifiées pour devenir plus accessibles à toutes les entreprises. Il faut concevoir l'outil de suivi et d'analyse nécessaire à la transparence des marchés, donc à leur efficience. La tâche n'est pas simple car le système financier est désormais mondialisé et cet outil doit se substituer à une régulation volontairement limitée sur les recommandations de Friedman pour qui « la monnaie est une affaire trop sérieuse pour être confiée aux banquiers centraux ».

Les principes de convergence des normes[1] et les réglementations déjà adoptées pourraient être repris et placés dans un cadre élargi aux aspects juridiques qui peuvent constituer un obstacle à leur mise en œuvre extraterritoriale. Il faut par exemple traiter la question d'un référentiel opposé concernant les preuves et le secret professionnel en Europe et aux États-Unis où les conventions des Droits de l'homme sont interprétées différemment.

Pour le moment, et en cohérence avec notre recommandation en matière de suivi monétaire d'en élargir la définition, nous considérons qu'il convient de rétablir, en règle générale, des comptes en valeur historique (en maintenant les règles de dépréciation actuelles). Pour les entreprises de négoce (celles-là seules), il serait possible d'estimer les actifs et passifs circulants en valeur de marché avec des annexes correspondants à la norme IAS n° 1[2] pour les positions ouvertes aux dates de clôture. Cette norme a été récemment mise en conformité avec la FAS n° 130, pour assurer, dit le normalisateur, une bonne mesure de la performance en faisant désormais apparaître un « revenu global » (*comprehensive income*), qui fournit un résultat reconstitué à partir de celui du compte de résultat. Celui-ci est rapporté aujourd'hui à chaque action et sert, en incluant toutes pertes et profits comptabilisés, à fonder les dividendes enregistrés directement ou non par les capitaux propres, ou en charges et profits (voir chapitre 8). Cette première étape déjà franchie, il suffira dans des étapes ultérieures (voir plus loin) de permettre l'analyse correctrice de ces résultats et des capitaux propres par rapport aux profits et aux pertes latentes estimées et appréciées selon leur degré de probabilité de réalisation. Ce sera une IAS n° 7 réformée en conséquence.

---

1. Adoptés en février 2006 par l'accord précité dit de Norwalk (voir site du FASB et de l'IASB).
2. Voir site du FASB.

En raison de son caractère potentiellement monétaire, une créance devrait être mesurable tout comme l'est la monnaie métallique. Nouvelle monnaie, elle doit correspondre à un ou à plusieurs étalons aisément lisibles par les opérateurs des marchés. Sa valeur d'émission ne devrait pas être susceptible de fluctuation intrinsèque – comme un billet estampillé d'un nombre ne l'est pas – et elle devrait porter une valeur nominale, indépendante de la valeur de marché. Parmi ses facteurs de définition dans M5 figurera sa durée jusqu'à son exigibilité, sa catégorie de risque de contrepartie (ce qui posera la question de la régulation des agences de notation ou de tout autre mécanisme équivalent d'estampage), de sa garantie et enfin de son degré ou non de liquidité. La nature et la valeur nominale de cette monnaie émise par le privé resterait ainsi visible au citoyen, tout comme lui était connu le poids en or des monnaies métalliques.

D'Aristote qui ne voit dans l'argent qu'une nécessité mais pas un but à Ron Paul qui s'oppose au pouvoir central, nombreux sont ceux qui ont recommandé de doter les États de dispositifs (comme le vote d'assemblées démocratiquement élues auxquelles il est fait obligatoirement appel pour plafonner la dette des États) limitant leur pouvoir d'émettre de la monnaie ou d'emprunter. Aujourd'hui, il faut également encadrer le pouvoir d'émettre de la dette ayant un caractère monétaire au travers des mécanismes de la désintermédiation et de la juste valeur. Tout en n'étant pas nécessairement portée par les États mais se situant naturellement au niveau des agents économiques, cette dette leur reviendra obligatoirement du fait démocratique des besoins de cohésion sociale lorsqu'il s'agit de maintenir ces derniers en situation de survie. Les économistes classiques pouvaient s'appuyer sur une solution simple, tant qu'il était possible de lier la valeur de la monnaie avec un poids en or, métal neutre, durable, esthétique et de quantité finie. La situation d'aujourd'hui est différente car il est exclu de réduire la masse monétaire nécessaire aux échanges et à l'investissement au seul stock d'or, voire à la monnaie scripturale des banques, sauf à en changer la vocation. Nous sommes dans un cadre nouveau exigeant une autre vision. Robert Triffin l'avait expliqué (dilemme de Triffin : la bonne monnaie est insuffisante en quantité) mais n'avait pas donné la réponse au paradoxe qu'il avait compris, car cette réponse n'appartenait pas aux États d'un monde globalisé.

Nous avons un système monétaire inversé du fait des émissions privées, où l'on change à la hausse la valeur des actifs immobiliers ou fiduciaires pour émettre de la monnaie nouvelle, notamment par la juste valeur. Dans le système passé de l'émission monétaire, c'était l'État souverain, contraint ou libre de son action, qui faisait varier le pouvoir libératoire de la monnaie dont il assurait en théorie l'aloi et donc la convertibilité. Désormais, par l'internationalisation, la globalisation et le retrait ou l'absence des États, ce sont certains agents économiques indépendants qui opèrent ce rôle. Pourtant, cette monnaie perdra de la valeur comme la pièce dont l'aloi a été rogné, si ces valeurs ne correspondent pas à l'évolution des capacités du sous-jacent. Elle spoliera le citoyen qui l'acceptera. À l'époque de la protection des consommateurs dans tous les domaines, l'affichage du contenu comme pour les produits devient incontournable.

Le projet de révision de la norme IAS n° 39, émis sous la pression des événements avec le soutien des États d'Europe continentale et déjà arrêté pour sa première phase (sous l'appellation IFRS n° 9, classement des instruments financiers), ne va pas à l'encontre de cette approche. Avec une IAS n° 7 qui prévoit déjà une information détaillée sur les instruments de marché, le suivi des écarts et de leur pertinence macroéconomique permettra la régulation qui a manqué à plusieurs reprises dans les crises récentes[1, 2]. Le détail de ce *comprehensive income* de deuxième degré complétant celui de l'IAS n°1 comportera les éléments sur les instruments concernés, leur nature, la précision des marchés où ils interviennent, et pour le gré à gré la qualité des contreparties. Enfin, les échéances devront être classées pour appréhender la liquidité en connaissant la profondeur des marchés éventuels. Résultat de négociations, le projet de l'IASB à caractère hétérogène, donc irrationnel, nous apparaît toutefois complexe

---

1. Discours de M. Hannoun à Madrid prônant pour une approche plus macroéconomique.
2. Edwards et Bell, *The Theory and Measurement of Business Income*, University of California Press, 1961.

et illisible. C'est pourquoi probablement le 16 mars 2010, le président de l'IASB, dans un discours à l'Ecofin, n'excluait pas non plus la possibilité de créer un « compte de résultat » complémentaire, ce qui correspondra à la proposition postérieure du FASB.

Le projet FASB du 26 mai 2010 (voir chapitre 6) est plus rationnel puisque général, mais aussi plus dangereux car il place la juste valeur généralisée au même plan que le coût amorti qu'il conserve à bon escient. Il va à l'encontre de notre thèse selon laquelle la monnaie doit revenir sous le contrôle des autorités issues de la souveraineté populaire. Il n'est pas viable selon nous tant que les justes valeurs ne résultent pas de marchés totalement réglementés et adossés sur la garantie des États. À défaut, il n'y aurait d'autre issue que la nationalisation totale du système bancaire et une régulation stricte des marchés, qui ne doit pas devenir la règle absolue, sauf à vouloir brider l'innovation et l'adaptation des économies. Les États devraient dès lors supporter sans échappatoire les conséquences – négatives ou positives – dans les bilans des politiques monétaires (variation des taux) et de la volatilité des marchés. Une telle politique aurait enfin pour conséquence de favoriser l'évasion des capitaux en dehors des zones réglementées.

Certains voudraient un simple retour à un coût amorti. Pour les institutions financières ou classées comme telles, dès lors qu'elles opèrent des risques systémiques, ce n'est pas possible. Les raisons pour lesquelles on est passé d'un extrême à l'autre, du coût historique à la valeur de marché, existent toujours et des explications ont été fournies à cet égard sur la nécessité d'homogénéité de l'information. L'information en « note aux états financiers » de tous les écarts par nature et marchés de référence, que générerait tout écart avec le coût amorti, avec raccordement avec les capitaux propres, est nécessaire. Elle restituera plus clairement, par les écarts issus du rapprochement, le risque né du temps et en donnera une mesure. Elle correspond déjà aux besoins de la mise en œuvre des stress tests. Elle permettra en outre d'avoir un outil plus précis et surtout plus flexible que celui envisagé par la FED, peut-être plus coûteux en capitaux pour les banques et assurances que nécessaire au détriment de l'économie. Elle permettra enfin de « raccorder » avec la mesure d'une monnaie globale.

L'audit des régulateurs, qui a été défaillant comme les audits internes et externes, s'en trouvera facilité. En effet, les soldes deviendront ainsi obligatoirement réciproques (entre acheteurs, vendeur, et organismes de compensation) et ainsi les différences correspondants aux rémunérations d'intermédiaires aisées à mesurer pour en contrôler la pertinence et l'utilité. Rappelons à cet égard que les dispositifs européens comportaient autrefois mais avec raison des prix uniques visibles des acheteurs et vendeurs, et ce faisant des courtages apparents facturés séparément[1].

Les concepts monétaires qui n'ont pas joué leur rôle d'information sur la situation économique réelle doivent être réexaminés en profondeur. Les normes devront étendre la notion de monnaie à tout actif et passif susceptible d'échange. Ainsi définie, la monnaie pourra jouer son rôle dans le cadre d'une régulation rénovée et responsable, pouvant en contraindre si nécessaire l'usage, c'est-à-dire la rotation dans le but de garantir son caractère libératoire.

La question du volume optimal des besoins monétaires, à la lumière des nouveaux instruments (CDS) et conduits (instruments de concentration de portefeuilles) reste posée.

On voit bien que les besoins monétaires prévaudront. Si les nouvelles exigences prudentielles exigeaient des banques plus de capitaux, elles les prélèveront sur l'économie et il faudra bien les leur procurer. Ainsi, l'on voit bien qu'il ne s'agit pas de la bonne voie et que c'est bien une réforme monétaire qu'il faut construire.

LA REFONTE DU SYSTÈME MONÉTAIRE ET DE L'ÉMISSION MONÉTAIRE

La réforme doit permettre aux États et aux citoyens de mieux connaître la discipline observée en matière de grands équilibres monétaires et budgétaires, de sorte qu'un mécanisme internationalement admis puisse en assurer la gestion et la régulation. Les

---

1. Jean-François Serval, « Réforme », avec annexes 1 et 2 disponibles sur www.constantin.com.

instances existent déjà mais n'ont plus de feuille de route adaptée. Dans un monde concerté, le FMI aurait dû assumer ce rôle sous réserve d'en recevoir le mandat. Ce ne sera pas le cas : ce mandat a été confié à la FED[1] aux États-Unis et dans la zone euro à la BCE au travers du CERS. Une coordination des règles et l'impulsion de nouvelles mesures coordonnées seront assurées par la concertation entre les principaux pays du G20 et notamment la Chine, au sein du Conseil de stabilité financière (CSF).

Les responsabilités des banques centrales et des organes de régulation et de surveillance devront être précisées dans chaque zone monétaire, sous réserve que tous s'accordent sur la définition d'un dispositif informatif commun pour échanger et mener les négociations nécessaires, l'attribution des rôles devenant dès lors une question seconde et seulement opérationnelle. Le bon exemple de la BCE fonctionnant avec les banques nationales constitue un présage encourageant. De même, le rôle du système de surveillance des risques systémiques, sans pouvoir direct en dehors des cas de conflits et fonctionnant comme un système de concentration de l'information venant des agences nationales, ne pose pas de problème particulier si l'information suffit à la prévention des dérives et à l'action correctrices des agences nationales.

Conformément à la proposition du rapport de Jacques de Larosière adoptée par le Conseil de l'Union européenne, il faut également mieux séparer les missions de la banque centrale, entre le rôle d'émetteur monétaire et celui de régulateur. Le dispositif européen qui doit encore être soumis au Parlement y répond. Concernant la FED, la clarification du dispositif a été menée avec l'adoption de la nouvelle loi mi-juillet 2010 qui accroît les pouvoirs des agences de surveillance et limite les capacités du secteur bancaire à intervenir en *private equity* et sur les dérivés.

La refonte du système monétaire au-delà de ses principes doit comporter un fondement conceptuel général : il est destiné aux échanges. Ceci doit permettre de donner un rôle accru et visible à

---

1. Paul Ron estime que le FED n'a pas de légitimité constitutionnelle à cet égard. (Voir *End the Fed,* Grand Central Publishing, septembre 2009).

l'information et autoriser sa sanction comme nécessaire. La visibilité, dont le manque explique le déclenchement de la crise actuelle, doit aussi autoriser une prévention et éviter les débordements réglementaires prévisibles au titre des travaux des Comités de Bâle et Solvency. Ces derniers visent à réglementer fortement un champ trop étroit qu'ils contribueront à rétrécir encore plus. L'excès de réglementation favorisera son détournement.

Comme le recommande avec justesse Félix Rohatyn, le système monétaire devra prendre en considération les remarques de la Chine et des autres nouveaux membres du concert international qui ont conduit le G8 à devenir G20.

Natacha Valla, économiste chez Goldman Sachs, souligne les limites du dispositif en vigueur et notamment des pouvoirs institutionnels de la BCE : « La stabilité financière n'est malheureusement pas un objectif aussi formel que la stabilité des prix inscrite dans le traité. Pour ce faire, il faudrait un nouveau traité. » Elle écrit aussi, traitant du problème de l'information : « On s'est rendu compte avec la crise que le crédit bancaire était intimement lié à la valorisation des actifs *via* les bilans des banques. Mais cela implique des nouveaux filtres d'analyse. »

Rappelons qu'à l'opposé du courant régulateur se situent les théories libertaires. Celles-ci plaident l'abolition de l'intervention de l'État dans l'économie. La régulation a des effets pervers, et la liberté du citoyen est la meilleure garantie de la bonne allocation de ses richesses. Alan Greenspan a été longtemps considéré comme un sympathisant du libertarisme. La critique habituellement formulée par les opposants de cette philosophie politique est que seuls les riches bénéficient d'une véritable liberté, les pauvres n'ayant aucun soutien de l'État, à l'exception de quelques interventions philanthropiques (comme la Fondation Bill Gates). Dans le cas de la monnaie, il nous semble que l'apparition d'accidents non contrôlés entraînerait une perte de confiance dans cette monnaie et aussi dans le système qui le gère, réduisant à néant tout l'intérêt du dispositif (exemple : faillite de Law). Elle aboutirait rapidement à une réduction des échanges vers de l'épargne non productive.

Cette affirmation est étayée par le phénomène déjà enclenché du placement des excédents monétaires en des dettes d'État et la hausse du prix de l'or.

Plus sensible sera de fixer le cadre du pouvoir d'émission et de régulation de la dette au travers de la coopération internationale. Ce pouvoir ne pourra pas être limité par un retour strict à l'or ou à la monnaie scripturale des banques. Pour en déterminer les modalités, deux solutions seront possibles : soit les États fixeront d'eux-mêmes les règles qu'ils estiment être les meilleures et susceptibles d'inspirer la confiance, soit ils convoqueront une rencontre internationale pour débattre des principes à mettre en œuvre.

LA MISE EN PLACE D'UN OUTIL MODERNISÉ DE SURVEILLANCE ET DE RÉGULATION GLOBALE

En contrepartie de la décentralisation des pouvoirs d'initiative économique des entrepreneurs, fussent-ils banquiers ou assureurs, le champ de la surveillance à privilégier sur la régulation exige que les banques centrales et les agences de surveillance des risques systémiques disposent des agrégats monétaires adaptés à leur mission (identification des présages de bulles, de variation brutale de la vitesse de circulation des instruments financiers, constitution de poches d'épargne, d'inflation ou de surinvestissements susceptibles d'affecter brutalement les marchés financiers et de matières premières).

UN NOUVEL AGRÉGAT MONÉTAIRE CENTRAL POUR UNE MONNAIE ÉLARGIE

Nous recommandons clairement un agrégat monétaire élargi susceptible de permettre l'observation instantanée de la vitesse de rotation par classe d'actif et de passif, sans laquelle les valeurs n'ont qu'un sens réduit.

Les pistes de calcul de M5

Les entreprises constituent le bon niveau de collecte de l'information car elles classent leurs actifs et passifs selon leur nature et fournissent la mesure de leur activité par le chiffre d'affaires, ce qui donne une indication de la rotation des postes affectés par l'activité avec les tiers que sont les clients (postes clients – postes fournisseurs). Il est ainsi possible d'établir une masse monétaire M5 définie comme « tous éléments du patrimoine possédant une contrepartie et ayant donc nature soit de créance, soit de dettes soit de capital ». Elle comprendra les actifs et les passifs circulants (chacun déterminant un coefficient de rotation du fait de la liaison avec le chiffre d'affaires et les actifs et passifs fixes). En revanche, les actifs aujourd'hui considérés comme liquides (en particulier espèces purement monétaires) correspondant à M1 seront exclues. Le rapport des deux classes, actifs et passifs cir-culants et actifs et passifs fixes donnera en outre une idée de la liquidité, facteur essentiel de la solidité des valeurs. La constitution de bulles apparaîtra au travers de la consolidation par la neutralisation des participations figurant dans les portefeuilles dont l'évolution ne trouvera plus sa contrepartie dans des flux de résultats cohérents avec les survaleurs, écart entre les actifs et passifs réels consolidés et la valeur comptable de la participation et de la variation monétaire dans le temps de certaines classes d'actifs et de passifs. Leur éclatement sera également prévisible par la perception du ralentissement de la rotation. Dans un traitement approprié de la consolidation, il sera aussi possible de faire ressortir l'évolution du crédit interentreprises en distinguant comme cela est déjà fait (en matière de récupération de la TVA) selon que le compte clients et le chiffre d'affaires concerne d'autres entités soumises à comptabilité comme le sont toutes les entreprises (article 125 L du Code de commerce) ou des ménages, et tous leurs équivalents internationaux.

Aussi surprenant que cela paraisse aux comptables en général et aux comptables publics et aux banquiers centraux en particulier, cette approche conserve l'information des actifs et passifs synthétisé par le total du bilan (avant consolidation comptable qui les élimineraient par réciprocité) car ils sont bien la mesure des évolutions et des risques comme l'ont montré les analyses qui ont conduit dans les débats sur le système prudentiel (Bâle II et Solvency II) à ajouter une mesure de l'effet de levier. De plus ces totaux, qui correspondent à ce que nous définissons comme M6, permettent d'avoir la réalité de l'émission monétaire décentralisée pour autant que les créances et dettes ne soient pas immédiatement cédées et qu'au plan comptable les règles de compensation des soldes soit uniformisées.

M5 et M6 correspondent à une rupture avec les agrégats classiques puisque la portée de ces derniers se trouve déjà réduite et que les banques centrales ou autres instances sont bien obligées de compléter leur information par des études provenant des comptabilités nationales. L'approche par les stocks (la « masse ») ne s'apprécie plus autrement qu'avec les échanges (la « rotation » monétaire et sa vitesse). La notion bimillénaire du volume de crédit ne devient plus qu'une facilité de calcul et de cadrage avec le caractère juridique des engagements. La transformation des classes d'actifs et passifs en d'autres devient un phénomène visible à l'observation obligatoire qui de plus, grâce à des progrès dans la normalisation comptable, permet d'appréhender la limite du concept de la « partie double » (voir chapitre 4) ne fonctionnant avec la juste valeur que dans des limites de valeur et de liquidité. Les engagements hors bilan précisés tant au plan des définitions que de leur calcul permettrait de dériver deux agrégats supplémentaires, M5' et M6'.

Rien dans ce projet d'intérêt commun n'empiétant sur la souveraineté des États, et chacun d'entre eux ne pouvant se satisfaire de leur système (à l'exception de la Chine, pour autant qu'elle conserve un système de non-convertibilité), aucun obstacle ne peut lui être dressé de la sorte. Il peut autoriser une concertation actuellement biaisée par la diversité des situations à l'origine des faibles progrès du G20.

DES CRITÈRES D'OBSERVATION GÉNÉRALISÉS CLARIFIÉS

La transformation continue de la nouvelle monnaie par les contrats privés oblige à identifier des critères généraux susceptibles d'en suivre l'évolution, tels que le temps, et le risque de défaut. De tels critères sont déjà mis en place, notamment par les agences de notation, mais d'une manière hétérogène et non pas dans leur impact sur la détermination de la valeur libératoire. Qui plus est, ils ne portent que sur les émetteurs et leurs papiers financiers, et pas sur l'observation institutionnelle de la transformation utile et nécessaire du temps, qu'opèrent les agences de financement en direct ou au travers des cautions (dans le cas de l'immobilier ou des investissements industriels). Celle-ci se fait aux États-Unis (voir Fannie Mae et Freddie Mac) comme en Europe aux frais non explicités des États. La transformation, qui vise également la titrisation, est non seulement légitime mais nécessaire. Elle a besoin d'être clarifiée pour rendre cohérentes les politiques publiques et y mettre fin quand elles ne sont pas nécessaires.

Un système de surveillance matriciel

Cette dernière remarque amène à considérer un système de surveillance matriciel où, en même temps que sont appréhendés les classes d'actifs et de passifs et leur rotation par rapport aux chiffres d'affaires, certaines classes comme les instruments financiers sont régulés, du fait de leur nature ou de leur utilisation, par le législateur qui en définit les obligations, par les marchés ou les organes de surveillance qui les contrôlent.

L'examen du rapport de Gary B. Gorton de février 2010 à la Commission américaine d'enquête sur la crise financière[1], dans lequel il décrit sa vision du lien entre le système bancaire régulé et ce qu'il appelle le système bancaire parallèle (*shadow banking*) par le biais de la prise en pension de produits titrisés pour 75 trillions contre des avances de trésorerie pour 11 trillions, amène à se poser la question de la régulation de ces instruments et des marchés où ils sont traités.

Nécessité ayant fait loi, cette régulation existe peu ou prou, mais est souvent inadaptée. Sans cadre de surveillance monétaire global (distributions excessives de crédits risqués dans des proportions détachées de l'évolution des revenus par exemple), elle porte le plus

---

1. Précité chapitre 6 : « Le lien de causalité de l'information avec la crise ».

souvent sur des produits longs (instruments de dettes sur investissements longs) accompagnés de garanties spéciales et de soutien par les taux dont la charge ultime reviendra aux contribuables. Ces marchés doivent être identifiés, les produits échangés juridiquement définis, notamment leur mode d'exécution, et enfin régulés au sein du système monétaire. Dès lors, comme ils contribuent au fonctionnement des bilans et aux valorisations, les surveiller permettra de décider de leur nature et de la manière dont ils peuvent être valorisés, et de les garantir ou les exclure suivant l'analyse de leur rôle. Cette approche aurait évité les débats sur la juste valeur et sur des dispositifs de titrisation et de garantie comme celui des CDS. Elle aurait permis de prendre conscience des dérives et des risques systémiques liés aux CDS et à la concentration de leur marché et des opérateurs qui y interviennent. C'est déjà au calendrier des réformes pour l'Europe.

La prise en considération de l'extension effective du système monétaire que nous recommandons a des implications régaliennes. Elle implique une responsabilité, également déjà existante, des banques centrales et des agences de surveillance. Le dispositif organisationnel est en cours de mise en place en Europe et aux États-Unis. Les intentions sont fondées et les objectifs légitimes. Ce n'est pas le moment de faire un procès d'intention à ces nouveaux dispositifs, bien au contraire. Ils rempliront leur rôle et alerteront ou corrigeront les dérives.

En revanche, un fondement conceptuel doit exister sur la nature des garanties qui seront données aux instruments financiers négociés et sur l'affectation des coûts de surveillance et de remboursements, afin qu'un lien existe entre la faute et la négligence et le sinistre. La crise de 2008 a frappé les esprits parce que les États, et donc les contribuables, ont dû financer le règlement de désordres dont ils ne s'estimaient pas responsables.

Sur la base de l'homogénéisation des règles de fonctionnement des marchés à travers le monde, la circulation monétaire complexe devrait devenir la base de répartition des coûts de leur surveillance, au demeurant financés par les émetteurs. C'est bien le dispositif qui prévaut actuellement concernant les autorités de marché (SEC, AMF, FSA…). Sous l'instance des autorités nouvelles de surveillance des risques systémiques, une mesure technique des risques (juridiques, contrepartie, émetteur…), des papiers et des places de marché devrait être mise en place à des fins d'analyse, et un classement opéré afin de fixer des taux, leur base et leur répartition entre émetteurs et places de marché. Un véritable mécanisme d'assurance, non des valeurs mais de l'existence et de la liquidité, serait constitué. La responsabilité de chaque intervenant serait définie (à la hauteur de ses moyens, mais en conservant un « ticket modérateur » juridique et financier).

Nanties d'un système d'information adapté au monde d'aujourd'hui et donc d'une définition élargie de ce qui concerne la monnaie, les volumes et les usages de l'émission monétaire pourront être mesurés. Un dispositif d'information sur la circulation monétaire devra être établi pour en assurer une mesure pertinente et orienter à temps les mesures correctives dont la crise actuelle a cruellement démontré l'absence. Dès lors, l'émission monétaire décentralisée constatée, qui ne peut ni ne doit être interdite, pourra quand nécessaire être régulée. Les outils en place devront être adaptés aux besoins, si l'amélioration de l'information n'aboutissait pas d'elle-même à une autorégulation des marchés. L'information pourra aussi permettre de définir entre les États les territoires dont l'information est acceptée, et la monnaie admise en contrepartie.

Une approche internationale du système bancaire et de la fiscalité

Pour aussi surprenant que cela soit, la vocation même du système bancaire et financier, son coût et sa contribution à l'efficience de l'économie, restent encore des sujets largement débattus. Les salaires comme les impôts sur les entités financières, mais aussi sur les flux, l'épargne et ses produits sont une charge pour certains et une recette pour les autres, dont le bénéfice n'est pas indifférent. La question peut être abordée en considérant que le système est au service de l'économie et qu'il n'est pas lui-même le système économique. Toutefois, nous avons constaté dans le chapitre sur la financiarisation, que les activités financières étaient concentrées dans sites géographiques et ne bénéficiaient qu'à un petit nombre de salariés.

Ce constat implique soit un contrôle politique du pays où sont situés ces centres financiers (modèle du service public), soit un fonctionnement partagé entre utilisateurs d'une plate-forme d'échanges fermée (modèle contractuel). C'est la vision du président de la FSA (précité). Celui-ci estime par ailleurs que Londres conservera sa place dominante dans ce domaine en raison de la qualité de son système, auquel les utilisateurs sont prêts à se soumettre. Les deux approches, centralisatrice ou contractuelle et donc décentralisée, ne sont pas incompatibles, car de toutes manières un contrôle externe unifié ou fortement coordonné est souhaitable pour éviter les dérives et surtout les « trous ». La question de la sécurité est du ressort des États et justifie à ce titre leur intervention. En revanche, comme pour les contrats qui devront être régulés, l'action de l'État doit s'inscrire dans un cadre conceptuel…

Le lieu de localisation deviendra peut-être moins déterminant que par le passé si les statuts juridiques des instruments échangés et les règles gouvernant leur échange sont homogènes. La concurrence législative qui amène à ce rapprochement réduira le rôle de la localisation des opérateurs qui de toutes manières disposent de moyens de télécommunication[1]. Comme en matière fiscale, la concurrence aura un rôle accru qui devra être maîtrisé au plan international par une concertation à laquelle le processus de Bâle ne contribue nullement car ni l'Asie ni les États-Unis n'y sont assujettis, quelles que soient les déclarations faites.

En ce qui concerne les banques et les assurances, il faudra revenir sur les causes qui avaient amené à la constitution de groupes mutualistes ou d'établissements financiers dont les associés sont responsables sur leurs biens personnels. La responsabilité *in fine* de la garantie des obligations prises par le système bancaire est à nouveau d'actualité. Elle conduit à préciser la notion de « testaments

---

1. Le régime fiscal français des impatriés applicables depuis le 1er janvier 2008 est assez semblable à celui qui bénéficie aux résidents étrangers en Grande-Bretagne. Voir instruction RF-13-09 du 30 juillet 2009 www.minefi.gouv.fr.

officiels » stipulant comment une banque doit être liquidée. L'internationalisation et le renforcement juridique de cette notion permettrait de définir des règles évitant en cas de crise le recours quasi systématique à la concentration et à la nationalisation du système bancaire. La « privatisation » des profits » et la « mutualisation » des pertes, dont il est souvent question d'une manière critique dans les déclarations officielles, vont en effet à l'inverse du but recherché. Qui supporte, juste avant l'État, les risques encourus par l'activité monétaire, des entités, des marchés et les risques des produits ? Ceci doit être défini avec transparence.

Avant de traiter de la responsabilité sociétale des entités monétaires et financières, il faut examiner si une même institution peut exercer plusieurs métiers ou si elle doit être spécialisée. Ceci pose la question de l'efficacité opérationnelle et des besoins en capitaux, mais aussi celle du partage des risques, ceux-ci étant différents selon les cycles et capitaux mis en jeu dans chacun des métiers de la finance. On peut légitimement imaginer que les banques commerciales pures très régulées bénéficieraient de droits exclusifs (dépôts à moins de cinq ans, garantie publique), tandis que les autres, bien que soumises à un contrôle allégé, disposeraient d'une grande liberté de fonctionnement.

Une autre question à résoudre[1] est le fractionnement des marchés financiers et les conséquences auxquelles pousserait toute réglementation de la nature de celle qui avait prévalu à l'adoption du *Glass Steagall Act*. Ce fractionnement rend incontrôlable l'application des règles d'information, d'égalité, et de marché qui existent dans les lois et règlements de l'Union européenne et de tous les pays de l'OCDE, et dont les autorités de marché ont la charge (SEC, AMF, FSA…).

Un travail de concertation avec les opérateurs et émetteurs devra être mené au niveau mondial pour fixer des principes de gouver-

---

1. M. Jouyet, président de l'AMF, a évoqué le 4 septembre 2009, lors d'une table ronde organisée par le MEDEF dans le cadre de ses universités d'été, le fait que pour la France, 40 % des transactions sur actions étaient faites en dehors des places de marchés régulées.

nance déjà légitimés par les textes existants, mais dont l'application devra être rendue effective, notamment pour les marchés obligataires[1]. À cette occasion, il est souhaitable d'éviter le piège de la surréglementation, qui aurait pour effet de chasser les meilleures ressources humaines ou financières vers des zones moins contraignantes, et d'étendre au maximum la coordination internationale pour éviter le « *dumping* fiscal et réglementaire ». La reconnaissance en septembre 2009 par le G20 de la liste des paradis fiscaux établie par l'OCDE démontre, que même sur des sujets difficiles, la volonté politique de certains *leaders* politiques résolus permet de faire avancer la coopération internationale.

UNE RÉFORME DU DROIT FINANCIER

Le système juridique destiné à régler le fonctionnement opérationnel du monde financier doit être unifié et globalisé pour lutter contre les déviances, les tendances au protectionniste, au détournement ou à la fraude. Les négociations en cours doivent viser à mettre en place au plus vite un système unifié, ou *a minima* régler la question de la juridiction compétente. Le champ dépasse celui des questions fiscales et concerne le droit du transfert de propriété et de la responsabilité institutionnelle des différents agents de la chaîne financière (banques, courtiers, chambres de compensation, dépositaires arrangeurs, agences de notation, etc.). Enfin, le droit de la responsabilité quasi délictuelle et contractuelle doit être révisé.

Le système juridique de responsabilité, qui date pour l'essentiel du XIXe siècle, n'a pas suivi l'évolution économique. Ce droit n'avait pas été conçu pour responsabiliser tous les acteurs de la chaîne financière, y compris les dépositaires et les intermédiaires. Le système actuel a simplement prouvé son inaptitude à prévenir l'affaire

---

1. « Mifid ante-litteram : The impact of the suppression of the monopoly on the Paris Bourse, 1893-1938 » par Pierre-Cyrille Hautcœur, EHESS-PSE. Amir Rezace, université d'Orléans – EDHEC, Angelo Riva, EBS-IDHE Paris Ouest, 16 décembre 2009, Europlace Institue of Finance.

Madoff, qui a mis en lumière les défaillances de la chaîne des intervenants (audit des comptes, contrôle de la SEC et de l'agence spécialisée dans le contrôle des courtiers, validation de la communication financière, responsabilité des distributeurs de produits financiers, etc.). Certes, un certain nombre d'établissements ayant commercialisé avec légèreté les produits Madoff ont été ou seront sanctionnés au terme de procédures judiciaires. Mais la prévention est toujours préférable et l'affichage d'un système clair de mise en œuvre des responsabilités en cas d'incident aurait un caractère dissuasif de loin préférable dans une économie concurrentielle où le coût des services juridiques ne doit pas évoluer plus que proportionnellement à ceux des producteurs. Lorsque chaque zone économique est confrontée à des systèmes différents et concurrentiels, l'efficacité des systèmes de droit, y compris de droit comptable en termes de coûts c'est-à-dire de prévention comme de mise en œuvre, doit être une préoccupation partagée.

Un nouvel ordre économique international sous l'impulsion du G20

Nous sommes comme des malades sous aspirine, anesthésiés par des taux directeurs proches de zéro qui ne contribuent pas à l'efficience des marchés comme mesure de comparaison des projets. Une remontée possible des taux nécessite une réduction drastique du levier de dette qui pèse sur l'économie, avec une situation particulièrement préoccupante aux États-Unis où l'endettement des ménages atteint 97,3 % du revenu disponible brut, contre 53,8 % en Europe. Rappelons que le financement des États est assuré par la *sales tax,* la taxe sur les ventes qui sont déterminées par les comportements individuels. Comment dans ces conditions éviter des mesures protectionnistes inévitables en cas de hausse des taux non concertée, qui entraînerait une guerre monétaire ? Des mesures transparentes d'ajustement progressif devront être prises dans un accord international sous l'égide du G20 pour évoluer vers un système financier concerté en Occident.

La question spécifique du surendettement des États ne peut être éludée, si l'on veut pouvoir redonner à la courbe des taux l'allure nécessaire aux besoins des économies. L'Europe de l'eurogroupe tend vers une dette de 70 % de son PIB pendant que les États-Unis s'orientent vers 150 %. Ces niveaux sont tolérables globalement pour l'Europe mais intolérable pour les États-Unis : l'épargne américaine ne pourrait en assurer le financement si une hausse des taux devait se déclencher sous le poids des déficits extérieurs cumulés. En l'absence de mesures correctrices, le dollar pourrait être attaqué, marquant le déclenchement d'un grave désordre économique international.

Nous ne croyons pas à une reprise durable de l'inflation qui serait liée à l'excès de liquidités, mais plutôt à une déflation correspondant à la dépression économique et à l'excès de capacités de production en Asie, avec une flexibilité de l'emploi. En revanche, le doute sur la monnaie peut être une cause naturelle de hausse des taux. Le double déficit américain (balance commerciale et budget) est une menace pour l'équilibre de tous qui ne peut subsister. Il ne pourra qu'être traité si toute mesure de restriction aux échanges monétaires est exclue.

Contrairement à ce qui a été vrai pendant des millénaires (voir chapitre 1) et analysé par les auteurs dits « monétaristes », l'excès de monnaie face aux biens disponibles ne sera plus obligatoirement générateur d'inflation. Nous ne sommes en effet plus dans un système fermé, où l'excès monétaire doit s'appliquer à l'expression nominale du prix des biens. Dans notre système ouvert contemporain, les ressources sont illimitées dans l'espace défini tant que subsistent des centaines de millions de personnes sous-employées et des capacités industrielles non saturées.

Reste la question des ressources naturelles, dont le caractère limité serait inflationniste. Les tensions sur les matières premières existent, mais la période récente (2005-2009) a démontré qu'une large partie des hausses observées avant la crise avait été spéculative. Les réserves prouvées s'accroissent régulièrement pour la plupart des ressources fossiles, grâce à l'innovation technologique et au développement des politiques d'économie. Pour autant, ceci ne dispense pas la communauté internationale de traiter du problème grave de la meilleure utilisation de ces ressources, et surtout de l'empreinte du progrès sur la planète. La lutte contre le réchauffement climatique entraînera une hausse inévitable et souhaitable des coûts énergétiques pour encourager l'émergence de nouvelles technologies.

L'ajustement macroéconomique pourrait s'exprimer au travers d'un mouvement circulaire : la valeur de l'or en dollar s'élèverait brutalement, et la confiance dans la monnaie se rétablirait, tout en générant une hausse de certains actifs ne figurant pas dans les indices dits « d'inflation ». Les prix immobiliers évolueraient à la hausse, avec une discrimination plus grande qu'aujourd'hui en fonction de la solvabilité des locataires. Les actifs industriels asiatiques mieux employés, du fait de la reprise de confiance, prendraient de la valeur. Globalement, cette reprise s'accompagnerait d'une circulation monétaire rétablie. *De facto*, ce mouvement correspondrait à une dévaluation du dollar par rapport au yuan qui ne se ferait pas par une réévaluation de cette dernière monnaie, mais par une baisse du pouvoir libératoire du dollar.

Bien entendu, il n'y aura pas de nouvel ordre économique international durable, si celui-ci ne traite pas de la question des déséquilibres de richesse entre les nations, et entre populations d'une même nation. Comment faire coexister pacifiquement 7 milliards d'êtres humains, dont les conditions de vie sont très différentes, et les inégalités connues par les nouveaux moyens de communication accessibles au plus grand nombre ? Le mécanisme du protocole de Kyoto est assez vertueux en permettant des transferts de revenus des pays industrialisés vers les pays émergents pour la réalisation de projets contribuant à la réduction des effets de serre. Comment en effet demander des efforts aux pays émergents sans les aider ?

Se pose aussi le problème démocratique que les députés français de 1789 avaient cru résoudre dans la nuit du 4 août, avec la suppression des privilèges féodaux et celle de la vénalité des charges (fermiers généraux…). Ils avaient confiance en un système d'autorité partagée et hiérarchisé. C'était méconnaître un phénomène prévisible puisque répétitif au sein des sociétés : la concentration de la propriété, contre laquelle certaines démocraties se sont dotées de contre-pouvoirs légaux et administratifs, au titre de la concurrence (États-Unis et Europe par exemple). C'était aussi méconnaître l'impossibilité pour un système de se réformer de lui-même et par lui-même, c'est-à-dire pour certains de ses membres de se trahir en renonçant à leur propres privilèges, si le dispositif de réforme n'est pas intrinsèque.

La lutte contre la captation par des édiles du pouvoir monétaire et financier a été un thème historique de conflits, avant la Révolution française (réforme monétaire d'Auguste au Ier siècle, Philippe-Auguste avec les Templiers, Louis XIV avec Fouquet...) puis au XIXe siècle, par la création et la nationalisation des banques centrales ou leur structuration en forme coopérative. Rappelons que Louis XVI, comme les édiles qui ont largement contribué à la révolution américaine, étaient favorables aux réformes structurelles indispensables au plan financier[1]. La lecture de la Déclaration d'indépendance américaine est très éclairante à cet égard.

En revanche, nul n'a encore imaginé la forme moderne de captation des pouvoirs financiers par la transformation fiduciaire de la matière monétaire, et comment l'aborder autrement qu'autoritairement, c'est-à-dire sans système. La question des bonus illustre l'apparition de nouveaux privilèges dont les contours semblent plus difficiles à appréhender que ceux du Siècle des lumières (charges, droits fonciers, etc.). Les titulaires des droits monétaires renonceront-ils spontanément aux privilèges qui leur sont liés, comme l'avait fait une partie de la noblesse au début de la Révolution française ?

La France était alors une nation dominante aux plans démographique et économique, maritime et de sa civilisation, et cette révolution s'est accompagnée de drames et dérives. Aujourd'hui, après la disparition de la domination économique américaine de l'après-guerre nous constatons un monde différent et multipolaire. C'est sûrement dans cette voie d'autorégulation décentralisée correspondant au terrain qu'il faut aller.

---

1. Jean-Christian Petitfils, *Louis XVI*, Perrin, Paris, 2007.

Ensuite se pose le délicat problème du pouvoir de contrôle monétaire et de sa répartition entre les nations. Ce problème dépasse largement la question de l'étalon monétaire et des DTS, et vise comme on l'a vu l'ensemble du système financier. Il reste d'abord conceptuel, car il suppose l'acceptation préalable par les citoyens des États concernés d'un nouvel équilibre fondamental sur la monnaie. L'histoire de l'euro a démontré que cette évolution n'est pas réalisable sans une convergence minimale des politiques économiques qui prendra du temps.

L'ancien secrétaire au Trésor américain Henry Fowler[1] déclarait que « pourvoir aux réserves monétaires et garantir les parités de change pour l'ensemble du monde est trop pour un seul pays » (*providing reserves and exchanges for the whole world is too much for one country to bear*). Les États-Unis ont renoncé *de facto* à ce rôle, mais les accords monétaires actuels n'ont pas pourvu à leur remplacement.

LA REPRISE EN MAINS DE LA RÉGULATION COMPTABLE

La création d'un nouvel organisme de régulation est impérative si l'on veut éviter les déviances auxquelles les organes actuels ont été soumis. La reprise en main est déjà engagée par le gouvernement américain pour le FASB. L'Europe, *leader* de l'usage des IFRS, devra assurer la transformation de l'IASB en y incluant toutes les parties prenantes, des opérateurs aux usagers, pour en faire le pendant du FASB[2]. Ainsi, les deux organismes pourront-ils refonder leur coopération nécessaire dans un monde globalisé en respectant les besoins spécifiques de zones économiques différentes, notamment ceux de la zone asiatique. La question des critères fixant le poids des représentations ne pourra être évacuée.

---

1. Henry Fowler, né en 1908, avocat, secrétaire d'État au Trésor de 1965 à 1968 sous la présidence Johnson.
2. Il n'est pas sûr que l'adjonction de deux membres à la fondation puisse régler les problèmes de représentativité évoqués dans le chapitre sur la comptabilité.

C'est une question de souveraineté à laquelle ni l'Europe ni la Chine ne pourront renoncer. La composition, la tutelle, et la charte des deux organismes devront refléter les concepts et objectifs adoptés, intégrer la contrainte de décisions rapides en cas de crise, comme cela a été le cas à l'automne 2008, et apporter des solutions efficaces au règlement des différends. Il faut reconnaître que ce programme est ambitieux, comme en attestent les déceptions enregistrées par un certain nombre d'enceintes internationales où le grand nombre des participants et leurs intérêts divergents freinent toute décision.

Nous avons abordé le point de la vocation et l'usage du système d'information (voir chapitre 6). Il a un caractère éminent, car il vise l'organisation de nos sociétés et la reconnaissance du citoyen.

Les cadres conceptuels de la normalisation font explicitement référence comme standards conceptuels à l'usager auxquels ils sont destinés. Ils désignent comme bénéficiaires les investisseurs financiers. Ce faisant, ils mélangent dans le même champ utilisateurs, financiers et opérateurs financiers, sans reconnaître les autres citoyens, salariés, entrepreneurs, tiers et consommateurs, et même les autorités. On peut penser que cette approche réaffirmée en août 2009 dans une déclaration de l'IASB s'inscrit dans les concepts de dérégulation que nous avons décrits, mais comporte un biais important.

Le biais vient du constat que le monde financier représente moins de 5 % des effectifs salariés (voir chapitre 1) et que ceux-ci sont largement concentrés dans des espaces géographiques définis, les places financières. Il n'apparaît pas possible d'admettre que des catégories de citoyens disposent d'outils privilégiés d'information et de rémunérations totalement divergentes des autres. S'il est légitime que les outils soient adaptés à la complexité de nos sociétés, en revanche, chacun doit pouvoir disposer d'une information adaptée et accessible.

La question du FASB ne se pose pas car il reste éminemment sous le contrôle de la SEC, agence gouvernementale qui a sa légitimité démocratique propre, même si son rôle pourrait être reconditionné par le Congrès des États-Unis. Concernant l'IASB, cette légitimité est absente et ses démarches, y compris l'accroissement de la représentation asiatique dans son conseil (à parité avec l'Europe et l'Amérique du Nord), la condamnent dans sa forme actuelle dès lors que la désintermédiation financière a fait des actifs et passifs privés (interentreprise) un instrument monétaire comme un autre, et conféré à ceux qui le traite un pouvoir régalien. Ce pouvoir n'a pas été conféré dans le cadre d'une démarche démocratique transparente, et n'est pas organisé pour assurer l'égalité des citoyens, comme l'illustrent les débats sur les rémunérations du secteur bancaire. Ce qui est vrai au niveau des nations l'est encore plus au niveau international où la question de la répartition des pouvoirs n'a pas encore été traitée. Le mécanisme égalitaire de vote des Nations unies – une nation, une voix – se heurte à des limites lorsqu'il s'agit de prendre des mesures fortes. Pour rendre les décisions acceptables, il faudra probablement envisager d'autres mécanismes de décision, inspirés par exemple des votes à la majorité qualifiée pondérée des poids économiques relatifs dans une Union européenne étendue. Avec 5 fois plus d'habitants que l'Amérique du Nord et un PIB qui sera supérieur, la Chine considère *de facto* que sa voix pèse plus que celle de petits pays.

Enfin, il sera également nécessaire de réorganiser les professions à l'origine de la structuration de l'IASB, et de réformer les agences de notation, avec la recherche d'une transparence totale sur les méthodologies d'évaluation et un traitement approprié des conflits d'intérêt.

L'ACTION POLITIQUE DANS UN ENSEMBLE RÉNOVÉ

La clarification des concepts économiques et la réorganisation des systèmes de régulation peuvent avoir des effets pervers dans un monde concurrentiel.

Cet effet peut être le même que celui du dollar triomphant, qui a perverti le dollar de Bretton Woods. L'émission de DTS, ainsi que l'économiste Robert Triffin le suggérait dès 1960 devant le Congrès des États-Unis, ne l'a pas corrigé puisqu'il traitait avec retard d'un problème disparu, celui du manque de dollars. De la même manière, les ressources naturelles pléthoriques de certains pays peuvent constituer un handicap, en n'encouragement ni les économies, ni les efforts de diversification.

Ainsi, la faiblesse des taux d'intérêt, nécessaire pour éviter la crise de liquidités qui apparaîtrait en cas de hausse du service de la dette, constitue-t-elle un impôt sur l'épargne des agents économiques prudents qui épargnent, particuliers ou entreprises. C'est également un impôt procyclique : il favorise les pays ayant des pentes de croissance puisque que l'anticipation de celle-ci autorise plus facilement l'endettement ; il est hautement inégalitaire et donc impose le travail et l'innovation, car au-delà du travail il s'agit aussi de la compétence à produire dans un monde ouvert.

Ainsi, face au monde organisé et qui le restera pour longtemps qu'est le monde chinois, le monde occidental doit être organisé.

Les États comme les ménages seront soumis à la contrainte démocratique d'équilibrer leurs budgets respectifs et de ne pas créer de dettes qui pèseront sur les citoyens actuels et futurs. À ce titre, ils devront traiter le problème de leurs déficits commerciaux et celui de la parité de leur devise. La BCE devra, à l'instar de la banque centrale de Chine, vendre des devises pour réguler la sienne. Les demandes exprimées pour obtenir une hausse de la devise chinoise restent vaines à ce jour. Aussi longtemps que l'élasticité aux prix de la production Chinoise restera sensible, et que le marché intérieur chinois n'aura pas pris le relais de croissance des exportations, cette hausse ne devrait pas intervenir. Il faudra attendre que la Chine ait envahi les marchés de produits sophistiqués ou pris le contrôle de la distribution en Occident de ses propres produits, vraisemblablement à l'horizon 2020, pour qu'il en soit autrement. Ce n'est évidemment pas acceptable pour les États occidentaux qui, sauf autres contraintes qu'ils fixeront au détriment de tous, Chinois compris, verront la poursuite du mouvement de délocalisation de leur industrie se poursuivre sur des produits de plus en plus technologiques.

Avec la dérive progressive du dollar, le report des liquidités créées par le déficit américain se fera en partie sur la zone euro. Comment en assurer un recyclage efficacement dans l'économie ? Si la Chine devait céder une partie de ses réserves actuelles contre des euros, il faudrait les lui procurer pour éviter une appréciation insupportable de cette dernière devise. Afin de neutraliser l'effet monétaire de ces achats, nous préconisons qu'ils soient compensés pour partie par des prêts aux pays de la zone euro qui en auraient besoin afin de conforter leurs propres infrastructures, et pour le solde, par des prêts aux pays émergents de la zone d'attraction économique de l'Europe pour la construction d'infrastructures, d'équipements ou de produits sophistiqués dont les ingénieurs occidentaux seraient les concepteurs et les ensembliers.

Les vieilles recettes keynésiennes semblent pouvoir fonctionner pour autant qu'elles soient adaptées au contexte.

Conclusion

Nous avons vu que la monnaie fiduciaire et scripturale définie par les banques centrales avait perdu son sens. L'idée selon laquelle à un vendeur correspond un acheteur et ce à un prix unique, de sorte que l'observation de l'économie serait possible par la mesure de la masse monétaire et éventuellement de sa vitesse de rotation, est simplement devenue absurde. L'imagination des financiers et des comptables a permis l'émergence d'autres monnaies : celle de montant modeste issue des DTS, celle non réglementée des investisseurs, mais surtout une monnaie nouvelle disposant du même pouvoir libératoire que la monnaie originale, mais avec une valeur évoluant au gré des échanges et des méthodologies de valorisation des actifs et passifs comptabilisés par les entreprises. La juste valeur permet même de s'abstenir d'échanges réels et, comble de l'absurdité au regard d'une certaine gouvernance, le normalisateur comptable définit lui-même la méthode de valorisation. Ce mécanisme artificiel de réévaluation des actifs bilanciels permet l'émission d'instruments qui servent de gage à la création de liquidités supplémentaires, et donc de monnaie. Pire, ce sont des organismes privés qui n'ont pas nécessairement de vision macroéconomique qui notent les créances et donc ces outils d'échanges monétaires. Ils le font selon des règles hétérogènes, éventuellement communiquées aux notés au titre de la transparence, c'est-à-dire comme le remarque un grand connaisseur de la finance, auteur d'un ouvrage récent[1] en donnant au noté le moyen d'apparaître au mieux c'est-à-dire différemment de la réalité, comme si le maître d'école donnait d'avance les énoncés

---

1. George Ugeux, ancien VP du NYSE et fondateur de Galiléo. *La Trahison de la finance.* Éditions Odile Jacob, 2010.

des problèmes qu'il allait poser à l'élève. L'idée que la publication d'une règle, fut-elle de calcul, lui donnerait une légitimité particulière puisque ses observateurs se trouveraient dès lors en mesure de la contester et à défaut de la reconnaître ou encore que la notation qui en résulte du fait qu'elle serait utilisée deviendrait une réalité tangible est autant perverse que celle qui découle selon le même schéma de l'adoption d'une règle comptable du fait que le public peut pendant un certain délais la commenter. On sait bien que le débat est nécessaire et utile ne serait-ce que pour permettre, comme la concurrence le fait, l'amélioration des produits, corriger les erreurs et émerger le meilleur. En revanche, on sait aussi qu'il n'en résulte aucune légitimité démocratique particulière ne serait-ce que parce que la réalité en est qu'il s'agit d'un chemin de captation du pouvoir par des syndicats ou intérêts particuliers non représentatifs ni électivement ni effectivement des intérêts d'une société toute entière. Il y a là une question éthique qui a été occultée par l'idée, certes simplificatrice et donc aisée à gérer pour son administrateur, que des règles pouvaient intrinsèquement avoir des vertus éthiques.

C'est ce premier constat de la déviance du système démocratique qui doit désormais servir de base à une réforme des processus organisationnels du monde financier au-delà des réalités macroéconomiques auxquelles le monde est désormais confronté du fait de ces dérapages intellectuels.

Désormais, toute dette ou créance d'une entreprise est susceptible d'acquérir le pouvoir libératoire d'une obligation et de permettre ainsi un échange. Les instruments financiers échappent aux États, sauf en matière juridique lorsque celle-ci s'applique, pour fluctuer au gré des marchés financiers. C'est ce constat qui doit désormais servir de base à la gestion macroéconomique.

La globalisation du commerce et de la finance, facteur de prospérité des nations, s'est accompagnée de dérives qui n'ont pas été traitées à temps. En particulier, les déficits commerciaux cumulés des États-Unis ont nourri l'expansion d'une monnaie nouvelle qui fonctionne hors des champs du contrôle. Cette monnaie atteint selon nos calculs (voir chapitre 3) un niveau supérieur à celui du

PIB mondial. Quelle en est la cause ? L'affaissement de la qualité de l'information financière ? L'excès d'endettement ? La combinaison des deux ?

Comme l'eau d'un océan, cette monnaie ne peut être que partiellement maîtrisée dans des volumes et des espaces réduits. Elle peut créer des tourbillons, inonder ou assécher les terres, submerger les îles (telle l'Islande qui doit faire appel à la communauté financière internationale pour se « remettre à flot »). Mais à la différence de l'eau, cette masse monétaire est une création de l'homme, qui peut encore la réformer. Il faut donc en définir les catégories et en surveiller les échanges, afficher pour tous l'image recueillie en la mesurant avec les bons instruments, et enfin mettre en place le cadre libéral d'une évolution partagée par le plus grand nombre.

Dans cet ouvrage, nous avons mis le projecteur sur le rôle de la création monétaire étendue dans les désordres économiques actuels, partageant en cela certains points du rapport présenté à la Commission américaine sur les causes de la crise financière. Forts des constats faits en Europe et aux États-Unis, nous avons exploré les voies à suivre et les scénarios de règlement de dettes dont l'effacement est la condition du retour à une croissance saine. Nous avons décrit les interactions entre la dette, les taux, les parités monétaires, et l'épargne sous l'impact de la financiarisation combinée aux évolutions comptables.

Le financement d'un portefeuille d'actifs, par transformation des prêts associés à leur création en instruments financiers, nourrit de graves déséquilibres. En effet, les produits ainsi titrisés s'inscrivent dans des logiques d'horizons temporels plus courts que ceux de l'investissement d'origine. Cette démarche a permis de refinancer « artificiellement » des actifs en les reformatant pour répondre à la préférence des investisseurs pour la liquidité. Ce faisant, le risque de transformation, autrefois purement bancaire (consistant à utiliser les dépôts à court terme pour financer des prêts à long terme), s'est déplacé sur le porteur du titre émis en représentation, et transformé en nature puisqu'il peut s'exprimer en valeur. La politique monétaire par les taux perd sa pertinence avec le déplacement des mécanismes de financement. Dans une première phase, caractérisée par l'excès de liquidités d'une monnaie élargie, une politique de taux faibles souhaités par les exploitations déficitaires favorise l'endettement des agents économiques et non pas l'investissement productif. C'est en quelque sorte l'inverse de l'objectif structurel qu'il faudrait atteindre. La recherche d'un désendettement accéléré, sans lequel une remontée des taux risquerait de mettre en faillite l'économie mondiale, est la question majeure à laquelle la communauté internationale occidentale devra répondre.

Le rattrapage de l'important retard du droit financier et des concepts monétaires sur les réalités est le premier chantier à mettre en œuvre. La monnaie doit désormais être analysée comme l'agrégation de tous les moyens de libération d'un échange dans un univers que la révolution des technologies de l'information a totalement dématérialisé.

Le deuxième constat est celui de l'insuffisance de la régulation, ou plutôt de la réflexion sur les principes auxquels le marché doit être soumis, pour éviter les effets pervers inévitables de la sur-régulation. Il faut à la fois élaborer les outils pertinents, et s'interroger sur la légitimité de chaque contrainte. La réglementation s'avère nécessaire dans un environnement modifié par l'extension de la création monétaire et la globalisation des échanges, mais elle doit être finement ciselée pour ne pas constituer un obstacle à l'innovation et à l'émergence de nouveaux acteurs. Nous n'avons connaissance d'aucune réflexion sur cette question indispensable au bon positionnement des nouvelles législations et à l'action des stratèges, des surveillants et des régulateurs. Le citoyen a été oublié. Les nouvelles normes émises par les Comités de Bâle et de Solvency alimentent le risque d'une disparition des financements longs et/ou en capital par les banques et les assurances, du fait des exigences prudentielles en capitaux propres qui leur seraient demandées. La régulation obligerait ainsi les entreprises et les opérateurs des infrastructures nécessaires à la vie économique à rechercher leurs financements sur des marchés totalement dérégulés, avec les risques et les coûts associés à une telle démarche. C'est l'une des causes de l'insuffisance criante des infrastructures

282

publiques aux États-Unis. C'est pourquoi une réflexion approfondie doit être menée sur les principes fondamentaux de fonctionnement du marché, servant de référence à un contrôle dynamique *a posteriori* plutôt qu'à une réglementation statique *a priori.* En cela, notre démarche s'établit à mi-chemin entre le droit coutumier anglo-saxon fondé sur la jurisprudence (adapté à des environnements évolutifs) et le droit romain (dont la codification écrite ouvre la porte à des effets pervers par le respect de la lettre des textes, mais pas de leur esprit).

Le troisième constat est celui de la frontière entre ce qui ressort de la souveraineté et de la garantie des États et ce qui relève de l'initiative individuelle et de la liberté d'entreprendre. Cette question nécessite de se pencher sur la nature de la monnaie, sur celle des métiers financiers, sur le poids et l'utilité de la finance dans l'économie. Il s'agit de dresser une cartographie du territoire monétaire en définissant ses voies, son code de la route et la place des feux rouges, en fixant les modes d'intervention de ses patrouilles de police, et en mettant en place un suivi de la circulation permettant d'éviter les bouchons ou *a minima* de les résorber, le tout avec l'assentiment des citoyens, sans qui ces contraintes n'auraient pas de légitimité démocratique.

Le quatrième constat est celui de la remise en cause du système bancaire après la disparition ancienne du *Glass Steagall Act* de l'entre-deux-guerres. La collecte des dépôts, de l'épargne, comme celle des instruments, engendre des responsabilités particulières, d'autant plus que l'État se révèle en être le garant de dernier recours, comme l'a démontré la crise. Cette assurance implicite implique des contreparties, à l'image de la prime versée aux assureurs. Nous considérons que le concept qui a présidé à l'adoption du *Glass Steagall Act* est dépassé dans la mesure où l'on ne doit pas séparer les banques de dépôts des banques commerciales. Il segmentait et bornait de fait le champ du contrôle aux banques de dépôts alors que la frontière entre dépôts et épargne est instable, et que la désintermédiation – déréglementation qui caractérise l'organisation actuelle des marchés – transforme la problématique. Une nouvelle législation doit être adaptée aux objectifs du moment en soumettant d'une part les collecteurs de dépôts à une prime d'assurance pour couvrir les épargnants, et le cas échant une surprime de réassurance (de nature fiscale) pour rémunérer l'État de ses interventions en dernier recours, et d'autre part les opérateurs des produits de *trading* au coût de la garantie des produits eux-mêmes et du dénouement des transactions. Les dispositifs existent déjà. Leur définition, la nature et la base de calcul des garanties doivent être repensés et généralisés.

In fine, la banque centrale est responsable des voiries (elle l'est déjà dans le système SEPA), le législateur de la monnaie (car c'est lui qui rédige le droit des instruments négociés), l'organe de supervision de l'information.

Le retour à un système d'information basé sur les principes du droit civil (et commercial), validé par les citoyens, est indispensable. À défaut, le système financier s'effondrerait et l'Occident perdrait le bénéfice d'une croissance historique démarrée avec la révolution industrielle et ininterrompue depuis lors.

La démarche réformatrice doit être pragmatique et ouverte, dans la ligne d'analyse de Fernand Braudel, qui s'oppose à l'absolutisme d'un mode de pensée économique, et souvent politique et social, voire religieux, au détriment des autres. L'histoire nous en donne quelques illustrations. C'est en voulant imposer ses déséquilibres budgétaires par la force, en chassant les élites – notamment protestantes – au lieu d'engager les réformes nécessaires, que Louis XIV, roi d'un pays de 26 millions d'habitants alors que l'Angleterre ou les États-Unis n'en comptaient chacun que 6, a pavé le chemin vers la Révolution française. Fernand Braudel recommande l'ouverture d'esprit et l'amélioration des systèmes d'information pour prendre les bonnes décisions en matière économique, lors d'une conférence à l'université Johns Hopkins en 1976 : « Mon interprétation du capitalisme et de l'économie se fonde sur une large fréquentation d'archives et de très nombreuses lectures, mais finalement sur des chiffres pas assez nombreux, pas assez liés les uns aux autres – sur du qualitatif plus que sur du quantitatif. Les monographies qui donnent des courbes de production, des taux de profit, des taux d'épargne, qui dressent des bilans sérieux d'entreprises, ne serait-ce qu'une estimation rapprochée de l'usure du capital fixe, sont rarissimes. J'ai cherché en vain, auprès de collègues et d'amis, des renseignements plus précis dans ces divers domaines. Mais pour de maigres succès. » La nature insuffisante des travaux de recherche sur l'évolution historique des profits des entreprises constitue une des raisons pour laquelle nombre d'économistes n'ont pas été aptes à prévoir la crise financière contemporaine et à en fournir une explication exhaustive. L'étude précitée, présentée au Congrès des États-Unis par Barry Gorton, est l'une des rares analyses pertinentes sur les causes de la crise.

Braudel poursuit : « Une histoire totalisante, globalisante serait possible si dans le domaine de l'économie du passé, nous réussissions à incorporer les méthodes modernes d'une certaine comptabilité nationale, d'une certaine macroéconomie. […] La comptabilité économique, au mieux c'est une étude du flux, du revenu national, non pas la mesure de la masse. Or, cette masse, elle aussi accessible, doit être étudiée[1]. » Cette vision plus globale de l'économie appelle une unification du système d'information comptable en construisant les ponts nécessaires entre la comptabilité privée des agents économiques et la comptabilité nationale publique. La monnaie est l'outil de mesure des flux d'échange, dont l'intégration dans la durée – au sens mathématique – permet de reconstituer la valeur de la masse, c'est-à-dire du patrimoine, évoquée par Fernand Braudel.

Cette amélioration de l'information permettra de mieux piloter l'équilibre dans nos sociétés entre les activités de la finance. Celles-ci dérivent des autres activités humaines, et non l'inverse. Il sera possible d'adapter les politiques publiques du régulateur aux besoins monétaires de chaque activité, d'éviter les dérives de profits injustifiés résultant du commerce de monnaie élargie hors de tout contrôle, et indirectement l'effondrement de nos sociétés par appauvrissement de l'État et abandon des priorités sociales en matière d'éducation, de recherche, d'innovation et de production.

---

1. Fernand Braudel, *La Dynamique du Capitalisme*, Champs Flammarion – Les Éditions Arthaud, Paris, 1985, page 120.

Il ne faut pas seulement s'entendre sur les diagnostics et les traitements en cours, mais aussi sur les réformes conceptuelles, en remettant en cause les privilèges qui fragilisent l'édifice économique. À défaut, nos sociétés peuvent connaître une banqueroute financière comparable à celle qui a entraîné la disparition de la monarchie française. Depuis cette date, en n'ayant su se transformer qu'au travers de révolutions et de guerres coûteuses en vies humaines, la France a cessé d'être la nation dominante. Ce livre démontre à quel point les réformes sont aujourd'hui indispensables et urgentes. Nous souhaitons à nos dirigeants d'avoir le courage de les engager, le talent de convaincre le plus grand nombre de leur nécessité, et la volonté de les mener à terme malgré les résistances inévitables. Dans la crise, le politique reprend possession de ses droits et de ses devoirs. La monnaie, vraie ou fausse, qui nous fait vivre car elle se situe au cœur de l'ordre marchand, doit rester une pierre d'angle de l'édifice régalien.

Paris le 21 septembre 2010

Résumé des mesures : réformes fondamentales, traitement de la crise, régulation

RÉFORMES FONDAMENTALES

Réforme des marchés financiers

L'unification des règles de fonctionnement des marchés financiers du monde entier est un objectif majeur. Un organisme monétaire international aura la charge du classement des places de marchés en plusieurs catégories et de l'application des règles relatives à chacune, selon la nature (contreparties, livraison, instruments admis…) et l'origine des garanties (étatiques ou privées) offertes aux utilisateurs. La transparence et l'information permettront ainsi aux intervenants (et aux ayants droit qu'ils représentent) de mieux prendre la mesure des risques encourus en matière de liquidité, de contreparties et de faillite possible du dispositif.
Les places non répertoriées seront des places libres d'échange.

Réforme de la définition des instruments financiers

Elle s'appliquera à tous les instruments, traités ou non sur des marchés organisés. Pour chaque instrument, la nature des garanties juridiques (nationales ou internationales), les mécanismes d'attribution juridictionnelle des litiges et les voies d'exécution des garanties, comme des décisions de justice, seront clairement explicités. Par conséquent, les émetteurs des instruments s'orienteront vers une admission sur des places de marché correspondant à leurs caractéristiques en matière de garantie de liquidité, de prix de transaction et de dénouement. Ces informations sur le produit et sur les règles de fonctionnement du marché où il est admis offriront une véritable transparence aux utilisateurs et aux bénéficiaires ultimes. Les défauts résultant de la fragmentation des marchés (cours hétérogènes au détriment des opérateurs et de leurs mandants, opacité des rémunérations des intermédiaires et fraudes de marché) seront significativement réduits. La signification des valeurs comptables retenues pour arrêter les comptes à partir des cours affichés gagnera en lisibilité, ce qui facilitera leur transcription et la détermination de leur impact sur une situation nette et le résultat réalisé ou latent (fonction du degré de réversibilité dans le temps et de la qualité de l'adossement) du détenteur. La réforme permettra ainsi de clarifier pour les porteurs comme pour les tiers la valeur des instruments et les mécanismes de garantie dans le cadre du contrôle confié aux organismes de surveillance des marchés.

Les caractéristiques de garantie et liquidité recherchées ayant déterminé le ou les marchés où pourront être traités les instruments, tout produit traité dans un autre cadre devient susceptible de perdre une partie de ses qualités (par exemple la garantie de bonne fin pour un produit échangé sur une place de marché libre). Une traçabilité sur l'historique des échanges et les garanties intrinsèques dudit produit deviennent ainsi visibles aux instances habilitées.

Changement du champ monétaire
(la fin du monopole bancaire traditionnel)

Cette double réforme des instruments et de l'établissement de règles homogènes pour les places de marchés empiète sur le champ du monopole bancaire qui n'existe plus de facto. À travers ces réformes, le champ de la réglementation sera étendu à tout opérateur par le seul fait de la détention d'un instrument et sa négociation. En outre, les entités ayant une activité financière systémique, et non seulement les agences de notation, banques ou autres institutions financières monétaires (fonds de pension, OPCVM, etc.) seront soumises à inscription auprès de ces places de marché et devront fournir une information régulière et détaillée aux organismes de tutelle. Ce dispositif permettra de vérifier la bonne mise en œuvre des dispositifs d'information et l'application des règles prudentielles. Ceci correspond à notre thèse de l'extension du champ monétaire et à la nécessité d'en observer les masses, le volume et la nature des flux.

Réforme des normes comptables

Les normes comptables seront fondées sur le coût historique amorti, y compris pour les instruments financiers. Seuls les instruments financiers garantis par les États (ou équivalent) et traités obligatoirement, de par la nouvelle réglementation, sur un marché financier réglementé, pourront être comptabilisés en juste valeur. La régulation contraindra les instruments financiers à ne pas rester « stagnants », faute de quoi, ils perdraient leur qualification et seraient reclassés comme instruments financiers non destinés à la revente. Il leur serait alors appliqué le traitement comptable du coût amorti et du test de valeur proposé par les normalisateurs américains et européens.

Les normes comptables imposeront une information financière en coût historique dans les états financiers, tels qu'ils résultent des comptabilisations et non pas seulement au titre des « annexes » (*notes*, en anglais).

L'application erronée ou incomplète des normes comptables sera susceptible de sanction pénale pour ce qui concerne l'application du coût historique amorti en conformité avec les transactions réalisées.

Les entreprises financières et celles portant des risques financiers systémiques seront soumises à un classement homogène des instruments financiers et en « annexes » à une valorisation notée de ceux-ci. Les écarts résultant de la comparaison de valeur avec le coût amorti seront explicités et, selon la notation du risque, traités comme composantes d'un résultat global (*comprehensive income*) afin d'en préciser l'effet potentiel sur les capitaux propres (*net equity*) et le résultat net (*net income*). Cette approche se différencie de celle du FASB qui met coût amorti et juste valeur au même niveau, avec dans certaines législations des risques juridiques inacceptables pour les émetteurs et les contrôleurs, en raison de la certitude qui baisse toujours sous les profits et pertes non réalisés.

Réforme des définitions monétaires

Il sera défini de nouveaux agrégats monétaires incluant comme base les bilans et comptes de résultats, y compris la partie financière des annexes sur les instruments financiers, M5, M6 (et M5' et M6' qui sont la partie engagements *off balance sheet,* par opposition aux montants comptabilisés de ces mêmes définitions).

Réforme du droit financier

Des concepts internationaux homogènes et des dispositifs de preuve et d'échelle de sanction unifiés seront adoptés comme une réforme internationale du droit de la responsabilité des agents de la chaîne financière.

Traitement de la crise : vers un accord monétaire international

Les développements qui suivent résultent du constat que la monnaie de réserve des banques centrales constitue le socle possible d'une stabilisation monétaire du fait de sa concentration en quelques mains. Elle est aujourd'hui relativement stable et plutôt orientée vers des emplois liquides comme le sont les instruments de gestion de dettes des grands États (bons du Trésor) mais on peut imaginer les ravages d'une gestion très active sur des biens productifs (avec un cycle investissement/désinvestissement court) ou d'arbitrages entre instruments de dettes libellés dans diverses monnaies (yen, euro ou dollar) sans concertation internationale débouchant sur une guerre de la monnaie allant bien au-delà de la disparition des changes fixes constatées par les accords de la Jamaïque en 1976[1].

---

1. Les accords de la Jamaïque s'appuient sur (1) l'abandon du système des taux de changes fixes (2) le rôle de surveillance attribué au FMI et (3) l'élimination du rôle de l'or au sein du système monétaire international et la revitalisation des droits de tirage spéciaux (DTS). Comme nous l'avons indiqué, la surveillance du FMI ne s'exercera pas de fait sur les États-Unis dont la monnaie connaîtra de fortes fluctuations , et dont les déficits de la balance des paiements provoqueront une immense émission de crédits. Depuis 1976, aucun accord fondamental n'a bouleversé ce nouveau cadre qui avait déjà ouvert la porte à la possibilité d'une guerre des changes dont le déclenchement effectif après de grands signaux d'avertissement est désormais possible depuis la crise de 2008.

La guerre ne profite pas nécessairement à celui qui la déclenche (le détenteur de devises) et certainement pas à celui qui en serait victime et motive la conclusion d'un accord monétaire qui ne serait pas trop pénalisant pour l'un comme pour l'autre au regard des risques internationaux engendrés par un désordre monétaire non maîtrisé.

Le caractère structurel de ces excès de réserve (résultant essentiellement d'excédents commerciaux des uns et déficits des autres, mais aussi du jeu des mouvements spéculatifs) nourrit une volatilité autoentretenue. Les acteurs économiques considèrent par exemple dans le cas du yuan que celui-ci ne peut varier qu'à la hausse. L'arrêt du recyclage des réserves qui ne dépend aujourd'hui en l'absence d'accord monétaire international que de la seule décision de chaque État concerné, aurait des effets d'autant plus redoutables qu'imprévisibles, si d'aventure les pays en excédent cessaient soudainement de financer ceux en déséquilibre. Plus grave encore, cette situation détourne des investissements industriels conditionnés par la stabilité monétaire de la zone où ils sont projetés.

De facto, les réserves excessives accumulées dans les banques centrales ne sont plus rapidement utilisables sans dommages, en dehors d'investissements à long terme décryptables (les fonds souverains) et acceptés par les pays d'accueil. La stabilisation des masses appelle donc un accord monétaire international sans lequel les fluctuations monétaires erratiques – dans un marché dont nous avons souligné l'inefficience – ne peuvent qu'entraîner des désordres économiques graves et un appel à la spéculation. Le nœud gordien de cet accord sera le traitement du dollar et du yuan. Les négociations entre la Chine et les États-Unis devront associer les autres membres du G20, car aucun accord ne peut se faire sans que soient considérées toutes les principales monnaies et les banques centrales détentrices de dollars. Selon toute vraisemblance le rééchelonnement de la dette extérieure américaine sera subordonné à des engagements de redressement des déficits budgétaires et commerciaux.

Seul un nouvel accord monétaire explicite (et non seulement et pas seulement des déclarations de non-intervention sur les marchés des banquiers centraux auquel il n'est donné que peu de crédit) redonnera aux acteurs économiques la confiance et la visibilité nécessaire. Il permettra de rétablir un meilleur équilibre entre la monnaie en circulation et la monnaie accumulée qui n'a pas le même caractère productif. Transformer les réserves monétaires en une valeur libératoire qu'elles ont perdue du fait de leur excès et rétablir les équilibres macroéconomiques constituent les deux objectifs primordiaux de nos gouvernants. Tel est l'axe autour duquel s'articulent notre réflexion et nos propositions.

Classification ou extension de monnaies spécialisées

Cette réforme déjà engagée vise à lever la confusion sur la valeur des droits et engagements monétaires d'acteurs économiques de nature différente (États, banques centrales, agents économiques concurrentiels). Du fait de leurs statuts, pouvoirs et vocations spécifiques, il faut que la « monnaie » dont ils disposent – y compris la dette – soit bien définie et ne puisse interférer d'une manière inéquitable avec les droits et devoirs d'un autre acteur (autrement dit, les banques ne devront pas laisser penser à l'épargnant que l'État viendra à leur secours pour soutenir des instruments dérégulés, sauf accord dûment publié). Des DTS interbanques centrales seront mis en place. Les économies peuvent être confrontées à des crises de liquidité en raison de la volatilité de la monnaie étendue et de sa circulation, indépendamment des volumes originellement émis. Les DTS de nature internationale, qui ne peuvent s'échanger qu'entre banques centrales permettront de soutenir les États en manque de liquidités. Ils existent, et la valeur des DTS est déjà le résultat de négociations internationales.

Une monnaie de réserve concernant les banques centrales sera créée. Les banques centrales détiennent des réserves pour assurer la liquidité de l'économie et de la balance des paiements. Aujourd'hui, mis à part l'or, les réserves ne peuvent être détenues que dans des monnaies dites de « réserve » émise par une autre banque centrale, pour l'essentiel l'euro et le dollar, en attendant l'émergence possible d'une monnaie asiatique. Mais l'importance des réserves chinoises (2,4 trillions de dollars), résultat de l'accumulation des déficits commerciaux entre les États-Unis et la Chine, menace la monnaie américaine et plus généralement la qualité des réserves de l'ensemble des banques centrales. Théoriquement exigible, même si une demande massive de remboursement porterait un coup fatal au dollar et donc ruinerait en retour son créancier, ce trésor accumulé constitue par sa seule existence une menace et une source d'instabilité des marchés. La création d'une nouvelle monnaie se substituant partiellement à la précédente pour les excès de réserve (ici essentiellement le dollar dans les comptes de la banque centrale chinoise), avec un échéancier de liquidité différé, permettrait de restaurer la stabilité économique et monétaire mondiale. Elle serait négociée entre États en contrepartie d'engagements de rétablissement dans le temps des déséquilibres macroéconomiques et fournirait un cadre général adapté à la situation de chacun pour tous, comme le cadre qui a été adopté au sein de la zone euro, mais qui là s'appliquerait au plan international.

Pour certains États en difficulté au sein d'une zone monétaire, la solution passera par la création d'une monnaie en échange de dettes d'État. Le cas de la Grèce est différent de celui des États-Unis, car elle fait partie de la zone euro et ne dispose pas ainsi d'une flexibilité monétaire propre. Le mécanisme auquel elle a été astreinte a cependant valeur d'exemple. Il s'agit d'une restructuration de sa dette contre des engagements d'État sous l'instance conjuguée de l'Union européenne et de la Banque mondiale. Au lieu de laisser les marchés spéculer contre les agents économiques qui ne sont pas les responsables des situations qu'ils subissent, un mécanisme préventif déjà présent mais insuffisant dans les accords de 2001 (Maastricht) pour l'Union européenne serait généralisable au monde et permettrait d'éviter le jeu inutile et injuste des agences de notation. Là encore, il s'agirait d'une monnaie nouvelle. En revanche, ce mécanisme serait exclusif aux États et aux entités financières de son périmètre. Un échange monétaire avec les agents économiques privés est à proscrire totalement. Ces derniers conserveront les titres qu'ils possèdent et dont les caractéristiques ne seront pas affectées.

Échange monétaire concernant les dettes d'État et les réserves des banques centrales

Les États devront s'engager sur un calendrier de rétablissement des équilibres macroéconomiques, échanges extérieurs et budgétaires. En contrepartie de cet engagement et de sa réalisation, ils pourront échanger leurs dettes et réserves selon le mécanisme précité. Différent du principe précédent destiné à ne s'appliquer qu'exceptionnellement et sur une courte période, cet échange de nature exceptionnelle viserait à remettre à zéro les économies et permettre une reprise économique immédiate par la neutralisation définitive de l'endettement. Les dettes résiduelles de montants cohérents avec les flux futurs pourront dès lors supporter des charges d'intérêts comprenant la rémunération du risque, lequel sera maîtrisé par les engagements pris et contrôlés. Les structures bilancielles des États rétablies, comme les perspectives budgétaires, la gestion fiscale retrouvera une flexibilité disparue dans la plupart des situations, autorisant des incitations économiques pour le futur. Résultat mécanique, la circulation monétaire reprendra de la vitesse et la volatilité de la demande et des marchés disparaîtra permettant une reprise des investissements en infrastructure et dans les systèmes éducatifs et sociaux lorsque nécessaires.

Rétablissement des structures financières internes par reprise des excès de dettes privées et arrêt des garanties des États après la reprise des excès par ces derniers.

Ce dispositif s'insère dans les accords visés au point précédent. Chaque État pourra reprendre, quand ce n'est pas déjà fait, les dettes privées déjà neutralisées (les créances garanties par les agences gouvernementales sur le système bancaire américain par exemple). Cette reprise permettra le rétablissement et la décentralisation des décisions de prise de risque. Leur prise en charge par les États ne devrait concerner que les grandes aventures technologiques et les investissement en infrastructures collectives lourdes dont l'amortissement ne peut être assuré dans le temps des marchés financiers. Les frontières naturelles entre ce qui relève du collectif et de l'initiative privée, et celles entre les risques d'État et ceux de l'initiative privée rétablies, une échelle normale des taux se mettra en place naturellement.

RÉGULATION

La réforme de la régulation est en cours aux niveaux européen (accord de septembre 2010) et américain (juillet 2010) et ne sera pas ici développée. Les rapports d'information et d'autorité entre les nouveaux organismes évolueront en fonction de besoins encore inconnus du fait du caractère nécessairement expérimental de l'innovation que leur création constitue, mais aussi de l'évolution permanente de l'environnement.

Les deux organismes de surveillance du risque systémique (CSF au plan international, CERS au plan européen) devront être intégrés dans la réforme monétaire et contrôlés par les États pour être dotés d'un agenda politique (G20).

Concernant, les organes de normalisation comptable, dont la réforme n'est pas dans l'agenda du G20, elle nous apparaît également indispensable. Le FASB a déjà subi la réforme qui lui était nécessaire par une meilleure intégration dans son environnement national américain. Tel n'est pas le cas de l'IASB dont l'existence ne peut économiser celle d'un organisme propre à la sphère monétaire de l'eurozone, étant donné que la monnaie s'exprime au travers des comptes et doit donc être sous le contrôle de son garant ultime. En conséquence, le fonctionnement de l'IASB comme organe conceptuel et de support à la convergence des normes comptables national doit être ouvertement repensé pour être définitivement séparé et accueillir tous les intérêts économiques en trouvant une représentativité légitime des pays émergents et des grandes puissances.

Les nouvelles définitions monétaires seront explicitées pour être utilisées de manière homogène comme outil de la régulation par les agences en charge.

Le mode de fonctionnement des organismes de notation sera encadré et clarifié. Ils devront s'inscrire auprès des organismes de surveillance, leurs modèles seront rendus publics, et leur champ de compétence sera redéfini.

Ainsi, les agences de notation perdront leur rôle d'appréciation des dettes d'État qui sera repris par les détenteurs du pouvoir monétaire dans le cadre des critères élaborés par les États ensemble du fait de la négociation monétaire internationale.

Les organismes statistiques nationaux ou internationaux se concerteront sous l'égide du FMI afin que leur production soit mise en cohérence pour répondre aux besoins et que statistiques, analyse et diagnostic deviennent des missions toujours distinctes dont l'attribution doit être clarifiée.

Glossaire

ABS (*assets backed securities*) – Instrument financier dont le remboursement est garanti par la mise en gage d'un actif (créance hypothécaire par exemple).

AMF (Autorité des marchés financiers) – Autorité de régulation de l'appel public à l'épargne française.

Bâle (comité de) sur le contrôle bancaire – Ce comité créé au sein de la BRI se réunit 4 fois par an avec quatre missions : le renforcement de la sécurité et de la fiabilité du système financier, l'établissement de standards minimaux en matière de contrôle bancaire, la diffusion et la promotion des meilleures pratiques bancaires et de surveillance et la promotion de la coopération internationale en matière de contrôle prudentiel. Il est à l'origine des dispositions dites « accords de Bâle » reprises par une directive européenne. L'accord dit de Bâle II est applicable dans l'Union européenne depuis janvier 2008. L'accord dit de Bâle III qui lui succédera sera d'application progressive selon les normes. Par définition, les États-Unis qui suivent les travaux ne sont pas engagés par cette directive même si les sites de la FED indiquent un engagement à aller dans le sens d'un respect à terme des normes élaborées comme le communiqué du G20 suivant la réunion des 26 et 27 juin 2010 à Toronto, et celle de tous les pays membres à le faire d'ici à 2011 (voir BRI).

Banque de France – Banque centrale française, membre du système européen.

Banque mondiale (World Bank) – Créée en 1944 dans le cadre des accords de Bretton Woods et basée à Washington, il s'agit d'une banque internationale d'aide au développement. Elle accorde des prêts et apporte sa caution. Elle prodigue également des conseils. Elle opère par l'intermédiaire de plusieurs institutions spécialisées selon la nature des projets : The International Centre for the Settlement of International Development (CSD), The International Bank for Reconstruction and Development (BRD) et The International Development Agency (IDA). S'ajoutent à ces entités l'International Financial Corp. (IFC) et la Multinational Investment Guarantee Association (MIGA). Chaque pays membre est représenté par un administrateur. Suivant les entités le nombre de membres est compris entre 144 et 186.

BCE (Banque centrale européenne) ou ECB (European Central Bank) – Située à Francfort, elle a succédé en 1991 au système européen des paiements (SFP) de la phase dite du serpent monétaire commencée en 1979, qui liait les devises entre elles par une limitation de leur marge de fluctuation. Il vaut mieux parler du système bancaire européen dont sont membres les anciennes banques centrales des pays de l'eurozone.

Bretton Woods (accords de Bretton Woods et de la Jamaïque) – Les accords de Bretton Woods signés le 22 juillet 1944 par les 44 nations alliées de la Seconde Guerre mondiale établissaient une monnaie mondiale unique, le dollar échangeable en or et contre lequel toute devise des États signataires était échangeable. Ces accords mettaient fin aux accords précédents d'avant-guerre dits « accords de Gêne » qui comprenaient la livre sterling. Le retrait des États-Unis en 1971 y a mis fin. Ils établissaient aussi le FMI et la Banque mondiale. En 1976, les accords dits de la Jamaïque mettent définitivement fin aux accords subsistants de stabilité des taux de conversion des monnaies (à 1 %).

BRI (Banque des règlements internationaux) ou BIS (*bank for international settlements*) – Créée le 17 mai 1930 dans le cadre des réparations de guerre allemandes et basée à Bâle, elle est la banque des banques centrales. Outre son rôle de banquier de règlement entre banques centrales, elle abrite des services techniques et notamment statistiques ainsi que des comités de supervision transnationaux. Parmi ces comités, on peut citer le Comité de Bâle sur le contrôle bancaire et l'International Association of Insurance Supervisors (IAIS) ou Association internationale des contrôleur d'assurances (AICA). Ces comités composés des régulateurs des pays membres établissent des règles prudentielles que les pays du G20 se sont engagés en principe à faire respecter par leurs secteurs financiers respectifs dits accords de « Bâle II » pour le secteur bancaire ou « Solvency II » pour le secteur des assurances (voir communiqué du G20 tenu à Toronto les 26 et 27 juin 2009).

CDO (*collaterized debt obligation*) – Titre de créance dont le remboursement est garanti par une caution.

CDS (*credit default swaps*) – Garantie de remboursement d'une créance garantie par un contrat d'échange apportant une autre signature que celui de l'émetteur

CERS (Conseil européen du risque systémique) – Créé pour succéder au Conseil de stabilité financière dans le cadre de la Commission européenne et du Conseil Européen. Sa mise en place est soumise au Parlement européen co-initiateur dans le dispositif constitutionnel. Il sera assisté de trois comités ayant une autorité d'arbitrage entre les régulateurs nationaux. Un comité suivra le secteur bancaire (EBA), un deuxième comité suivra les assurances et les fonds de pension (EIOPA) et un troisième les marchés financiers (ESMA).

CESR (Committee of European Securities Regulators) – Ce comité réunit les organismes européens de supervision des bourses de valeurs.

Deutsche Bundesbank – Banque centrale d'Allemagne, membre de l'eurosystème.

DTS (droits de tirage spéciaux) – Créé à la suite du constat (paradoxe de Robert Triffin, universitaire à Yale) du manque de monnaie internationale (le dollar) ils ont été créés en 1969 comme une nouvelle monnaie pour les échanges entre banques centrales. D'abord définis avec une parité par rapport à l'or ils sont désormais définis par rapport à un panier des 5 principales devises. Devant la situation de crise de liquidité de 2008, le 26 avril 2009, leur montant a été porté de 210 milliards à 1 000 milliards (voir FMI).

EHM (*efficiency market hypothesis*) – Hypothèse de l'efficience des marchés.

Eurostat – Organisme statistique de l'Union européenne basé à Frankfort (Allemagne).

Eurozone – Créée en 1991, c'est la zone monétaire commune des pays de l'Union européenne qui ont adhéré à l'euro. Ils sont aujourd'hui 16 : Allemagne, France, Italie, Espagne, Pays-Bas, Grèce, Portugal, Belgique, Islande, Luxembourg, Hongrie, Finlande, soit 12 auxquels se sont ajoutés Malte, Chypre, la Slovénie, et la Slovaquie. Les 27 pays de l'Union européenne ont vocation à être membre de la zone monétaire. La réunion des ministres des finances de la zone constitue l'eurogroupe.

FASB (Financial Accounting Standards Board) – Basé à Norwalk, c'est l'organisme de normalisation comptable pour les États-Unis.

FDIC (Federal Deposit Insurance Corporation) – Organisme assurant les dépôts des particuliers dans le système bancaire des États-Unis, aujourd'hui de l'ordre de 7 000 milliards de dollars.

FED (Federal Reserve System) – Créée en 1913, il s'agit d'un système réunissant les banques centrales de chaque État de la fédération américaine et dont sont membres certaines banques commerciales importantes.

FIO (Federal Insurance Office) – Il s'agit d'un nouvel organisme créé au sein du Trésor américain qui collectera les informations sur le secteur de l'assurance et l'émergence de risques systémiques. Il représentera les États-Unis dans les négociations internationales alors que le domaine de la régulation des assurances reste du domaine des États de la fédération.

FMI (Fonds monétaire international) ou IMF (*international monetary fund*) – Organisation internationale basée à Washington dont 186 pays sont membres, elle joue le rôle de banque en dernier recours des banques centrales nationales et garantit ainsi la liquidité du système monétaire international. Sa vocation institutionnelle est ainsi définie : « Encourager la coopération monétaire internationale, faciliter l'expansion et l'accroissement harmonieux du commerce mondial, promouvoir la stabilité des changes et aider à établir un système multilatéral de paiement, mettre temporairement, moyennant des garanties adéquates, ses ressources générales à la disposition des États membres qui font face à des difficultés de balance des paiements, assurer la stabilité du système financier international. » Elle est administrée par un Conseil de 24 membres dont 8 permanents et 16 élus. Les membres permanents représentent les États-Unis, le Royaume-Uni, la France, l'Allemagne, le Japon, la Russie et l'Arabie Saoudite. Ses moyens d'intervention résultent des contributions d'États et d'emprunts complémentaires auxquels elle peut procéder. Elle gère aussi les DTS, une monnaie complémentaire.

FSA (Financial Services Authority) – Autorité de régulation de l'appel public à l'épargne du Royaume-Uni.

FSF (Forum de stabilité financière) – Instance de coopération internationale des banques centrales créée en 1995 dans le cadre du sommet dit de Rambouillet (voir plus haut CERS).

FSOC (Financial Stability Oversight Counsel) – C'est un nouvel organisme créé au sein du Trésor américain et qui comprend 10 régulateurs. Sa caractéristique est de couvrir à la fois le secteur bancaire et le très important secteur des sociétés financières non bancaires. Il a un rôle de suivi des risques systémiques et le cas échéant peut décider du démantèlement d'un établissement qui présenterait de tels risques.

GATT (*general agreement on tarifs and trade*), accord général sur les tarifs douaniers et le commerce – Créé tardivement en 1947 après les accords de Bretton Woods, il a laissé la place en 1955 à l'Organisation mondiale du commerce (OMC).

G7 – G20 – Le G7 a été créé dans le cadre du sommet dit de Rambouillet en 1975. Il est constitué par la réunion informelle des 7 pays dits les plus industrialisés tels qu'ils se classaient après les accords de Bretton Woods : États-Unis, Grande-Bretagne, Canada, Allemagne, France, Japon, Italie. Cette réunion s'est transformée en un G8 avec la Russie présente dès 1994 mais intégrée en 1997, puis en G20 le 25 septembre 1999 par une réunion à Washington où se sont joints la Chine, le Brésil, l'Inde, la Turquie, le Pakistan, le Mexique, le Nigeria, l'Australie, l'Afrique du Sud, l'Arabie Saoudite, la Pologne et le Chili. Depuis la crise de 2008, le G20 est devenu un organisme institutionnel qui se réunit plusieurs fois par an sur un programme de travail et en présence du directeur général du FMI et de la Commission européenne. Depuis la crise de 2008 il s'est institutionnalisé et des communiqués sur les décisions prises en commun sont diffusés.

IAS (*international accounting standards*) – Normes émises par l'IASB.

IASB (International Accounting Standard Board) – Organisme de normalisation comptable internationale basée à Londres.

IFRS (*international financial reporting standards*) – Norme comptable internationale créée par l'IASB.

INSEE (Institut national de la statistique et des études économiques) – Administration française de statistiques et d'études économiques.

ISDA (International Swap and Derivatives Association) – Association privée créée en 1985, basée à Londres et regroupant les principales institutions privées du secteur des options financières.

OMC (Organisation mondiale du commerce) – Elle a pour vocation de favoriser le développement des échanges commerciaux internationaux et intervient dans le règlement des litiges portant sur les entraves à la libre concurrence. L'OMC a reçu un statut juridique autonome lui donnant un pouvoir de nature judiciaire à la suite des accords dits de Marrakech du 1er janvier 1995. Elle a succédé au GATT (voir ce mot).

PIB (produit intérieur brut) ou GNP (*gross national product*) – Mesure statistique de la production d'un État.

Savings & Loans – Caisses d'épargne américaines spécialisées dans le crédit immobilier.

SEC (*securities & exchange commission*) – Autorité de régulation de l'appel public à l'épargne des États-Unis.

US GAAP (*generally accepted accounting principles*) – Normes comptables générales des États-Unis.

Bibliographie sélective

ALLAIS (Maurice) : *La Crise mondiale d'aujourd'hui : pour de profondes réformes des institutions bancaires et financières*, Éditions Clément Juglar, 1999.

ANDREAU (J.) : *La Vie financière dans le monde romain. Les Métiers de manieurs d'argent (IVe siècle avant J.-C. – IIIe siècle après J.-C.*, Rome, 1987 ; *Patrimoine, échanges et prêts d'argent : l'économie romaine*, Rome, l'Erma di Bretschneider, 1997.

ARISTOTE : *L'Éthique à Nicomaque*, traduction Richard Nodéüs (Poche) et Vrin, 1979.

ATTALI (Jacques) : *Une brève histoire de l'avenir*, Fayard, Livre de poche, 2008 ; *Survivre aux crises*, Fayard, 2009 ; *La Crise, et après*, Fayard, 2009.

BAEHREL (René) : *Une croissance, La Basse Provence rurale, 1789*, Paris SEV-PRN, 1961, Discussion de Emmanuel Le Roy Ladurie, *Étude rurale*, n° 13-14, 1965.

BARRÈRE (Alain) : *Théorie économique et Impulsion keneysienne*, Dalloz, 1952.

BERNANKE (Ben) : « *Non monetary effects of the financial crisis in propagation of the great depression* », *American Economic review*, vol. 73, n° 3, p. 257-76, 1983.

BLANQUÉ (Pascal) : *Théorie globale de la monnaie, du cycle et de la mémoire*, Économica, 2009.

BODIN (Jean) : *Paradoxes de M. de Malestroit touchant le fait des monnaies et l'enrichissement de toutes choses (1563)*, traduction H. Hauser, Éditions Armand Colin, Paris, 1932.

BRAUDEL (Fernand) : *La Dynamique du capitalisme* (conférences à l'université John Hopkins en 1976, *Afterthoughts on Material Civilization and Capitalism*), Éditions Flammarion, collection « Champs », 1988 ; *Civilisation matérielle, Économie et Capitalisme*, Éditions Armand Colin, 1979 ; *La Méditerranée. L'espace et l'histoire, Les hommes et l'héritage*, Éditions Flammarion.

BRUNN (P.) : *Roman Imperial Coinage « RIC »*, Spink & Son, Londres, 1966.

COHEN (Daniel) : *La Prospérité du vice – Une Introduction (inquiète) à l'économie*, Albin Michel, 2009.

CONGDON, (Tim) : *Keynes, the Keynesians and Monetarism,* Edward Edgar Publishing, 2007.

DEPEYROT (Georges) : *La Monnaie romaine,* Éditions Errance, 2006.

DIAMOND (Michael A.) *et al. : Financial Accounting,* seconde édition, PWS-Kent Publishing Company, Boston, 1990.

DUPONT (Pierre Samuel) : *La Physiocratie,* 1782.

EMIL (Ludwig) : *Bismark,* Édition Française, 1929, réédition Payot, 1984.

ESCAFFRE *et al. : Juste Valeur ou non, un débat mal posé,* EDHEC – Analysis and Accounting Research Center, 2008.

FASB : *Exposure Draft* du 26 mai 2010, *Financial instruments* (Topic 825) *Derivatives and Hedging* (Topic 815) file reference n° 1810-100, *Exposure Draft* du 26 mai 2010, *Comprehensive Income* (Topic 220) file reference n° 1790-100.

FILIPPI (Charles-Henri) : *L'Argent sans maître,* Éditions Descartes, 2009.

FISHER (Irving) : *Le Pouvoir d'achat de la monnaie. L'illusion de la monnaie stable,* 1927. Traduction française Payot, 1929.

FRIEDMAN (Milton) : *Studies in the Quantity theory of money. A new presentation,* Chicago University Press, 1956.

FRIEDMAN (Milton) et SCHWARTZ (Anna) : *Monetary History of the United States 1867-1960,* Princeton University Press, 1971.

GIBBON (Edward) : *Histoire du déclin et de la chute de l'empire romain,* Londres 1934, traduction M. F. Guizot, Éditions Robert Laffont, 1984.

GODEFROY (Gilles) : *L'Aventure des nombres,* Éditions Odile Jacob, 1997.

HAYEK (Friedrich) : *Prices and Production,* 1931 ; *La route de la servitude,* 1944. *Choice in currency a way to stop inflation,* Institute of Economic Affairs, 1976 ; *Denationalisation of Money,* traduction Hervé de Quengo, PUF.

HÉRODOTE : *L'Enquête,* Bibliothèque de la Pléiade, Éditions Gallimard, 1964, réédition collection « Folio Classiques », 1985.

HICKS (John R) : *Value & capital* (1939) ; *Suggestion for simplifying the theory of money* (1935) ; *Market theory of money* (1989) ; *The long term dollar problem* (1953) ; *Measurement of real income* (1958) ; *Measurement of capital in relation of other economic aggregates* (1961) in Lutz & Hague editors. *Method of economic dynamics* (1985) ; *Theory of economic History* (1969) ; *Capital & time. A neo Austrian theory* (1973) Exposés sondages disponible sur le site de l'IASB.

KALDOR (Nicholas) : *The Scourge of Monetarism,* Oxford University Press, NY, 1982, traduction Économica, Paris, 1985.

KEYNES (John Maynard) : *Théorie générale de l'emploi de l'intérêt et de la monnaie*, 1936.

KRUGMAN (Paul R.) et OBSTFELD (Maurice) : *Économie internationale*, 2ᵉ édition française, De Boeck & Larcier, 1996.

LANDES (David S.) : *Richesse et pauvreté des nations*, Albin Michel, 2000 ; « Vieille banque et banque nouvelle. La révolution financière du dix-neuvième siècle », *Revue d'histoire moderne et contemporaine*, 1956, p. 204-222.

LAVOISIER (Antoine) : *Traité élémentaire de chimie présenté dans un ordre nouveau et d'après les découvertes modernes* (1789), fac-similé disponible auprès du Centre national de la recherche scientifique.

LE GOFF (Jacques) : *Le Moyen Âge et l'Argent*, Perrin, 2010.

LE ROY LADURIE (Emmanuel) : *Montaillou, un village occitan de 1294 à 1324*, Gallimard, 1975 ; *Histoire humaine et comparée du climat*, 3 t., Fayard, 2004-2009 ; *Histoire et Système* (dir.), Le Cerf, 2010.

LUBOCHINSKY (Catherine) (dir.) : *Les Marchés financiers dans la tourmente*, PUF, Éditions Descartes, 2009.

LUDWIG (Emil) : *Bismarck* (1929), Payot, 1984.

MANDELBROT (Benoît) : *Une approche fractale des marchés – The (mis) behavior of Markets* (avec BM Richard Hudson), Éditions Odile Jacob, 2005 ; *Forme nouvelle du hasard dans les sciences, économie appliquée*, Flammarion, 1959.

MANDEVILLE (Bernard) : *A Modest Defense of Public Stews* (1723), Palgrave MacMillan, 2006.

MOMMSEN (Theodor) : *Histoire romaine* (Berlin, 1870). Traduction Robert Laffont, 1985.

MONTESQUIEU (Charles-Louis de Secondat, dit) : *Dissertation sur la politique des Romains dans la religion* (1716), Librairie classique Eugène Belin, 1881 ; *Considérations sur les causes de la grandeur des Romains et de leur décadence* (1734), Le Livre de Poche, 2008 ; *De l'Esprit des lois* (1748), Le Livre de Poche, 1995.

NOREL (Philippe) : *L'Histoire économique globale*, Seuil, 2010.

PETIT (Paul) : *Histoire générale de l'Empire romain*, 3 vol., Seuil, 1978.

PETITFILS (Jean-Christian) : *Louis XVI*, Perrin, 2008.

POMERANZ (Kenneth) : *Une grande divergence*, Albin Michel, 2010.

QUESNAY (François) : *Journal de l'agriculture, du commerce et de la finance, Analyse de la formule arithmétique du tableau économique de la distribution des dépenses annuelles d'une nation* suivi d'extraits des *Économies royales de M. de Sully* (1759).

RICARDO (David) : *Le Cours élevé du lingot preuve de la dépréciation des billets de banque* (1810) ; *Des principes de l'économie politique et de l'impôt* (1817) ;

Réponse et observation de M. Bosanquet sur le rapport du Bullion Committee (1811), Éd. Onnasbrück, Otto Zelle, 1966.

RON (Paul) : *End the FED*, General Publishing, 2009.

ROSTOVTSEFF (Michel Ivanovic) : *Histoire économique et sociale de l'Empire romain* ; *Histoire économique et sociale du monde hellénistique*, Oxford University Press, 1941, traduction française Robert Laffont, Paris, 1989.

ROVAN (Joseph Adolphe) : *Histoire de l'Allemagne*, Seuil, 1994 ; *Les Allemagnes*, Robert Laffont, 1989.

SAINT MARC (Michèle) : *Théorie de la monétisation*, Dunod, 1972 ; *Histoire monétaire de la France, 1800-1980*, PUF, 1983.

SCHACHT (docteur Hjalmar) : *De l'or pour l'Europe*, Bruxelles, Éditions Montana, 1951.

SCHILLER (Robert) : *Lake squam report*, Princeton Unibersity Press, 2010 ; *Animal Spirits: How human psychology drives the economy and why it matters for global capitalism*, Princeton University Press, 2008 et Pearson France ; *Irrational Exuberance*, Princeton University Press, 2000, traduction française Éditions Valor, 2005. *Solution : How today's global finance crisis happened and what to do about it*, Princeton University Press, 2008.

SCHUMPETER (Joseph) : *Capitalisme, socialisme et démocratie* (1942), réédition Payot, 1984.

SERVAL (Thomas) : *The Euro; Its Use and Consequences for Business*, AFEDE Constantin Associates, 1998.

SMITH (Adam) : *La Richesse des nations* (1776), Économica, 2000 ; *La Théorie des sentiments* (1759), PUF, 1999.

STIGLITZ (Joseph) : *La Grande Désillusion*, 2002, collection « Le livre de poche », 2003 ; *L'Or et la crise du dollar : le futur de la convertibilité*, Institut de sciences économiques appliquées, PUF, 1962.

VARENNE (François de) : *L'Assurance-vie aux États-Unis : histoire d'une crise*, FFSA, 1997.

VERON (Nicolas) *et al.* : *L'Information financière en crise, Comptabilité et Capitalisme*, Éditions Odile Jacob, 2004.